KB034190

내 삶을 바꾸는

공감

맑은나루는 ㈜샘앤북스의 단행본 브랜드로서 사람들을 맑은 데로 인도한다는
취지에 부합한 책들을 만듭니다.

내 삶을 바꾸는 공감

초판 발행 2016년 8월 10일
초판 3쇄 발행 2017년 6월 16일

글쓴이 · 김지홍
발행인 · 이낙규
발행처 · ㈜샘앤북스
　　　　신고 제2013-000086호
　　　　서울시 영등포구 양평로 22길 16, 201호
　　　　Tel. 02-323-6763 / Fax 02-323-6764
　　　　E-mail. wisdom6763@hanmail.net
ISBN : 979-11-5626-097-4　03180

국립중앙도서관 출판도서목록(CIP)
내 삶을 바꾸는 공감 / 글쓴이: 김지홍. -- 서울 : 샘앤북스, 2016. p. ;　cm
ISBN 979-11-5626-097-4 03180 : ₩15000
공감[共感], 인간 관계[人間關係]
189.2-KDC6, 158.2-DDC23　　　　　　　　CIP2016018860

내 삶을 바꾸는

공감

공감으로
변화하라

서 문

이 책을 쓰게 된 이유

공감에 대한 강의를 하면 먼저 학생들이 가장 궁금해 하는 것
은 경영학 교수가 어쩌다가 이런 내용을 강의할까 하는 것과 어
쩌다가 이런 내용을 공부하게 되었는지 하는 것이다.

내가 공감에 대해 공부를 하고 싶은 마음이 생기게 된 것은 10
년 전 교회의 제자훈련과정에 참여했다가 듣게 된 공감 강의때
문이었다. 그 당시 강사가 공감에 대해 1시간가량 강의를 하고
나서 다양한 상황에서 어떻게 공감을 해야 하는지에 대한 질문
을 10가지 정도 하였다. 예를 들면 "자녀가 학교에 가기 싫다고
한다면 어떻게 할 것인가?", "배우자가 회사의 상사가 너무 야단
을 많이 쳐서 짜증이 난다고 하면 어떻게 할 것인가?", "부하직원
이 불친절하다고 고객이 항의를 한다면 어떻게 할 것인가?" 등의
질문이었는데, 나는 정답을 하나도 맞추지 못 하였다.

그 동안 초등학교에서 대학원까지의 교육과정 중에서 빵점을

맞은 적은 한번도 없었는데, 그것도 바로 직전까지 열심히 강의를 들었는 데에도 불구하고 한 문제도 못 맞췄다는 것이 너무 어이가 없기도 하고 무척 충격적이었다. 그 동안 살아오면서 나 자신이 주위 사람들에게 얼마나 공감을 못하고 살아왔는지를 그때서야 깨닫게 된 것이다. 그러면서도 그 동안 아무런 문제의식도 없이 살아온 내 자신이 부끄러웠다.

그런데 주위를 돌아보니 나랑 비슷한 사람들이 무척 많다는 것을 알게 되었다. 대부분의 사람들은 정규교육과정에서 공감에 대한 교육은 한 번도 배워본 적이 없을 것이다. 성인이 되어서 직장생활을 하게 되면서도 업무와 관련된 교육은 받은 적이 있지만 공감에 대한 교육은 대부분 받은 적이 없다. 그러다 보니 살아가면서 겪게 되는 많은 대인 관계들—직장 안에서의 관계, 배우자와의 관계, 자녀와의 관계— 등에 문제가 있는 데에도 불구하고 문제를 못 느끼거나 해결방법을 모른 채 살아 가고 있는 것이다.

그래서 나는 이번 기회에 공감에 대해 좀더 공부해야겠다는 의지가 강하게 생겼다. 그때부터 수 년간 공감 및 심리학에 대한 공부를 하게 되었는데, 마치 미지의 세계를 발견한 탐험가처럼 새로운 지식을 공부하는 것이 너무나 재미있었다. 그러면서 주위의 많은 사람들이 관계의 어려움으로 고생하는 것이 너무나 안타까워서 기회가 닿는 대로 열심히 알려주고 가르치기 시작하였다. 대학생과 대학원생, 그리고 직장인이나 임원 및 CEO들에게도 강의를 하였고, 사적으로 만나는 자리에서도 기회가 있는 대로 내가 배운 내용을 알려주고 같이 토론도 하고 상담도 하게 되었다. 그럴 때마다 느끼는 것은 너무나 많은 사람들이 이러한 내용에 대해 무지하다는 것이고, 나이나 학력, 직위와 상관 없이 대부분의 사람들이 이런 주제에 크게 관심을 보이면서 많은 도움을 받는다는 것이다. 그렇기 때문에 이러한 내용을 보다 널리 알리고자 하는 마음에 이 책을 쓰게 되었다. 이 시대를 살아가는 모든 직장인들과 기혼, 미혼의 남녀들, 그리고 부모들에게 이 책이 많은 도움이 되길 바란다.

이 책이 탄생하기까지 가장 꼼꼼히 읽으면서 많은 의견을 주고 편집에 큰 도움을 준 아내에게 감사하고, 자발적으로 편집을 해주신 연세대학교 경영학과의 박선주 교수와 연세대학교 박사과정의 김수인 학생, 석사과정의 신영섭 군의 세밀한 교정에 감사드린다. 이 책에 대한 이야기를 꺼냈을 때 공감의 중요성에 대해 많은 관심과 이해를 갖고 적극 출판에도 응해 주신 샘앤북스의 이낙규 사장님께 감사드리고, 표지의 멋진 캘리그래피를 선뜻 써주신 단국

대학교 커뮤니케이션디자인학과의 한백진 장로님께 깊은 감사의
마음을 표하는 바이다.

contents

내 삶을
공감으로 변화하라
바꾸는 공감

공감 강의를 들은 많은 사람들은 "진작 알았으면 더 좋았을텐데" 라든가 "이런 내용은 너무나 중요한데 대학교 교양과목에 포함시키면 좋았겠다" 하는 말을 많이 한다. 사실 나 자신도 공부하면서 똑같은 생각을 여러 차례 했었다. 결혼 초기에 이런 내용을 알았다면 신혼 초에 싸움도 덜 했을 것이고, 자녀들에게도 훨씬 더 좋은 아빠가 되었을 것이며, 직장 안에서의 대인관계에서도 많은 도움이 되었을 것이라고 생각한다. 그러면서 드는 생각이 좀더 많은 사람들에게 이러한 내용을 알려주어서 살아가면서 부딪히는 여러 관계들을 잘 개선해 나아감으로써 보다 행복한 삶을 살아갈 수 있게 해주고 싶은 생각이 절실했다.

많은 사람들이 행복한 가정과 성공적인 직장생활을 위해 열심히 일하고 노력하는데, 방법을 몰라서 부부 사이에 불만이 쌓여가고, 자녀와 거리가 생기고, 직장 안에서의 여러 관계가 안 좋아지는 경우가 너무나 많은 것이다. 그렇기 때문에 이러한 절실한 마음으로 책을 쓰게 되었고, 이 책을 통해 우리 모두가 좋은 관계를 이루어 행복하게 살아갈 수 있기를 바란다.

살아가는 데 도움이 될까?

'말 한마디로 천냥 빚을 갚는다' 라는 속담이 있다. 우리가 종종 듣는 말인데, 가만히 생각해 보면 과연 이것이 가능한가 하는 생각이 든다. 그다지 깊이 생각하지 않기 때문에 그냥 말을 잘 해야 된다는 뜻 정도로 생각하고 넘어가는데, 실제로 말을 어떻게 잘해야 천냥 빚을 갚을 수 있는지는 곰곰이 생각해 보면 쉬운 일이 아니다. 쉬운 일이 아닌 정도가 아니라 거의 불가능하다.

예를 들어 천 만원 정도의 빚이 있는데, 말을 잘해서 천 만원을 안주고도 빚을 탕감 받을 수 있는가? 어림도 없는 일이다. 천 만원은 커녕 십 만원도 쉽지 않다. 그런데 왜 이런 속담이 있는가? 속담이 틀린 것일까? 아니면 예전에는 그랬는지 몰라도 오늘날에는 맞지 않는 말인가?

그런데 주위를 둘러보면 말을 잘 했으면 별 일 아닌 것으로 넘겼을 터인데, 말 잘못 했다가 큰 코 다친 경우는 종종 볼 수 있다. 특히 고객을 상대해야 하는 직업이거나 대중의 관심을 많이 받고 있는 연예인이나 정치인들, 유명인들은 말 실수로 곤혹을 치르는 경우가 종종 있다. 대한항공의 라면사건이나 땅콩회항사건의 경우도 그러한 예이다. 이런 사건이 예전에는 몇몇 사람만 알고 지나가고 말았는데, 이제는 SNS를 통해 빠른 속도로 온 세상에 퍼져나가기 때문에 걷잡을 수 없는 파급효과를 가져온다.

이런 사건들을 접할 때마다 사건의 당사자들 만의 문제가 아니라 우리 모두에게도 언제 어느 순간에 이와 유사한 일이 벌어질 지도 모르겠다는 생각이 드는 것이다. 그렇기 때문에 누구나 평소부터 관계에 대한 중요성을 알고 이를 삶에 잘 적용하여 좋은 대인관계를 유지할 필요가 있다.

가정에서나 직장에서 권위적인 가장이나 CEO의 설 자리가 점점 좁아지고 있다. 과거에는 권위적인 모습에 대해 사회적으로나 가정 안에서 인정하고 용납하는 분위기였으나 이제는 권위적인 상사나 가장은 전혀 환영 받지 못하고 오히려 반감이 많다. 더욱이 업무수행이나 문제해결 능력이 뛰어난 경영자일수록 직장이나 가정에서 환영 받지 못하는 경우를 종종 볼 수 있다. 그것은 성공적인 리더가 되기 위해 필수적으로 갖추어야 하는 공감과 소통의 능력에 대한 무지와 잘못된 이해 때문이다. 사실 무지하다는 것이 너무나도 당연한 것이 우리 대부분도 이에 관한 교육을 제대로 받아본 적이 없기 때문이다.

성인이 되어 결혼하고 나면 남편이나 아내의 역할이 주어지게 되고, 얼마 후 아이를 낳게 되면 엄마 아빠의 역할이 주어지는데, 부부나 부모의 역할에 대해 배운 것은 오로지 어릴 때부터 보고 자란 부모님의 모습을 통해서이다. 마치 부모님이 자동차 운전을 하는 것을 보고 자란 아이가 어른이 되어 운전교습을 받지도 않고 자동차 운전을 하는 것과 마찬가지이다. 그냥 곁눈질하면서 본 것만으로 운전을 한다고 하면 충돌 사고가 나지 않을 수가 없다. 마찬가지로 부모 역할과 배우자 역할에 대해 배우지도 않고 부모님의 모습을 곁눈질한 것만 갖고 하려다 보니 각종 충돌이 일어나는 것은 당연한 것이다.

더욱이 각자 부모님의 모습이 달라서 "당신 부모님은 왜 그래?", "우리 부모님이 어때서? 당신 부모님보다 나으셔" 하면서 다투게 된다. 이러한 다툼이나 갈등은 부부 중에 어느 누구의 잘못도 아니고 어느 부모가 더 훌륭한가의 문제도 아닌 데에도 불구하고, 부부들은 대부분 둘 중에 누가 더 나은지, 누구 생각이 더 맞는지를 가지고 심각하게 싸운다. 그러다 보니 조금 더 인내심이 많은 쪽에서 져주게 되는데, 실제로는 승자가 없는 싸움인 것이다.

최근에 내게 주례를 부탁하러 찾아온 젊은 예비부부가 있었
다. 나의 경우에는 주례를 맡기 전에 예비부부를 만나서 이런 저
런 대화를 나누며 부부간의 공감과 소통에 대한 이야기를 해주
는 시간을 갖는다.

이 예비부부는 연애를 8년이나 하다가 결혼하는 경우여서 서
로에 대해 많이 안다고 생각하고 있었다. 신랑은 상당히 말이 없
었고 신부는 성격이 밝았다. 신랑은 외아들이어서 대화를 나누
거나 싸울 형제가 없기 때문에 조용한 성격으로 컸고, 신부는 오
빠와 많이 다투면서 컸다. 그러다 보니 신부는 신랑과도 연애시
절부터 많이 싸웠고, 신랑은 신부가 건드리지만 않으면 먼저 싸
움을 거는 일도 없고, 신부가 싸움을 걸더라도 전혀 맞대응 하
지 않고 오히려 먼저 미안하다고 사과하고 싸움을 끝내려고 하
는 스타일이었다.

그러면서도 속으로는 미안하다는 생각을 한 적은 별로 없고
단지 싸우는 것이 싫어서 빨리 끝내려고 사과한 것뿐이다. 그러
다 보니 나중에는 신랑이 미안하다고 하면 신부가 "뭐가 미안한
데?"라고 따지는데 그럴 때마다 신랑은 할 말을 잃어버리곤 했
다. 실제로는 미안한 마음도 없었고, 심지어는 신부가 화를 내는
이유도 전혀 알지 못했기 때문이다. 그래서 적당히 둘러대면 신

부는 대뜸 진정성이 없는 사과를 했다고 하면서 더 화를 내는 일이 종종 있었다.

어쨌든 이 신랑으로서는 빨리 싸움을 끝내거나 신부의 마음을 달래주고 싶은데 어떡해야 신부의 마음을 풀어줄 수 있는지 도무지 알 수가 없었다. 신랑은 막연히 결혼하면 나아질 것으로 생각하고 있었고, 신부 또한 평상시에는 애교도 많고 자신을 잘 챙겨 주는 것이 좋았기 때문에 결혼하고자 했다. 신부도 자신의 마음을 알아주지 못하는 신랑이 답답하긴 하지만, 책임감 있고 듬직한 점이 좋아서 결혼을 하는 것이다.

과연 이들 부부는 결혼하면 싸우지 않고 행복하게 잘 살 수 있을까? 그리고 8년 동안이나 연애를 했기 때문에 서로에 대해 잘 알고 있는 것일까? 두 질문에 대한 답은 불행하게도 둘 다 '반드시 그렇지만은 않다' 이다. 우선 대부분의 부부는 신혼 때 무척 많이 싸운다. 연애 중인 커플이 이런 이야기를 들으면 "우리는 절대 안 그럴꺼야" 라고 생각하지만 불행하게도 거의 예외가 없다. 왜냐하면 결혼이란 연애와는 완전히 다르기 때문이다.

연애는 둘이 서로 좋은 일 기쁜 일을 함께 하는 경우가 대부분이다. 분위기 좋은 레스토랑에서 맛있는 음식을 먹고, 좋아하는 영화를 보고, 여행이나 취미생활도 함께 하는 과정에서 갈등은 기껏해야 서로 다른 취향 때문에 생기는 갈등 정도이다. 한 사람은 국수를 좋아하는데, 한 사람은 밥을 좋아한다던가 한 사람은 액션영화를 좋아하는데, 한 사람은 로맨틱한 영화를 좋아하는 정도의 차이로 인한 갈등이 있을 수 있다.

그런데 결혼은 삶을 공유하는 것이기 때문에 즐겁고 기쁜 일만이 아니라, 힘들고 어려운 일을 함께 해야 한다. 그러다 보니 연애과정에서는 겪어보지 못했던 힘들고 어려운 문제와 맞닥뜨리게 되고, 그 과정에서 화를 내거나 짜증을 내게 되는데, 서로가 연애시절에는 보지 못했던 상대방의 모습을 보게 되면서 결혼하고 나서 사람이 변했다는 생각을 하게 된다. 그러나 결혼하고 나서 사람이 변한 것이 아니라 결혼 전에는 경험해 보지 못했던 힘들고 곤란한 상황을 대처하는 상대방의 모습을 처음 본 것 뿐이다.

결혼 전에는 전세값이 올라 더 먼 곳으로 이사를 가야만 하는 문제를 함께 겪을 일도 없었고, 아이를 키우면서 직장 생활을 하는 힘든 상황을 겪을 일도 없었다. 주말에 친구들과 여행을 가거나 야구장에 가지도 못하고, 함께 아이를 돌봐야 하는 상황도 겪어보지 못했다. 명절 때는 시부모님댁에 가서 전이나 부쳐야 하는 힘든 상황도 경험해 보지 못했던 것이다. 그러다 보니 주말에 분위기 좋은 레스토랑에 가서 멋지게 데이트하면서 사랑을 나누던 연애시절과 달리, 결혼 후에는 힘들고, 피곤하고, 어렵고, 이해 안되고, 짜증나는 상황이 많다 보니 갈등과 다툼이 더 많아질 수밖에 없다.

아무리 오랫동안 연애를 했더라도 결혼생활은 연애시절과는 완전히 다르다. 특히 신혼 초에는 완전히 새로운 상황 속에서 상대방의 작은 언행도 무척 생소하고, 실망스럽고, 답답하고, 마음에 안 들고, 짜증나는 일이 많아질 수 있다.

참지 말고 대화하라

간혹 주위에 보면 부부싸움을 한 번도 한 적이 없다는 부부가 있다. 그런데 부부싸움을 아예 안 하는 경우에는 부부 사이가 좋아서 안 하는 경우는 그다지 많지 않다. 부부 사이가 좋다고 해도 가끔씩 부부싸움을 하는 것은 극히 정상적이다. 오히려 부부싸움을 한 번도 안 하는 부부의 경우에 부부 사이가 안 좋은 경우도 많다. 대화를 많이 안 하거나 갈등이 일어날 만한 상황에서 한 사람이 열심히 참아서 싸움을 피하는 것이다.

그런데 이렇게 한 쪽이 많이 참아서 이루어진 가정의 평화는 진정한 평화가 아니다. 불만을 가진 쪽은 불만이 해소되지 않아서 계속 쌓이게 되고, 그러다 보면 배우자에 대한 실망감도 커지고 심한 경우에는 증오로 가득 차게 된다. 그럼에도 불구하고 이러한 불만을 참고 언급하지 않기 때문에 상대방은 배우자가 자신에게 불만을 갖고 있다는 것을 전혀 알지 못한다.

그러나 사람의 인내심에는 한계가 있어서 언젠가는 참고 참았던 불만이 폭발하게 된다. 이런 경우 상대방 배우자는 매우 놀라게 된다. 왜냐하면 오랜 기간 동안 아무런 불만을 이야기하지 않았기 때문에 자신에게 불만을 갖고 있는 줄을 모르다가 갑자기 폭발하니까 너무 놀라게 되는 것이다.

대표적인 예가 일본에서 많이 일어나는 황혼이혼이다. 일본 주부들이 평생을 남편에게 복종하며 불만도 이야기하지 않고 참고 살다가 남편이 정년퇴직을 하고 나면 갑자기 남편을 떠나는 것이다. 특히 일본사람들은 워낙 혼내(속마음)를 말하지 않는 것으로 유명한데, 일본 주부들도 바로 남편에게 평생 속내를 꺼내놓지 않다가 갑자기 떠나는 것이다.

우리는 결혼하는 부부들에게 "잘 참고 살라"는 덕담을 하는 경우가 많다. 물론 부부가 어려운 일을 함께 헤쳐 나가며 잘 참고 사는 것은 필요하지만, 불만이 있는 데에도 속마음을 드러내지 않고 너무 참는 것은 좋은 방법이 아니다. 부부가 살다 보면 서로에게 불만이 없을 수가 없다. 그렇기 때문에 서로의 불만을 상대방에게 잘 이야기하고, 이에 대해 서로 의견도 나누고, 필요한 경우 고치고자 노력하는 지혜로운 자세가 필요한 것이다. 그렇기 때문에 서로 공감하면서 대화하는 방법을 배우고 노력할 필요가 있다.

회사에서도 마찬가지이다. 동료와의 관계에서나 부하직원 또는 상사와의 관계에서 불만이 있을 때에 무조건 참는 것 보다는 지혜롭게 잘 이야기하는 것이 필요하다. 물론 직장상사에 대해 불만이 있는 경우에 이를 꺼내는 것이 쉬운 일은 아니다. 그러다 보니 대부분의 직장인들이 그냥 참고 말하지 않고 있다가, 상사가 없는 자리에서 소위 뒷담화를 하면서 스트레스를 푸는 경우가 많다.

하지만 그렇게 한다고 해서 불만이 사라지는 것은 아니다. 그렇기 때문에 불만을 참지 말고 언급을 해야만 상대방이 나의 불만을 알게 된다. 그런데 불만을 이야기하는 경우에 처음에는 어느 정도 참고 있다가 어느 날 더이상 참지 못하고 얼굴이 울그락 불그락 한 상태로 상사에게 불만을 토로하는 경우가 대부분이다. 그런 경우 상사가 불만을 제대로 받아주지 않는다. 오히려 "왜 그렇게 화를 내면서 이야기하나?" 하면서 자신이 더 언성을 높이기도 한다. 누구나 화를 내면서 이야기하게 되면 상대방은 이야기는 듣지 않고, 화를 내는 것에 대해 불만을 이야기한다. 그렇기 때문에 화를 내면서 말하게 되면 메시지 전달이 제대로 되지 않는다. 오히려 화를 낸 것만 나쁘다고 비난 받게 된다. 그러다 보니 이렇게 화를 내거나 흥분하면서 이야기하는 것도 문제이고, 그렇다고 무조건 참고 아무 표현도 안 하는 것도 문제이다. 그렇기 때문에 직장생활을 하는 데에도 공감 대화가 많은 도움이 된다.

제1부

인성의 이해

공감을 잘하기 위해서는 의지, 지식, 훈련의 세 가지가 필요하다.
즉, 첫째로 공감을 잘하고자 하는 의지가 있어야 하고,
둘째로 공감에 대한 지식이 있어야 하며,
셋째로 배운 지식을 실제로 적용하는 훈련을 끊임없이 함으로써 숙련이 되어야 한다.

함께하는 시간의 양이 중요한 것이 아니라, 적은 시간이라 하더라도
깊이 있는 대화를 나누고, 공감하는 시간을 갖는 것이 더 중요하다.

습관의 3요소 : 의지, 지식, 훈련

1. 공감의 첫 걸음

공감을 잘하기 위해서는 의지, 지식, 훈련의 세 가지가 필요하다. 즉, 첫째로 공감을 잘하고자 하는 의지가 있어야 하고, 둘째로 공감에 대한 지식이 있어야 하며, 셋째로 배운 지식을 실제로 적용하는 훈련을 끊임없이 하여 숙련이 되어야 한다. 이 세 가지는 공감뿐만 아니라 다양한 경우에 적용되는데, 좀더 쉽게 이해를 돕기 위해 요리에 비유해 보기로 하자.

요즘 TV를 보면 남자들이 요리하는 프로그램들이 많아졌고 남자 요리사들이 종종 등장한다. 예전에는 TV의 요리 프로그램들은 대부분 여성 요리사들이 나와 요리를 하는 방법을 알려주는 내용이었는데, 이제는 여성 요리사의 프로그램은 많이 없어졌고, 남자 요리사끼리 경쟁하거나 남자 연예인들에게 요리를 가르쳐주는 프로그램들이 인기가 많다. 그러다 보니 많은 가정에서 자연스레 남편들이 요리를 해야 하는 압박을 느끼기 시작했고, 특히 젊은 부부 중에서는 적어도 주말에는 식사준비를 남편이 맡아서 하는 경우도 점차 늘어나고 있다.

남자가 부엌에 들어가면 큰일난다는 식으로 교육받고 자랐던 이전 세대에게는 이런 변화가 당황스럽기도 할 것이다. 그럼에도 불구하고 시대적 변화에 적응하기 위해서는 남자도 요리 몇 가지 정도는 할 줄 알아야 하게 되었는데, 요리 잘하는 남자가 되기 위해서도 의지, 지식, 훈련의 세 가지가 필요한 것이다.

의지(desire)

공부를 잘하기 위해서는 공부를 잘하겠다는 의지가 있어야 하듯이, 무엇이든 잘하려고 하면 먼저 잘하고 싶은 마음이 생겨야 하고 잘하고자 하는 의지가 필요하다. 마찬가지로 요리의 경우에도 먼저 요리를 잘하고 싶은 의지가 있어야 한다. 그런데 요리를 하고 싶어하는 마음이 전혀 없이 "남자가 무슨 요리를 해?" 라든가, "난 요리에 관심이 전혀 없어" 라고 한다면 요리를 잘 할 수 있는 길은 애초에 열리지 않는다.

요즘에는 남자들도 요리를 잘 하면 좋겠다는 생각이 있거나 아니면 요리 잘하는 것이 적어도 나쁘지는 않겠다는 생각은 많이 한다. 그러나 막상 요리를 잘하기가 쉽지 않다고 생각하기 때문에 아예 그런 의지가 생기지 않는 것이다. 그런데 TV에서 남자들이 요리를 하는 프로그램을 많이 접하다 보니까, '나도 한번 요리를 해볼까?' 하는 생각을 하게 되는 남자들이 많아졌다.

나의 경우도 마찬가지이다. 예전에는 라면이나 끓여 먹을 정도의 실력이었는데, TV에서 요리하는 남자들도 많이 보게 되고, 〈집밥 백선생〉 같이 요리를 쉽게 잘 가르쳐주는 프로그램도 있다 보니까 요리를 해보고 싶다는 생각이 들기 시작했다. 사실 남자라고 요리를 못해야 할 이유도 없고 유명한 셰프들은 대부분 남자가 아니던가? 맘만 먹으면 못할 것도 없는데, 요리가 내 일이 아니라고 머리 속에 각인시켜 놓고 있다 보니 요리에 관심을 갖지 않았고 시도를 해본 적도 없는 것이다.

많은 남자들이 늙어서 아내들로부터 구박받는 가장 큰 이유가 음식을 할 줄 몰라서 끼니 때마다 아내를 힘들게 하기 때문이다. 2016년도의 인기 드라마였던 〈응답하라 1988〉에 등장하는 쌍문동 세 아주머니들의 대화 중에 아들이 밤늦게 들어와서 "엄마, 배고파"하면 자다가도 벌떡 일어나 갖은 음식을 차려서 먹이고 싶은데, 남편이 밤 늦게 들어와 "여보, 라면 좀" 하면 분노가 밑바닥부터 올라온다는 장면이 있다. 이게 바로 대부분의 남편들이 처한 현실이다.

결국 늙어서 구박받지 않으려면 남자도 요리 몇 가지 정도는 할 줄 알아야 할 뿐 아니라, 한국 남자들도 부엌에서 요리를 하는 것이 자연스러운 시대가 올 것이기 때문에 미래를 준비하는 차원에서라도 나도 요리를 조금은 할 줄 알아야겠다는 생각과 함께 요리를 배우겠다는 의지가 생긴 것이다.

이렇게 먼저 우리 안에 하고 싶은 마음과 함께 하고자 하는 의지가 생기는 것이 출발점이다. 공감의 경우도 마찬가지인데, 공감을 잘하기 위해서는 먼저 공감을 잘하고 싶은 마음이 생겨야 되는 것이다. 그런데 공감에 대한 이야기를 들어도 흥미를 전혀 못 느낀다든가 '지금까지 잘 살아왔는데 내가 이 나이에 그런걸 왜 배워야 해?' 라는 반감이 생긴다면 공감을 잘 할 수 있는 길은 열리지 않는다.

그 동안 많은 사람들과 공감에 대한 대화를 나누었는데, 대부분의 사람들은 공감에 관한 이야기를 해주거나 대화를 나누는 것에 무척 흥미를 느끼고 좀더 알고 싶어하고 때로는 개인적인 상담을 요청하기도 한다. 그런데 간혹 전혀 흥미를 보이지 않거나, 이야기를 끊고 화제를 돌리거나, 대화를 회피하는 사람들도 있다. 의지가 전혀 없는 것이다. 이런 사람들은 대체로 내면에 상처가 많은 사람들이다.

내면에 상처가 깊은 사람들은 이런 주제의 대화를 하게 되면 마음 속 깊이 억눌러 온 자신의 상처가 드러나거나 상처가 건드려지기 때문에 자기방어를 하게 되어 대화를 회피하거나 외면하게 된다. 이런 경우에는 전문가의 도움을 받아 좀더 깊이 있는 치유를 받을 필요가 있다.

외모도 준수하고 학력이나 직업도 훌륭하여 성공한 사람이라 하더라도 얼마든지 내면의 상처를 갖고 있을 수 있는데, 내면의 상처가 깊은 경우에는 가까운 사람들과의 관계에 있어서 여러 가지 갈등과 불화가 생기게 된다.

우리는 외적인 조건이 좋으면 그 사람은 행복할 것이고 가정도 화목할 것이라고 생각한다. 그러나 내면의 상처는 겉으로는 드러나지 않고, 주로 어린시절의 성장과정에서 형성된 것들이기 때문에 현재 처해 있는 삶과는 관계가 없는 경우가 많다. 그렇기 때문에 내면의 상처가 있는지를 주위에서 알아차리기 쉽지 않다. 심지어는 가족들조차 제대로 알지 못하는 경우도 많다.

우리가 감기에 걸리면 주위에서 병원에 가보거나 약을 먹어서 치료할 것을 권하지만, 내면의 상처는 겉으로 드러나지 않기 때문에 치료를 받으라고 권하게 되지도 않고, 본인 자신도 문제가 있다고 생각하지도 않는다. 그래서 오랜기간 방치되다가 문제가 더 커지는 경우를 종종 볼 수 있다. 그렇기 때문에 가장 가까운 우리의 가족들이나 우리 주위의 사람들부터라도 정신적으로 건강한지의 여부를 체크할 필요가 있다.

물론 공감을 배우고 싶은 의지가 없는 사람이라고 해서 모두 상처가 있어서 그런 것만은 아니다. 개인의 성격이나 취향, 관심사, 그리고 현재의 상황 등에 따라 다를 수 있다. 내가 경험해 본 바에 의하면 청소년기까지는 대부분 이런 주제에 관심이 없다. 심지어 대학생들도 아직은 관심이 그다지 많지는 않다. 그러다가 연애를 경험하게 되면 점차 이런 주제에 관심이 생기게 되고, 결혼을 하여 자녀를 키우게 되면 더욱 관심이 많아지게 된다. 연애나 결혼, 그리고 자녀양육처럼 매우 밀접한 인간관계를 경험하게 되면 사랑과 기쁨뿐만 아니라 다툼이나 슬픔, 갈등 등을 경험하게 되어 비로소 관계 개선에 대해 관심을 갖게 되는 것이다.

개인이 처한 현재의 상황에 따라서도 이러한 주제에 관심을 가질 여유가 없는 경우도 있을 수 있다. 육체적으로 너무 고된 삶을 산다거나, 직장 일이 너무 바빠서 시간적 여유가 없다거나, 시험이나 승진 등과 같이 치열한 경쟁으로 인해 스트레스가 많은 경우에도 그러하다. 마치 전쟁 중에는 자살하는 사람이 없는 경우와 마찬가지이다. 생사의 위기 앞에서 외롭다던가 우울하다던가 하는 생각을 할 여지가 없는 것이다. 이처럼 입시를 앞둔 수험생이나 직장 일이 너무 바쁜 직장인은 공감에 관심을 가질 시간적 정신적인 여유가 없을 수밖에 없다.

지식(knowledge)

인간은 우리가 상상하는 것 이상의 능력을 가지고 있다. 그리고 그 능력은 학습에 의해 확대된다. 우리가 지식을 축적하고 그 지식을 타인이나 다음 세대에게 전달하면 전달 받은 지식으로 인해 능력은 크게 확장된다. 우리의 삶을 불과 몇 백년 전과 비교해 보면 정말 놀랄 만큼의 차이를 보인다.

조선시대에 한양으로 과거 시험을 보러 가기 위해서는 2-3개월 전부터 떠나야 했다. 중국을 갔다 온다는 것은 거의 1년 이상 걸려야 하는 여정이어었다. 지금과 같이 2시간 이내에 상해나 북경을 간다는 것은 상상할 수도 없는 일이었다. 그런데 과학적 지식이 축적되고 전달되어 비행기라는 것이 만들어지고부터는 중국은 하루에도 다녀올 수 있을 정도로 가까운 곳이 되어 버렸다.

그렇기 때문에 우리가 공감에 대해 배우고 그 지식을 축적하게 되면 배우기 이전보다 훨씬 더 큰 능력을 발휘할 수 있게 되는 것이다. 마치 조선시대에 중국을 두 시간 이내에 하늘을 날아서 갈 수 있다는 것을 상상도 못했던 것처럼 학습이전에는 상상도 못했던 능력을 발휘할 수 있게 되는 것이다.

요리를 잘하고 싶은 의지가 있다면 먼저 요리하는 방법을 배워야 한다. 열심히 요리 프로그램을 보면서 배우든가, 인터넷을 뒤지든가 또는 요리학원을 다니면서 열심히 배워야 한다. 그렇게 배우다 보면 배우기 전에는 상상할 수도 없었던 요리실력을 갖추게 되는 것이다. 요리에 대한 지식이 없이 요리 잘하는 사람이 될 수 없는 것이 너무나 당연하듯이 공감의 경우도 마찬가지이다.

공감에 대해 배우게 되면 배우기 전에는 상상할 수 없던 변화가 내게 일어나는 것을 발견하게 된다. 그런데 공감에 관련된 지식이 우리가 자주 접하는 내용도 아니고, 교육과정에서도 이런 내용을 다루는 경우가 많지 않기 때문에 학력이 높거나 직장경력이 화려하다고 해서 이런 분야에 대한 지식이 많은 것은 전혀 아니다. 따라서 공감에 대한 지식을 습득하기 위해서는 공감 관련 서적이나 강의를 열심히 찾아서 배울 필요가 있다.

우리는 정보화 시대에 살고 있다. 예전에는 정보를 접하기가 쉽지 않기 때문에 좋은 책을 무척 귀하게 여겼는데, 요즘에는 인터넷을 뒤져보면 정보가 넘쳐난다. 나의 경우에도 미국에 유학가서 두 아이를 낳고 키울 때 매우 소중하게 여기던 책이 있었다. 바로 스포크 박사의 〈Baby and Child Care〉라는 육아책이었다. 이 책은 세계적으로 역사상 가장 많이 팔린 책으로 1위인

성경에 뒤이어 2위를 차지했을 정도로 많이 팔린 책이다. 2차 세계대전 직후인 1946년에 출간되어 베이비붐 시대를 맞이하여 엄청나게 인기를 끈 이 육아책은 구체적이고 상세하게 육아프로그램을 제시한 책이다. 초보부모였던 우리 부부에게는 그야말로 금과옥조와 같은 책이었다.

그런데 나중에 애들을 다 키우고 나니 스포크 박사의 육아법에 몇 가지 문제가 있다는 비난이 있음을 알게 되었다. 예를 들어 스포크 박사는 아이를 엎어 재워야 한다고 주장했는데, 이렇게 재우면 아이의 두상이 납작해지지 않고 동그랗고 예쁘게 되는 장점이 있는 반면에, 기도가 막히는 사망사고가 발생할 수 있다는 것이다. 다행히 우리 아이에게는 그런 사고가 없었는데, 알고 보면 매우 위험한 일이 아닐 수 없다. 그렇기 때문에 정보의 홍수 속에서 올바른 정보를 찾는 것은 매우 중요하다.

공감과 관련하여서도 수많은 책들이 있고, 인터넷에도 많은 정보들이 있다. 이 책은 그 중에서도 내가 직접 경험해 보면서 오늘을 살아가는 현대인들이 알아야 하는 가장 핵심적인 부분만을 정리하였다.

훈련(exercise)

요리하는 방법을 배웠다고 해서 갑자기 요리의 달인이 되지는 않는다. 만약 요리하는 책을 한번 읽어보거나 요리 프로그램을 보았다고 달인이 된다면 사람들은 더 이상 요리 프로그램들을 시청하지 않을 것이다.

어느 날 〈집밥 백선생〉에서 된장찌개 끓이는 법을 가르쳐 주길래 나도 된장찌개를 직접 끓여보고 싶은 마음이 생겼다. 의지가 생긴 것이다. 그래서 그 방송을 열심히 보고 나서 TV에서 가르쳐준 대로 따라서 했더니 놀랍게도 제법 맛이 괜찮은 된장찌개를 만들 수 있었다. 더욱이 내가 태어나서 처음으로 만든 된장찌개를 아내도 맛있다고 감탄하니까 나름 으쓱해져서 '요리 별거 아닌데?' 하는 자만심까지 갖게 되었다.

그러나 몇 주 후에 다시 한 번 된장찌개를 만들려고 했더니 재료가 무엇이었는지, 무엇부터 시작해야 하는지 도무지 생각나지 않았다. 결국 다시 한번 인터넷을 뒤적이며 레시피를 찾아서 된장찌개를 만들어야만 했다. 한 번 배웠다고 해서 바로 숙련된 요리사가 되는 것까지는 기대를 안 했지만, 그래도 된장찌개 만큼은 쉽게 만들 수 있을 것이라던 나의 생각이 엄청난 착각이었던 것이다. 요리하는 방법을 한번 배웠다고 다 되는 것이 아니고, 여러 번의 실습을 통해서 시행착오도 겪어보고 하면서 요리에 대한 경험이 쌓여져 감에 따라 내 몸에 익혀져 가는 것이다.

공감의 경우도 마찬가지다. 공감에 대한 지식을 쌓는 것이 필요하지만, 한 번 배웠다고 바로 공감의 달인이 되는 것은 아니다. 배운 것을 실제로 적용해야 하는데, 배운 대로 되지 않는 경우도 많다. 그렇다고 실망하거나 미리 포기할 필요는 없다. 전혀 알지 못하는 것보다는 훨씬 낫고, 배운 것을 실제로 적용할 때마다 조금씩 나아지는 것을 느낄 수 있기 때문이다. 그런데 알기는 하지만 적용을 안 해보거나 한두 번 해보고 잘 안 된다고 포기한다면 더 이상의 발전은 없게 된다.

나의 경우도 상대방에게 어떻게 공감해 주어야 할지 막막한 경우를 아직도 종종 경험한다. 특히 나와 가장 가까운 배우자나 자녀와의 관계에서 더욱 그러하다. 그렇지만 분명한 것은 예전보다는 훨씬 나아졌으며, 포기하지 않고 꾸준히 적용하다 보면 점점 더 나아진다는 점이다. 그렇기 때문에 지식을 습득하고 나서 한두 번 적용해 보고 잘 안되더라도 절대로 포기하지 않아야 한다. 나 자신이 실망스럽더라도 인내심을 갖고 꾸준히 노력하면 점차 나아지는 자신을 발견할 수 있을 것이고, 그러다 보면 관계의 달인이 될 수 있을 것이다.

습관(Habit)

※ 습관의 3요소

　그림에서 보듯이 의지, 지식, 훈련의 세 가지가 점점 더 커지면 겹치는 부분이 생기는데, 이 부분이 바로 습관이다. 그리고 의지, 지식, 훈련의 세 가지 원이 더 커질수록 겹치는 부분이 더 커지는데, 다시 말하면 의지가 커지고 더 열심히 배우고 더 많이 훈련 할수록 더 익숙해져서 습관이 되어 자연스럽게 우리의 몸에 배게 되는 것이다.

　우리가 요리의 달인이 되기 위해서도 마찬가지이다. 요리를 잘하고 싶은 의지가 더 커지고, 더 많이 요리를 배우고, 더 열심히 훈련을 한다면, 요리를 잘하는 달인이 될 수 있는 것이다. 그런데 앞에서도 설명했지만 더 이상 의지도 없고, 요리공부도 안 하고, 요리연습도 열심히 안 한다면 우리의 요리실력은 거기서 멈추거나 후퇴하게 되는 것이다.

스티븐 콜비 박사는 그의 베스트셀러인 〈성공하는 사람들의 7가지 습관〉에서 성공하는 사람들의 습관 7가지를 다음과 같이 들고 있다.

1. 자신의 삶을 주도하라.

2. 끝을 생각하며 시작하라.

3. 중요한 것을 먼저 하라.

4. win-win을 생각하라.

5. 먼저 이해하고 다음에 이해시켜라.

6. 시너지를 내라.

7. 끊임없이 쇄신하라.

이렇게 이 책은 우리에게 성공한 사람들의 습관에 대한 지식을 제공하고 있다. 그렇지만 책을 읽고 지식을 습득한 것만으로 성공하는 사람이 되는 것이 아니다. 그랬다면 이 책을 읽은 수 백만 명의 독자들이 모두 성공한 사람이 되었을 것이다. 책을 읽어 지식을 습득하는 것에 그치지 않고, 성공에 필요한 노력을 하고자 하는 의지가 있어야 하고, 열심히 노력하여 내 몸에 습관으로 배어 있을 때 성공하는 사람이 될 수 있는 것이다.

공감도 마찬가지이다. 공감에 대한 의지가 커지고, 공감에 대해 더 많이 배우고 열심히 적용하면, 공감이 억지로 부자연스럽게 되는 것이 아니라, 우리 몸에 습관처럼 배어서 자연스럽게 공감을 잘하는 달인이 되는 것이다. 만약 당신이 공감을 잘하고 싶은 마음이 있고, 이제부터 이 책을 통해서 배우기 시작한 내용을 포기하지 않고 꾸준히 적용하는 노력을 한다면, 당신은 머지않아 관계의 달인이 될 것이다.

노력 정도에 따라 달인까지는 바라지 않는다 하더라도 예전보다는 훨씬 더 공감을 잘하여 다른 사람과의 관계가 좋아질 것은 분명하다. 그러면 가정이나 직장, 동료나 친구와의 관계에서 좋은 관계를 유지할 수 있을 것이고, 삶에 기쁨이 넘치게 될 것이다.

적용의 tips

1. 당신은 관계를 개선하고 싶은 생각이 있나요?

2. 배우자, 자녀, 친구, 직장동료 중에 어떤 관계를 가장 많이 개선하고 싶은가요?

3. 혹시 관계 개선에 관심이 없나요? 왜 그렇다고 생각하나요?

4. 과거에 관계개선을 위한 노력을 해 본 적이 있나요?

5. 관계개선을 위해 열심히 노력했는데 잘 안 된 경험이 있다면 그 이유가 무엇이라고 생각하나요?

인성발달과 공감하기

의존적 사랑의 욕구: 욕구의 충족과 좌절

사람은 누구나 의존적 사랑의 욕구를 가지고 있다. 태어나서 부터 엄마의 사랑을 받기 원하고, 배고플 때 젖을 달라고 울고, 기저귀를 갈아달라고 울다가, 조금 크면 장난감 사달라고 떼를 쓰기도 한다. 청소년기에는 공부를 잘하고 싶어하고, 친구를 사귀고 싶어하며, 이성과의 교제도 하고 싶어한다. 성인의 경우에는 돈을 많이 벌고 싶고, 좋은 직장을 갖기 원하고, 승진이 잘 되길 원한다. 그리고 건강과 명예를 갖고 싶어하며, 행복한 가정을 원하고, 자녀가 훌륭하게 성장하기를 원한다. 이와 같이 사람은 누구나 다양한 사랑의 욕구를 갖게 되는 것인데, 이러한 욕구를 갖는 것은 인간으로서 너무나도 당연한 것이다.

〈표 2-1〉 인성발달의 이해

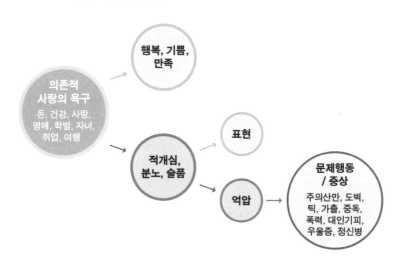

이러한 욕구는 충족되기도 하고 좌절되기도 한다. 누구나 욕구가 충족될 때에는 기쁘고 행복하고 만족감을 느끼게 된다. 그렇다고 모든 욕구가 충족되어야 하는 것은 아니고 그렇게 될 수도 없다. 때때로 부모 중에서 자녀가 원하는 것을 다 해주려는 경우가 있는데, 자녀가 올바른 인성을 갖고 독립적인 자아를 갖춘 성인으로 자라는 데에 매우 좋지 않은 방법이다. 왜냐하면 성장과정에서 욕구가 충족되지 못하는 경우를 경험하지 못한다면, 성인이 되어서 욕구가 다 채워지지 못 할 경우 매우 견디기 힘들어 할 수 있다.

몇 년 전 우리나라 최대 기업인 S전자의 임원이 자살하는 사건이 있었다. 이 임원은 능력을 인정 받아 동료들보다 훨씬 빠르게 승진을 하여 최연소 임원으로 승진하였고, 장래도 무척 촉망받는 중이었다. 그런데 인사발령에서 본인의 기대에 못 미치는 자리로 발령이 나자, 심한 좌절감에 빠져서 결국 자살하고 만 것이다. 한 번도 실패를 경험하지 못하고 승승장구하다가 찾아온 작은 좌절이 너무나 힘들었던 것이다. 젊었을 때 실패도 해보고 이를 극복하는 경험을 했었다면 이처럼 비극적으로 생을 마감하지는 않았을 것이다.

잘 아는 부부 중에 남편과 아내 모두 전문직에 종사하는 고소득 맞벌이 부부가 있었다. 이들 부부에게 아들이 하나 있는데, 대부분의 맞벌이 부부와 마찬가지로 그 엄마도 직장일로 바쁘다 보니 아들에게 좀더 많은 시간을 할애해서 돌봐주지 못한 것을 항상 미안해 하였다. 그래서 초등학생인 아들에게 휴대폰 새 모델이 나올 때마다 바꿔주었다. 새 휴대폰을 사 주는 것이 사랑의 표현이었던 것이다. 그러나 그 아들은 여전히 불만이 많았고 사춘기에 들어서는 부모와 대화도 안하고 반항하기 일쑤였다. 그들 부부는 아들의 행동을 이해할 수 없었고, 어떻게 해줘야 할지 몰라 쩔쩔매고만 있었다.

무엇이 문제일까? 부모는 휴대폰을 선물하는 것으로 아들에게 충분히 사랑을 주었다고 생각했지만 휴대폰 선물이 부모의 사랑을 대체할 수는 없는 것이다. 아들에게는 새 디지털기기가 아니라 외동아들로서의 외로움을 달래줄 부모의 따뜻한 품이 그리웠던 것이 아닐까?

맞벌이하는 부모의 경우에 자녀와 함께하는 시간이 부족한 것은 사실이다. 그렇기 때문에 부족한 시간을 무엇으로 대체할 것인가 고민하다가 용돈이나 장난감, 또는 좋은 옷이나 선물로 대신해 보려고 한다. 그런데 여전히 아이가 부모 말을 잘 듣지도 않고 공부도 열심히 하지 않으면 무척 곤혹스러워 한다.

특히 우리나라는 경제적으로 빠르게 성장했기 때문에 부모들이 자랐을 때보다 자녀들이 훨씬 더 좋은 환경에서 자라고 있다. 예전과 달리 요즘 자녀들은 물질적인 면이 더 풍부하다. 부모 입장에선 본인이 자랐을 때보다 훨씬 더 풍족하게 잘 해주는데, 본인들의 어릴적보다 부모 말도 안 듣고 공부도 열심히 안하고 반항적인 이유를 이해하기 힘들다. 그래서 부모가 "내가 네 나이

때에는…" 하고 이야기를 시작하면 자녀는 바로 귀를 닫아 버린다. 자녀들의 입장에선 너무나도 지겹도록 들은 이야기이고, 부모가 어떤 환경에서 자랐는지는 아무런 관심도 없다. 왜 그렇게 못살았는지 이해도 되지 않는다. 자녀들은 엄마, 아빠를 할아버지 할머니와 비교하는 것이 아니라 친구의 부모와 비교하는 것이다. 물질적으로 풍족하다고 해서 행복이 보장되는 것도 아니고, 물질이 사랑을 대체할 수 없다는 것을 부모들이 알아야 하는 것이다.

또한 부모가 자녀와 함께하는 시간이 많다고 해서 그 자녀가 충분한 사랑을 받았다고 느끼는 것도 아니다. 부모가 함께 있을 때마다 야단을 치거나 잔소리만 늘어 놓는다면 오히려 역효과만 발생하게 되고, 아무런 공감이나 소통이 없이 함께 TV를 보는 것 또한 무의미하다. 즉, 함께하는 시간의 양이 중요한 것이 아니라 적은 시간이라 하더라도 깊이 있는 대화를 나누고 공감하는 시간을 갖는 것이 더 중요한 것이다.

무엇보다도 우리의 모든 욕구가 다 충족될 수 없다는 것을 성장과정에서 깨닫게 하는 것이 필요하다. 어차피 우리가 사는 세상은 돈이나 물질, 시간 등의 모든 자원에 한계가 있기 때문이다. 경제학의 가장 기본원칙은 자원이 제한되어 있다는 데에서부터 출발한다. 그렇기 때문에 우리는 자원을 아껴 써야 하며, 보다 효율적으로 사용하기 위해 노력을 하게 되는 것이다. 그런데 부모가 무슨 수를 써서라도 자녀가 원하는 것을 다 충족시켜 주려고 한다면, 그 자녀는 성인이 되었을 때에 필요한 독립심과 자립심을 키울 기회를 잃게 된다. 부족한 것은 의례 부모가 충족해 준다고 생각하기 때문에 스스로 노력해서 얻고자 하지도 않을뿐더러 충족되지 못하는 것을 견디지 못한다.

　이렇듯 자녀가 원하는 모든 것을 충족시켜 주는 것이 결코 좋은 자녀 양육방법은 아니다. 욕망이 충족되지 않을 수 있고 절제할 줄도 알아야 한다는 것을 가르치는 것이 더 좋은 양육방법이다.

욕구의 좌절과 감정의 억압

　의존적 사랑의 욕구가 좌절될 때 우리는 화도 나고 슬프기도 하고 때로는 적개심을 갖게 되기도 한다. 아이가 엄마한테 장난감을 사달라고 했다가 거절당하면 아이는 화가 나거나 슬프다. 이러한 감정적인 반응은 매우 자연스러운 것이다. 여기서 중요한 것은 좌절로 인한 감정적 반응을 잘 표현할 수 있어야 하는 것이다. 그런데 우리는 유교적인 전통에 따라서 이러한 감정적 반응을 표현하는 것이 점잖지 못하다거나 어른스럽지 못하다고 교육을 받아왔다. 요즘도 유치원에 다니는 또래의 아이들 중에 "남자가 울면 안되지요" 라면서 우는 아이를 놀리는 것을 종종 볼 수 있다. 요즘의 젊은 부모들이 신세대라고 자부하면서도 여전히 유교적인 관습에 젖어서 이렇게 자녀양육을 하는 경우가 많은 것이다. 이렇게 부모님으로부터 물려받은 관습의 뿌리를 제거하는 것은 쉬운 일이 아니다.

특히 어린아이들은 육체뿐만 아니라 정신적으로도 성숙되어 있지 않기 때문에 이러한 감정의 억압에 더욱 취약해서 각종 문제적 행동과 증상이 쉽게 나타나게 되는데, 주의산만, 도벽, 틱, 가출, 중독, 폭력, 대인기피, 우울증, 정신병 등이 그것이다. 우리는 자녀가 어떤 문제적 행동이나 증상을 보이게 되면, 그것을 아이의 문제로 생각하고 이것을 어떻게 고칠 것인가 고민하게 된다. 많은 경우 부모의 양육방법과 자녀의 성장환경에 역기능성이 있기 때문에 그런 문제행동이나 증상이 나타나는 것이다. 여기서 중요한 것은 욕구의 좌절 자체가 문제가 아니라 좌절로 인한 감정을 과도하게 억압당하는 것이 문제이다. 그렇기 때문에 부모들은 자녀들이 감정을 적절히 표현할 수 있도록 가르쳐야 하고, 또한 자녀의 감정을 잘 받아주는 능력을 갖출 필요가 있다. 이를 위해서는 공감에 대한 이해와 훈련이 필요하다.

틱을 하는 아이, 사춘기를 심하게 겪는 아이

친구 부부가 자녀문제로 고민을 꺼낸 적이 있었다. 두 명의 아들을 둔 부부였는데, 맏아들은 매우 착하고 똑똑해서 공부도 잘하는 아이였고, 세 살 터울인 막내 아들은 자기 주장이 강하고 공부도 자기가 하고 싶은 것만 하고 떼도 많이 쓰는 아이였다.

그런데 큰 아들이 유치원 시절부터 눈을 깜빡이는 틱을 시작하였다. 처음에는 나쁜 버릇이라고 하지 말라고 야단을 쳤는데 별 효과가 없었고, 오히려 너무 야단치면 더 심하게 한다는 주위의 말을 듣고 야단도 못치고 언젠가 그치겠지 하는 마음으로 두고 보았다고 한다.

그러나 큰 아들은 대학생이 되기까지도 틱이 그치지를 않았고 계속 다른 형태로 바뀌가면서 틱을 하였다. 이 가정의 큰 아들은 어린 시절부터 많은 것을 동생에게 양보하면서 커왔고, 동생이 떼를 써서 형과 싸움이 일어날 때마다 그 부부는 오히려 착한 큰 아들을 야단쳐서 동생에게 양보하게 함으로써 싸움이 그치게 만들었다.

주위에서는 왜 착한 큰 아들을 야단치느냐고 이야기했지만 부부의 생각에는 둘째 아들은 야단쳐도 듣지도 않고 고집도 세서 싸움이 그치지 않으니까 형이 동생에게 양보하는 것이 좋다고 생각한 것이다. 그러나 이 부부는 이러한 양육방법이 큰 아들의 틱에 영향을 미쳤다는 것은 미처 생각하지 못했다.

이 가정의 큰 아들과 같이 착한 성품을 가진 아이들의 경우에 부모로부터 더 많은 조종을 당하거나 억압을 당하는 경우가 많다. 그럴 때마다 아이는 착하기 때문에 저항도 못하고, 왜 자신만 양보해야 되고 야단을 맞아야 하는지에 대한 억울하고 불만스러운 감정을 갖게 되는데, 이러한 불만이 틱으로 표출되는 것이다.

그 아들은 나중에 사춘기도 무척 심하게 보냈는데, 착했던 아들의 갑작스런 반항에 부모는 무척 놀라고 힘들어했다. 반면 동생은 사춘기도 그다지 겪지 않고 지나갔다.

사춘기라는 것도 아이들이 성인으로 가기 전에 자아를 찾기 위한 독립운동이라고 보면 되는데, 억압을 많이 당한 아이들일수록 사춘기를 심하게 겪게 되고, 어린 시절부터 떼를 써서라도 자기 주장을 관철했던 아이들은 억압 당한 것이 없고, 이미 독립적으로 살아왔기 때문에 사춘기를 그다지 심하게 겪지 않는 경우가 일반적이다.

많은 부모들이 자녀가 틱을 하거나 사춘기에 반항적으로 돌변하게 되면 아이를 야단치거나, 때로는 친구를 잘못 사귀어서 그렇게 되었다고 생각하는 경우가 많은데, 사실은 부모의 양육방법에 문제가 있는 경우가 더 많다. 비행청소년을 자녀로 둔 부모들이 자녀의 문제를 상담하러 오는 경우에도 자녀보다 부모를 먼저 상담하는 경우가 바로 그러한 이유 때문이다.

성인들의 욕구불만

성인이 되어서도 우리는 직장에서나 가정 안에서 스트레스를 받는 경우가 아주 많다. 그런데 어린아이들의 경우와 마찬가지로 성인들의 경우에도 불만 그 자체에 문제가 있는 것 보다는 이를 과도하게 억제하는 데에서 문제가 발생한다.

오늘날 우리들은 사회생활을 하면서 점점 심해져 가는 경쟁 속에서 많은 불안감을 겪는다. 그럴 때 우리는 건강을 위해서 스트레스를 받지 말라는 이야기를 많이 듣는다. 물론 스트레스가 건강에 매우 나쁜 것은 사실이다. 아무리 운동을 많이 하고 식사조절을 잘 한다 하더라도 스트레스를 많이 받으면 암과 같은 중병에 걸릴 확률도 매우 높아진다. 그런데 현대인들이 바쁜 도시생활을 하면서 스트레스를 받지 않는다는 것은 거의 불가능하다.

만약 당신의 직장상사가 매우 화도 잘 내고 깐깐한 성격이라

보고서를 제출할 때마다 야단치기 일쑤라면, 당신은 아침에 회사에 출근할 때마다 '오늘은 또 얼마나 많이 야단을 맞을까?' 하고 걱정을 하면서 우울감에 빠질 것이고, 보고서를 제출하면서도 스트레스를 많이 받을 것이다. 그렇다고 직장상사가 다른 부서로 옮겨갈 날만 기다릴 수도 없고, 옮겨간다 하더라도 후임자가 천사같이 부드러운 사람일 것이라는 보장도 없다.

직장인뿐만 아니라 주부들도 육아에 대한 부담과 자녀 교육에 대한 스트레스를 받고, 학생들은 학업과 성적, 그리고 취업준비로 인한 불안감을 엄청나게 많이 받고 있다. 이렇게 우리는 날로 심해지는 긴장감 속에서 살아가는데, 문제는 스트레스를 제대로 해소하지 못하면서 살고 있다는 점이다. 스트레스를 적게 받기 위한 노력도 필요하긴 하지만, 받은 스트레스를 잘 푸는 것이 더 중요한 것이다. 그러기 위해서는 적절한 휴식을 취하는 것뿐만 아니라 공감을 잘해주는 배우자나 파트너가 있는 것이 매우 중요하다. 공감을 잘 해주는 사람과 대화를 하는 것은 스트레스 해소에 매우 효과적이다. 그래서 때로는 전문상담사의 도움을 받는 것도 필요하다.

사회적으로 높은 지위에 오르거나 성직자와 같이 존경 받는 지위, 아니면 대중적인 인기가 많은 연예인의 경우에도 불안을 제대로 풀지 못해서 어려움을 겪는 경우가 많다. 특히 의외로 많은 연예인들이 우울증이나 공황장애에 시달리고 있고 심지어는 자살에 이르기도 한다. 그만큼 연예인은 일반인들보다 스트레스를 받는 정도가 훨씬 더 높기 때문이다. 대중의 인기에 의존하는 직업이다 보니까 직업 안정성이 없어서 미래가 불확실하기도 하고, 인기가 많다가도 조금이라도 잘못을 하게 되면 수 많은 사람들의 비난을 한 몸에 받아야 하는 직업이기 때문이다.

특히 인터넷과 SNS의 활성화로 인해 연예인에 대한 악플이 많이 늘었기 때문에 이로 인한 정신적인 충격이나 고통이 매우 크다. 얼마 전 유명 여자 연예인 K씨는 우연히 인터넷에서 본인에 대한 악플을 보고 충격을 받아 집에서 자신의 머리를 삭발하고, 동료 연예인에게 막말을 하는 등의 이상행동을 보인 적도 있다.

결국 앞에서도 언급한 바와 같이 우리의 감정은 적절히 표출될 때 정신적인 건강을 유지할 수가 있는데, 감정을 과도하게 억압하게 되면 정신적인 문제행동이나 징후가 나타나게 된다. 따라서 우리는 누구나 감정을 표출할 수 있는 기회를 갖는 것이 필요하다. 스트레스나 불만, 슬픔 등의 감정은 운동이나 여행 등의 취미활동을 하거나 일에 집중하는 것 등을 통해 어느 정도 해소가 가능하지만, 무엇보다도 다른 사람이 자신의 마음을 알아주고 공감해 줄 때에 온전히 해소가 된다. 그렇기 때문에 우리에게는 우리의 마음을 알아주고 공감해 줄 수 있는 상대가 필요하고, 우리 자신도 배우자나 자녀, 또는 친지나 동료 등의 마음을 공감해 줄 수 있는 능력을 갖출 필요가 있다.

외국에서는 정신적인 스트레스를 많이 받는 전문직 종사자나 연예인들은 수시로 정신상담을 받아서 정신건강을 점검하고 치료도 받는데, 우리나라는 정신상담 받는 것을 수치스럽게 여기는 경향이 있어서 증세가 아주 심해지기 전까지는 좀처럼 정신상담을 받지 않는다. 그러나 이렇게 직업적으로 과도한 스트레스를 받는 경우에는 정신상담을 반드시 주기적으로 받을 필요가 있다.

수 년 전에 자살한 연예인 C씨의 경우에도 얼굴도 예쁘고 연기도 잘해서 오랜 기간 대중에게 많은 사랑을 받으며 살아왔지만, 악플로 인한 정신적 고통을 이기지 못해 불행한 선택을 하고 말았다. 만약 C씨가 정신상담을 받고 주위의 동료나 친구로부터 공감과 위로를 잘 받았다면 그런 불행한 사태는 막을 수 있었을 것이다.

부모의 내리사랑

부모의 자녀에 대한 사랑은 본능적이기 때문에 자녀를 사랑하지 않는 부모는 거의 없다. 자녀를 사랑하지 않는 부모는 극히 예외적인 것이다. 그렇기 때문에 성경이나 불경, 옛 성인들의 말씀에 부모에게 효도하라는 말은 있지만 자식을 사랑하라는 말은 없다. 왜냐하면 굳이 강조하지 않아도 누구나 본능적으로 자식을 사랑하기 때문이다. 우리는 이를 '내리사랑' 이라고 부른다. 그러나 부모가 자녀를 사랑한다고 해서 자녀를 잘 키우는 것은 아니다. 왜냐하면 우리 대부분은 자녀를 양육하는 방법에 대해 잘 모르는데, 막상 자녀교육에 대해 제대로 배워본 적이 없기 때문이다. 그냥 각자의 부모님으로 부터 받은 양육방식을 참고 삼아 자녀를 키우는데, 여기에 시행착오가 많은 것이다.

부부가 자녀양육에 대한 철학이 다른 경우가 많아서 갈등을 겪는 경우도 많이 볼 수 있다. 왜냐하면 각자 다른 부모님 아래서 다른 양육방법 하에 자라왔기 때문이다. 엄한 가정에서 자란 남편과 매우 자유로운 분위기의 가정에서 자란 아내가 있다면, 남편은 아이를 좀더 예의 바르게 키우기 위해서는 야단도 치고 엄격한 규율 하에서 키워야 된다고 생각하고, 아내는 좀더 아이들의 의사를 존중해주고 자유롭게 키워야 된다고 생각한다. 그래서 남편이 아이를 야단치면 아내는 아이를 감싸기 때문에 아이 입장에서는 무엇이 맞는 것인지 혼란스럽고, 아이 양육방법에 대한 의견차이로 인해 부부 싸움으로 번지는 경우도 종종 있게 된다.

이와 같이 부모들은 내리사랑의 원칙에 의해 자녀를 사랑하지만 자녀양육에 어려움을 겪는 것은 자녀 양육방법을 잘 모르고, 부부가 서로 다른 양육철학을 갖고 있기 때문이다. 그래서 가정 안에서 공감과 대화가 필요하다. 부모는 자녀에게 공감해주어야 하고 부부간에도 서로 공감을 해주어야 한다.

무조건 불만을 참고 싸우지 않는다고 해서 행복한 가정이 되는 것은 아니다. 불만이 있는 데에도 속으로만 꾹 참는다고 불만이 해소되지는 않는다. 오히려 참을수록 불만이 내면에 쌓이게 되는데, 이렇게 쌓인 불만은 언젠가는 폭발하게 된다. 그렇기 때문에 불만을 억누르기만 하는 것이 좋은 것이 아니라, 불만을 잘 표현하고, 잘 들어주고, 서로 공감을 잘 해주는 가정이 행복한 가정인 것이다. 그만큼 공감이 중요한 것이다.

공감의 역할

어른이든 아이든 누구나 자신의 마음을 알아주고 공감해 주는 상대가 필요하다. 그런데 동정(sympathy)과 공감(empathy)에는 차이가 있다. 동정은 상대방의 입장과 처지를 딱하게 여기는 연민의 감정이고 위로와 지지를 하는 것이다. 그러나 상대방의 감정을 나의 감정으로 느끼는 정도까지는 아니다. 예를 들어 추운 날씨에도 불구하고 국가를 지키기 위해 훈련을 받고 있는 군인을 보고 '많이 힘들겠다'는 생각을 하며 마음 아파하는 것은 동정의 감정이다.

한편, 공감이란 상대방의 마음을 만나고 이해하고 받아들여 주는 것이다. 즉, 공감은 동정을 넘어 상대방의 경험 속으로 들어가 그 마음을 깊이 이해하는 것을 말한다.

결국 공감과 동정의 차이는 상대방이 처한 상황을 나의 상황으로 인식하고 느끼는지의 여부에 있다. 공감을 가장 잘 표현하는 사자성어가 바로 '역지사지'인데, 이는 처지를 서로 바꾸어 생각한다는 뜻으로 상대방의 입장에서 생각한다는 것을 말한다. 즉, 불행한 사고로 가족을 잃은 동료를 위로할 때 '참으로 안 되었다' 라는 정도를 넘어서 '내가 사고로 가족을 잃었다면 어떤 마음일까?' 를 생각하며 상대방을 위로하는 것이 진정한 공감의 위로인 것이다.

많은 경우에 가족이나 이웃과의 관계를 개선하고 상대방의 아픔과 상처를 치유해 주는 데에는 동정을 넘어서 공감을 해 주는 것이 필요하다. 공감은 상대방의 억압된 감정이나 불만, 분노가 풀려나게 하는 힘을 가지고 있기 때문이다. 그렇기 때문에 공감은 자녀나 부부, 동료 등과의 관계에서 갈등을 해소해 주고, 정신적 건강을 회복시켜주며, 삶의 활력을 찾게 해 주는 중요한 역할을 한다.

그런데 이러한 공감의 능력은 사람에 따라 차이가 있다. 일반적으로는 남자보다 여자가 공감능력이 뛰어나다. 어린 아이를 관찰해 보아도 아이가 엄마 곁에서 놀고 있다가 엄마가 손을 다쳤다고 울기 시작하면 여자아이는 같이 따라 운다. 대부분의 남자아이들은 엄마가 운다고 해서 따라 울지는 않는다. 그만큼 여자아이들은 엄마의 아픈 마음을 함께 느끼고 공감하는데 비해 남자아이들은 아픔을 같이 느끼는 공감능력이 부족하다. 태생적으로 여자가 남자보다 공감을 더 잘한다는 증거이다. 그렇기 때문에 남자와 여자가 결혼해서 부부가 되어 겪는 많은 갈등의 원인이 바로 이 공감능력의 차이로 인해 발생한다.

남자들은 아내나 여자친구가 불평을 하거나 화를 낼 때에 공감을 해주면 된다는 사실 조차도 모르는 경우가 많다. 대부분의 남자들은 해결방법을 먼저 생각하기 때문이다. 그래서 남자들은 아내나 여자친구의 불평이나 불만을 해결해 주는 방법이 뭘까를 고민하게 되는데 마땅한 해결방법이 없는 경우가 많다.

예를 들어 아내가 회사에서 너무 일이 많고 야근도 많아서 힘들다고 불평한다면 남편은 이를 해결할 방법이 마땅치 않은 것이다. 대신 일해 줄 수도 없는 노릇이다. 그래서 고민하다가 하는 말이 "직장 당장 그만 둬. 내가 다 벌께" 라고 큰소리 친다. 그러나 그렇다고 아내가 진짜로 직장에 사표내기를 원하지는 않는다. 다만 그런 말밖에는 생각이 나지 않는 것이다. 조금 더 부드러운 남편은 어떻게 해서라도 아내의 불편한 심기를 달래보려고 위로의 말을 건넨다는게 고작 "직장생활이 다 그렇지 뭐. 조금만 더 참아" 정도다.

이렇게 "직장 그만 둬" 라고 큰소리 친 남자나 "힘들지만 조금만 더 참아" 라고 위로의 말을 건네는 남자나 모두 다 여자가 듣고 싶어 하는 공감에 대해 무지하기는 마찬가지이다. 남자는 여자가 자신으로부터 따뜻한 공감의 한마디 "당신 많이 힘들지?"를 듣고 싶어 한다는 것을 상상도 못하는 경우가 많다.

자녀에 대한 공감
우리의 삶에서 어린 시절의 성장환경은 대단히 중요하다. '세 살 버릇이 여든까지 간다' 는 속담이 있듯이 성인이 되어서 환경이 많이 달라졌는 데에도 불구하고 여전히 어린 시절에 형성된 성격이 변하지 않고 유지되는 것이 놀라울 정도이다.

우리는 대개 어린 시절부터 열심히 공부해서 좋은 학교를 나오고, 좋은 직장에 취직해서 돈을 잘 벌고, 결혼해서 자녀를 낳고 살면 성공한 삶이라고 생각한다. 그러다 보니 대부분의 부모들은 공부를 열심히 시키고, 좋은 학교에 가도록 뒷바라지 하고, 좋은 직장 얻고 좋은 배우자 만나 결혼해서 잘 살도록 하는 데에만 노력을 기울인다. 그러나 정작 자녀가 육체적으로뿐만 아니라 정신적으로 건강하게 자라는 것이 얼마나 중요한지를 잘 알지 못한다.

우리나라는 전통적으로 유교적인 가풍의 영향으로 인해 가부장적이고 권위적인 부모가 많다. 물론 시대의 변화로 인해 과거에 비해 좀더 민주적이고 때로는 자녀들과 친구처럼 격의 없는 관계를 유지하는 부모들도 점차 늘고 있지만, 아직도 예전의 부모들 모습이 많이 남아있다. 자녀와의 관계도 부모로부터 대물림 되는 것이 일반적이다.

예전의 부모들은 자녀를 먹이고 입히는 경제적인 문제를 해결하는 것이 최우선 과제였다. 자녀 모두를 대학교육까지 시킨다는 것은 경제적 부담이 너무나 커서 감당하기 힘들어 맏아들만 대학을 보낸다든가, 아들만 공부시키고 딸은 공부를 안 시키는 경우가 다반사였다. 이렇게 먹고 사는 문제의 해결이 급선무인 어려운 상황에서 부부나 부모, 자녀간의 대화나 공감, 소통 같은 것은 모두 사치스런 고민일 뿐이었다. 이런 가정에서 자란 자녀들이 커서 성인이 되어 결혼을 하고 자녀를 낳아 부모가 되면, 대화나 공감, 소통 등에 대해 본인들의 부모로부터 보고 배운 것이 없기 때문에 자신들의 부모님들이 그랬던 것처럼 자녀에 대한 공감을 제대로 못해 주게 되는 것이다.

〈표 2-1〉에서 보듯이 의존적 사랑의 욕구가 좌절되어 화가 나거나 슬프거나 불만이 쌓일 때에는 이를 표출하여야 한다. 특히 어린 시절에는 부모가 자녀의 마음을 이해해 주고 공감해 주어야 할 필요가 매우 크다.

공감의 효과

우리는 종종 식당이나 공공장소에서 어린 아이가 떼를 쓰며 큰 소리로 우는 광경을 보게 된다. 음식을 안 먹겠다던가 아니면 장난감을 사달라고 떼를 쓰는 것이다. 이 경우 엄마는 대개 화가 난 얼굴로 아이를 야단치거나 아니면 당황스런 표정으로 아이를 달래지만 아이는 좀처럼 울음을 그치지 않는다. 그렇다고 아이가 원하는걸 들어주기에는 아이의 요구가 너무나 터무니 없거나 버릇이 나빠질 수 있어서 들어줄 수도 없다.

그래서 아이를 몇 번 달래보다가 울음을 그치지 않으면 엄마도 화가 나서 아이를 무섭게 야단치게 된다. 그러면 아이는 울음을 그치는 게 아니라 더 큰 소리로 울어댄다. 아이는 욕망이 좌절되는 것이 슬퍼서 울었던 것인데 엄마가 울지 말라고 무섭게 야단을 치니까 무서워서 더 큰 소리로 우는 것이다. 이런 경우에도 아이에게 공감을 해주는 것이 매우 효과적이다. "네가 음식이 먹기 싫구나?" 라던가 "장난감이 갖고 싶구나?"라고 아이의 마음을 알아주는 것이다.

어떤 남자 아이가 장난감 가게에서 떼를 쓰며 울고 있다. 변신로봇 장난감을 사달라는 것인데, 문제는 똑같은 장난감을 두 개를 사겠다고 하는 것이다. 엄마는 한 개만 사 주겠다고 하는데 이 아이는 막무가내로 두 개를 사 달라고 떼를 쓰니까 엄마는 말도 안 되는 아들의 요구를 도저히 들어줄 수가 없다. 만약 들어줬다가는 다음부터도 계속 이런 요구를 할 것이고, 그러다 보면 아이의 버릇이 완전히 나빠지게 된다. 이렇게 도무지 들어줄 수도 없고 들어줘서도 안 되는 떼를 쓰는 것이 너무 화가 나서 야단을 치면서 우는 아이를 강제적으로 끌고 집으로 온다고 한다면, 엄마는 도대체 왜 아이가 똑같은 장난감을 두 개나 사 달라고 떼를 썼는지 알 수가 없다. 과연 아이가 판단력이 전혀 없는 것일까? 아니면 아이가 욕심이 너무 많은 것일까?

> **엄마**: "똑같은 장난감을 두 개가 갖고 싶구나?"
>
> **아들**: "응."
>
> **엄마**: "똑같은 장난감인데 한 개만 있으면 되지 않을까?"
>
> **아들**: "장난감 고장 나면 못 갖고 놀잖아."
>
> **엄마**: "장난감이 고장 나면 못 갖고 놀게 되니까 두 개를 사달라고 그랬구나?"
>
> **아들**: "응, 지난 번에도 고장 났어."
>
> **엄마**: "그랬구나. 장난감이 고장나서 못 갖고 놀아 슬펐구나."
>
> **아들**: "응."
>
> **엄마**: "그래 이제부턴 장난감이 고장 나지 않게 잘 갖고 놀아야겠다. 그리고 장난감이 고장 나면 아빠한테 바로 고쳐 달라고 하자."
>
> **아들**: "아빠가 바빠서 안 고쳐줘."
>
> **아빠**: "아빠가 안 고쳐 줄까봐 걱정 되는구나. 아빠가 약속할게."

아이는 좋아하던 장난감이 고장나서 못 갖고 놀았던 경험이 있었기 때문에 두 개를 사달라고 했던 것이다. 이렇게 아이의 마음을 공감해 주면 아이가 왜 그런 떼를 썼는지를 알 수 있게 된다. 그러면 아이를 달랠 수 있게 되고 불필요하게 아이를 심하게 야단칠 필요가 없는 것이다.

때로는 말을 하지 못하는 한 두 살짜리 아이가 떼를 쓰는 경우도 있다. 이 경우에는 아이가 말을 못하니까 무엇 때문에 떼를 쓰는지 무엇을 해달라는 건지 알기도 어렵다. 야단을 쳐도 알아듣지를 못하니까 소용이 없다. 주위 사람들이 아이의 울음소리에 짜증난다는 듯이 쳐다보는 시선이 느껴지니 엄마는 더더욱 난감하기만 하다. 이럴 때 아이가 말을 못해서 공감의 대화를 해봐야 알아듣지 못하니까 소용이 없다고 생각할 수 있지만, 이 경우에도 공감을 해주면 놀랍게도 효과가 있다. 아이가 울음을 그치는 것이다.

돌이 갓 지난 어린 딸이 갑자기 울기 시작한다. 세 살 위의 오빠가 좋아하는 변신로봇 장난감을 손에 쥐고 있다가 오빠가 와서 빼앗으니까 울기 시작하는 것이다. 엄마는 딸에게 다른 장난감을 줘 보지만 아이는 던져버리고 계속 운다. 그래서 엄마는 오빠한테 장난감을 동생한테 다시 주라고 하는데, 오빠는 싫다고 안 준다. 동생에게 양보하라는 엄마 말을 안 듣는 아들을 엄마가 야단치자 아들도 울고 딸도 울고, 엄마도 마음이 편치 않고,

기분이 안좋다.

이 경우에도 동생한테 양보를 안 하는 오빠만 야단치는 것은 문제 해결도 되지 않고 아들과 딸의 정신건강에도 모두 좋지 않다. 심지어는 아들이 착해서 엄마가 시키는대로 장난감을 동생에게 양보해서 가정의 평화가 찾아 온다고 해도 여전히 아들의 인성발달에는 좋지 않다. 아들의 마음에는 동생에게 양보만 해야 하는 상황과 자신만을 양보시키는 엄마의 불공정한 태도에 불만이 쌓이게 된다. 그렇기 때문에 말을 못하는 어린아이라 하더라도 무조건 오빠한테 장난감을 뺏어 돌려줄 것이 아니라 공감을 해주는 것이 필요하다.

엄마가 딸에게: "장난감을 갖고 놀고 싶구나?"

(다른 장난감을 준다. 하지만 딸은 계속 울기만 한다.)

"오빠 장난감이 좋구나? 근데 어떡하지? 저건 오빠가 아끼는 장난감이라서 오빠가 안 주네, 오빠가 장난감을 뺏어서 슬프구나?"

이렇게 말을 못하는 아이도 자신의 마음을 알아주는 대화를 하면 울음을 그치곤 한다. 이런 경험을 해보면 공감이 얼마나 대단한 파워를 갖고 있는지 놀라게 된다. 이러한 공감은 갓난아이에서부터 어른까지 남녀노소를 막론하고 모두에게 필요하다.

적용의 tips

1. 어린 시절에 감정표현을 자유롭게 한 편인가요? 아니면 종종 억압 당하면서 성장했나요?

2. 자녀를 키우는 부모라면, 당신은 자녀의 불만표현을 억제 하는 편인가요? 아니면 어느정도 허용하는 편인가요?

3. 틱이나 ADHD 등의 행동을 보이는 자녀가 있나요?

4. 당신은 사춘기를 심하게 겪은 편인가요? 자녀는 어떤가요?

5. 공감이란 무엇일까요? 공감과 동정과의 차이를 이해하나요?

6. 당신은 공감을 잘 해주는 편인가요?

7. 공감을 해주기 어려운 상대는 누구인가요?

8. 공감의 어떤 면이 가장 어려운가요?

제 2 부

차이에 대한 이해

여자는 공감을 해줄 때 뇌에서 도파민이라는 신경전달물질이 분출된다.

도파민은 기쁨과 쾌감을 느끼게 해주는 호르몬이다.

그런데 똑같은 도파민인데도 분출되는 시점이 남자와 여자가 서로 다르다.

남자에게 도파민이 분출될 때는 바로 남에게 해결방법을 제시할 때이다.

이것이 남자와 여자의 차이인 것이다.

남녀간에도 성격의 차이가 있듯이,
같은 남자끼리나 여자끼리도 성격의 차이가 있다.
그렇기 때문에 성격의 차이를 알게 되면 자신과 상대방을 이해하기가 쉬워진다.

남자와 여자의 차이

〈표 3-1〉 남자와 여자의 차이

여자	남자
여자는 남자가 알아서 해주기를 원한다	남자는 여자에게 뭘 알아서 해줘야 하는지 모른다
여자는 남자가 항상 자기편이 되어 주길 원한다	남자는 종종 심판관의 역할을 한다
여자는 남자의 침묵을 사랑이 식은것으로 생각한다	남자는 밖에서 힘든 일을 여자에게 이야기하려 하지 않는다
여자는 고민이 있을 때 누군가와 이야기하기를 원한다	남자는 고민이 있을 때 동굴 속으로 들어간다
여자는 공감을 원한다	남자는 해결방법을 주고자 한다
여자는 친구와는 공감을 잘하나 가족과는 공감을 잘 못한다	남자도 종종 공감을 원한다

남자와 여자가 다르다는 것은 누구나 안다. 그런데 그 아는 것이 극히 제한적인 경우가 많다. 남자는 여자보다 힘이 더 세고 군대도 다녀온다. 한편 여자는 좀더 감성적이고 눈물이 많으며 아이를 낳기때문에 모성애가 강하다. 이렇듯 분명한 차이에 대해서는 잘 알고 있지만 여전히 모르는 부분도 많이 있다.

여자는 남자가 알아서 해주기를 원하는데,
남자는 여자에게 뭘 해줘야 하는지 모른다.

많은 여성들이 연인이나 남편에게 갖고 있는 불만 중의 하나가 알아서 할 줄을 모른다는 것이다. TV에 간혹 남자연예인이 나와서 아내에게 어떻게 프로포즈를 했고, 결혼기념일이나 아내의 생일에 어떻게 깜짝 파티를 했으며, 어떤 이벤트를 해주었는지를 이야기하는 것을 보게 되면 '도대체 내 남편은 뭐하는거야?'라는 생각이 든다.

그런데 대부분의 남자는 여자친구나 아내에게 어떻게 해주어야 하는지를 잘 모른다. 그나마 연애시절에는 열심히 노력하고자 하는 마음이 있으니까 친구나 선배들한테 물어보든지 해서 이벤트도 준비하고 하지만, 결혼한 후에는 가정을 휴식처로 생각해서 편안하게 쉬고 싶어하기 때문에 노력도 안 하고 긴장도 안 하다 보니까 이벤트나 선물이 연애시절보다 못한 것이다.

대부분의 남자는 감성적이지 않아서 상대방의 감정변화에 예민하지 않고 왜 화가 났는지도 알아 차리지 못한다. 그렇기 때문에 알아서 해 줄 수가 없다. 여자가 뭘 원하는지를 정확히 이야기해 주면 좋겠는데, 여자는 남자가 알아서 해주길 원하기 때문에 말하지 않는다. 여자의 입장에서는 자신이 뭘 원하는지를 모르는 남자친구나 남편을 보면 이해가 되지 않는다. '어떻게 그것도 모르지?' 아니면 '설마 그것도 모를까?' 하면서 이런 것은 남자가 자신에게 관심이 없어서 그런 거라고 생각한다. 그렇기 때문에 남자에게 자신이 원하는 것을 일일이 이야기 해줘야 하는 것을 무척 자존심이 상하는 일이라고 생각한다.

어떤 남편은 아내가 식탁을 치워달라고 하니까 식탁은 열심히 치웠는데 식탁 밑에 떨어져 있는 휴지는 치우지 않는다. 남편은 아내가 식탁을 치워달라고 했으니 식탁만 치운 것이다. 아내는 이런 남편의 행동이 이해가 되지 않는다. 식탁을 치워달라는 것은 식탁과 함께 주변도 치워달라는 것인데, 어떻게 그럴 수가 있는지 이해할 수가 없다. 도무지 알아서 하는 게 없다. 그러다 보니 아내의 입장에서는 남편이 하기 싫은 것을 억지로 했다는 생각이 들게 된다.

이와 관련하여 여자들이 알아 두어야 할 것이 있다. 남자에게는 가급적 원하는 것을 정확히 표현해 주어야 하는데, 이를 절대로 자존심 상하는 일이라고 생각하지 말아야 한다. 남자에게 일을 시키고 나서 여자의 눈으로는 결과가 만족스럽지 않더라도 흉을 보면 안 된다.

남자가 집안 청소나 설거지를 한 것이 지저분하다고 흉보거나, 마음에 안 든다고 남편이 보는 데서 본인이 다시 설거지를 하는 것은 좋지 않다. 이런 경우 남자는 다시는 청소나 설거지를 안 하겠노라고 굳은 결심을 하게 된다. 나중에 조용히 다시 설거지 하는 한이 있더라도 남자가 해 준 것에 대해서는 일단 칭찬해 주고 고맙다고 말하는 것이 효과적이다.

특히 남편이 이공계 출신인 경우에는 원하는 것을 더욱 정확히 조목조목 이야기해 줄 필요가 있다. 이공계 출신은 대체로 알아서 하는 것보다는 매뉴얼대로 하는 성향이 더 강하기 때문이다.

여자는 남자가 항상 자기 편이 되어 주길 원하는데,
남자는 종종 심판관의 역할을 한다.

이러한 경우 때문에 부부 간에 종종 다툼이 일어나는 경우가 있다. 예를 들어 아내가 직장동료나 옆집 부인과 말다툼을 했다.

저녁에 남편이 집에 들어왔을 때 아내는 남편이 자신의 억울함을 들어주길 바라며 낮에 있었던 일을 말하기 시작한다. 그러면 대부분의 남편들은 한참 듣고 있다가 한마디 한다.

"근데 그건 당신이 좀 잘못 했구만……."

아내는 기가 막힌다. '아니 남편이 도대체 누구 편을 드는거야?' 그야말로 남의 편만 드는 남편인 것이다. 여자는 남자친구나 남편이 항상 자기 편이 되어 주길 바란다. 그런데 남자는 대체로 이성적이다 보니까, 중립적인 입장에서 문제를 바라보게 되고 마치 심판관이 된 것처럼 아내의 잘못을 지적하는 것이다.

아들만 둘을 둔 부인이 하루는 낮에 애완견을 데리고 동네 공원으로 산책을 나갔다. 이 집의 개는 코커스패니얼이라는 덩치가 매우 큰 종이었다. 그런데 산책 길에서 마주친 어느 아주머니가 소스라치게 놀라면서 "이렇게 큰 개를 줄도 안 묶고 다니면 어떻게 하느냐" 면서 부인에게 화를 내며 야단을 치는 일이 벌어졌다. 이 부인은 자기 집 개가 덩치만 컸지 말도 잘 듣고 온순한 개인데, 줄을 안 묶었다고 야단을 맞은 게 너무나 억울했다. 그래서 저녁에 남편과 두 아들이 집에 들어오자, 구세주를 만난듯 낮에 있었던 일을 꺼냈다. 그런데 남편과 두 아들이 이구동성으로 하는 말은 다름아닌, "당신이(엄마가) 잘못했네" 였다. 자기 편에 서서 그

아주머니를 욕해줄 것을 기대했던 부인의 생각은 완전히 산산조각이 났고 가족에게 엄청난 배신감만 느끼게 되었다.

이 경우에 남편이나 아들이 엄마를 공감해 주었다면 얼마나 좋았을까? 그러나 남자들은 공감보다는 아내(엄마)가 다시 그러지 않도록 잘못을 지적한 것이다. 그런데 이렇게 지적하지 않더라도 부인 스스로도 '다음부터는 반드시 줄을 매고 산책을 나가야겠다'고 이미 생각은 하고 있다. 잘못이 무엇인지 아는 것이다. 다만 가족으로부터 위로 받고 싶었던 것이다. 남자들은 아내가 혹시라도 모를까봐 '다음부터는 그런 실수를 하지 말라'는 마음으로 반드시 지적을 하고 마는데, 이렇게 편들어 주지 않고 지적만 하기 때문에 점차 대화가 단절되는 것이다. 그래서 이런 경우에는 먼저 이야기를 잘 들어주고, 공감해 주고 나서 문제점을 이야기하면 상대방은 위로도 받고 문제도 잘 받아들인다.

공감에 대해서는 뒤에서 더 자세히 설명하겠지만, 공감의 핵심은 상대방의 마음을 알아주는 것이다. 즉, 낮에 동네 아주머니로부터 야단 맞아서 상한 아내(엄마)의 마음을 알아주어야 하는데, 대부분의 남자들은 이러한 공감능력이 매우 부족하다.

여자는 공감을 원하고 남자는 해결방법을 주고자 한다.

남자와 여자가 가장 많이 다르면서도 그 차이를 가장 잘 모르는 부분이 바로 공감과 해결방법이다. 여자는 공감을 잘 해주고 또한 공감 받기를 원한다. 그렇기 때문에 여자들은 수다를 많이 떠는데, 이것이 바로 서로 공감을 주고 받는 과정인 것이다. 대부분의 남자는 공감을 잘 하지 못하기 때문에 남자와는 공감을 주고 받기가 어렵다. 그래서 여자들끼리 끝없이 수다를 떨게 되는 것이다.

남자들이 봤을 때는 여자들이 별로 중요하지도 않은 이야기를 어떻게 저렇게 오랫동안 지속할 수 있는지 도무지 이해가 가질 않는다. 왜냐하면 남자는 공감능력이 부족하다. 대신 해결방법을 제시해주는 것에 익숙해 있기 때문이다. 그래서 남자들의 대화는 매우 간단 명료하다. 서로 해결방법을 제시해 주기 때문이다. 친구가 직장생활을 힘들어 한다면 공감은 생략하고 "참고 다니라" 든가, 아니면 "직장을 옮기라", "사업을 시작해 보라" 는 등의 이야기를 해준다.

여자는 공감을 해줄 때 뇌에서 도파민이라는 신경전달물질이 분출된다. 도파민은 기쁨과 쾌감을 느끼게 해주는 호르몬이다. 그런데 똑같은 도파민인데도 분출되는 시점이 남자와 여자가 서로 다르다. 남자에게 도파민이 분출될 때는 바로 남에게 해결방법을 제시할 때이다. 이것이 남자와 여자의 차이인 것이다.

다음은 맞벌이하는 부부 간에 자주 있는 대화이다.

아내: "우리 회사 너무 짜증나."

남편: "무슨 일 있었어?"

아내: "올해 실적이 안 좋다고 월급동결이래. 그리고 당분간 계속
야근해야 된대."

이 경우에 남편의 대화는 무엇일까?

남편: "당장 그만 둬. 내가 다 벌면 되지, 어차피 애 맡기는 데 드는 돈
따지면 당신이 집에 있는 게 더 나아."

물론 이 말도 남편의 진심은 절대로 아니다.

조금 더 부드러운 남편은 이렇게 말한다.

남편: "우리 회사도 그럴 것 같아. 어쩌겠어, 월급쟁이가 시키는 대로 해
야지."

아내들이 어떤 말을 듣고 싶어하는지를 남자들은 정말 모른
다. 그래서 대부분의 남자들은 해결방법부터 생각하는데, 마땅
한 해결방법이 없다 보니까 첫 번째 경우와 같이 아주 비현실적
인 답을 하게 된다. 두 번째의 경우는 첫 번째 남자처럼 큰 소리

칠 용기는 없고 그랬다간 정말로 사표를 낼까봐 걱정도 되기 때문에, "당신만 힘든 게 아니라 나도 힘들어", "직장생활이 다 그렇지 뭐. 어쩌겠어" 하는 식으로 답하면서 좀 참으라고 말하는 것이다.

자상한 남편을 둔 여자 직원이 있었다. 어느 날 집에 들어가서 남편에게 "최근 들어 야근이 많아서 짜증난다" 며 불평을 했다고 한다. 그날 남편은 별 말이 없이 아내의 이야기를 들어주었다. 다음 날 여자가 야근 후 저녁 늦게 집에 갔다. 남편은 아내에게 책을 한 권 주었다. 퇴근 길에 서점에 들러서 책을 사온 것이었다. 책 제목은 다름 아닌 〈직장생활 잘하는 법〉이었다.

이 이야기를 들은 대부분의 남자들은 그 남편이 참으로 기발한 생각을 해냈다고 감탄한다. 대부분의 남자들은 "그만 둬" 라든가, "직장생활이 다 그렇지 뭐" 라는 말을 주로 하는데, 이렇게 책을 사다주는 방법은 남자들이 보기엔 참으로 멋진 해결방법인 것이다. 그러면서 남자들은 '나도 다음에 한 번 써 먹어봐야지' 하는 생각까지도 하게 된다. 그러나 여자들은 전혀 그렇게 생각하지 않는 데에 문제가 있다. 실제로 그 여직원은 오히려 더 화가 나서 "당신이나 읽어" 하면서 책을 집어 던졌다고 한다.

왜 그럴까? 대부분의 남자들이 여자의 마음을 이해하지 못한다. 여자들은 공감을 원한다. 그래서 위와 같은 상황에서도 상대방으로부터 따뜻한 공감의 말 한마디가 필요했던 것이다. "당신 너무 힘들었겠다", "너무 짜증나겠다" 와 같이 바로 앞 장에서 설명했던 상대방의 마음을 알아주는 공감 1단계의 대화가 듣고 싶었던 것이다.

여자들이 이런 공감의 말을 듣고 싶어 한다는 것을 이야기해 줘도 많은 남자들이 '설마' 하면서 잘 믿지 않으려 한다. 그 동안 이렇게 간단한 것을 모르고 헛다리 짚었던 것이 너무 허무하기까지 하다. '그래도 뭔가 더 있겠지 그게 다야?' 이렇듯 남자들의 입장에서는 이해하기 힘들다. '아무 해결방법 없이 그냥 말로만 해주면 뭐해?' 라는 생각을 한다. 물론 궁극적으로는 해결방법이 도움이 될 수도 있고 필요하기도 하다. 그러나 먼저 공감을 해 주어야 하는데, 대부분의 남자들의 대화에서 공감이 생략되기 때문에 문제가 더 커지는 것이다.

고부간의 갈등이 있는 경우에도 남편이 아내의 마음을 알아주고 잘 공감해 주면 며느리의 입장에서 시어머니가 덜 미운데, 남편이 제대로 공감을 안 해주니까 그 마음이 풀리지 않다 보니 갈등이 더 오래가고 더 커지게 된다.

나의 경우에도 신혼 초에 부부싸움을 한 것은 대부분 고부간의 갈등 때문이었다. 어머니는 성격이 외향적이고 말을 마음 속에 담아 두지 않으시는 분이셨다. 그래서 성격도 급하고 화도 잘 내시지만, 호탕한 성격이라 뒤끝이 없으신 분이셨다. 그런데 아내는 남에게 싫은 소리를 잘 안 하고, 상대의 기분을 잘 파악해서 기분을 잘 맞추는 성격이었다.

아내는 시집와서 시어머니가 가끔씩 큰소리로 야단을 치거나 화를 내는 것이 너무나 놀랍고 견디기가 힘들었다. 그래서 남편인 내게 그런 불평을 종종 꺼내곤 하였다. 나의 입장에선 5남매를 키우시느라 고생하신 어머니에 대한 고마움을 늘 간직하고 있기에 아내의 어머니에 대한 불평에 맞장구를 쳐주지 않았다. 나는 아내와 싸우는 것도 싫었기에 그냥 아무런 대꾸도 하지 않는 것으로 일관했다. 그런데 남편의 이런 모습이 아내의 입장에서는 더욱 짜증나고, 되려 시어머니에 대한 미움이 더 커져만 가게 되었다. 만약 내가 남편으로서 아내의 불평에 잘 공감해 주었다면 훨씬 잘 해결 되었을 것이다.

이제는 고인이 되신 어머니에 대해서 아내와 가끔씩 담소를 나눈다. 아내도 어머니께서 참으로 자식들을 위해 헌신적으로 고생하시고 잘 해주신 분이라고 인정한다. 그런데 그 당시 내가 아내의 말에 공감을 잘 해 주었다면 자신도 어머니에 대해 그렇게 불만이 크진 않았을 것이라고 이야기한다.

나의 제자 중의 하나도 부모님이 지방에 살고 계셔서 명절 때면 아내와 자녀를 데리고 부모님을 뵈러 간다. 그 제자의 아내는 시부모님 댁에 가면 매우 열심히 일을 하고 부모님에게도 매우 싹싹하게 잘 대하고 온다. 그런데 매번 서울로 돌아오는 차안에서 부부싸움이 시작된다고 한다. 이유인즉슨 아내가 명절기간 동안 시부모님 댁에 있으면서 겪은 시어머니에 대한 불만을 한꺼번에 터트리는 것이다.

　남편의 입장에서는 부모님 앞에선 일도 열심히 잘하고 싹싹하던 아내가 갑자기 돌변해서 어머니에 대한 불평불만을 늘어놓는 것이 이해가 되지 않았다. 남편은 장모님보다 자신의 어머니가 훨씬 훌륭하단 생각을 갖고 있었다. 그렇기에 자신의 어머니에 대한 아내의 불만을 도저히 받아 들일 수가 없었다.

　그러다 내게 공감에 대한 강의를 듣고는 그것을 적용해 보았단다. 그래서 다음 명절 때 고향에서 돌아오는 길에 아내의 불만에 공감을 해주었단다. "그래 당신, 우리 어머니 때문에 많이 힘들지? 당신이 그렇게 수고했는데도 칭찬 한마디 없으시고, 너무 고집만 피우시고 말이야" 그랬더니 그 후론 더 이상 귀경길에 싸우지도 않고, 아내가 부모님에게 더욱 잘한다고 했다. 남편의 공감 한마디가 아내의 가슴에 맺혀있던 불만 덩어리를 녹여버린 것이다.

남자는 밖에서 힘든 일은 집에서 이야기하려 하지 않는다.

대부분의 여자들이 가장 이해하기 힘들어하는 것이 바로 남편이 직장에서 겪는 힘든 일을 아내에게 들어내지 않는다는 것이다.

어느 부인이 우연히 길에서 학교동창을 몇 년 만에 마주치게 되었다. 서로 반갑게 인사하고 나서 친구가 하는 말이 "근데 네 남편 요즘 회사에서 힘들다며? 괜찮니?" 하고 물어본다. 이 부인은 너무나 당황했지만 적당히 "괜찮아" 하며 얼버무렸다. 남편이 직장에서 힘든 일을 겪고 있다는 것을 전혀 모르고 있었는데, 비록 그 친구의 남편이 자기 남편과 같은 직장에 다니고 있긴 하지만, 그다지 친하지도 않은 동창한테 남편에 관한 소식을 들으니 너무나 당황스럽고 화도 났다. '아니 회사에서 그렇게 힘든 일을 겪고 있으면서 도대체 왜 내겐 한마디도 안 했지?' 도무지 이해가 가질 않는다.

그런데 대부분의 남자들은 이런 남편의 입장을 잘 이해하고 있다. 남자들은 바로 가정의 평화를 위해서 이런 말을 집에서 안 하려고 한다. 왜냐하면 직장에서의 문제는 아내가 알아도 해결되지 않는다고 여긴다. 공연히 회사의 일은 아내가 알아서 걱정하게 하느니 밖의 일은 혼자 감당하고 가정은 평화롭게 유지하기 위해 아내에게 털어 놓지 않는 것이다.

중소기업을 운영하는 사장님이 겪은 이야기이다. 경제도 안 좋고 경쟁사들의 덤핑으로 거래처들이 빠져나가는 바람에 사업이 많이 힘들었다. 이 분도 사업에 대한 언급을 집에서는 거의 하지 않는다. 하루는 남편의 표정이 어두운 것을 본 아내가 무슨 근심이 있냐고 묻기에 요즘 사업이 힘들다고 이야기를 했다. 아내의 표정이 어두워지는 것을 보곤 잠깐 후회하긴 했으나, 이미 엎질러진 물이었다.

그런데 그 다음날 회사에 갔다가 집에 돌아와 보니 아내가 앓아 누워 있었다. 아내는 그동안 남편이 사업에 대해 일절 말하지 않고, 생활비도 넉넉하게 주었기 때문에 그런 걱정을 해본 적이 없었는데, 갑자기 사업이 어렵다는 말에 큰 충격을 받았다. '남편 회사가 망하면 두 아이들의 대학등록금은 어떻게 마련해야 하고, 나중에 애들 시집 장가는 어떻게 보내나' 하는 걱정에 앓아 누운 것이다.

이렇게 앓아 누운 아내의 모습을 본 남편의 생각은 대부분 동일하다. '내가 어리석지, 괜히 회사 이야기는 꺼내서…' 그러면서 다시는 집 밖의 이야기를 아내에게 안 하리라고 굳은 결심을 하게 된다.

사귄 지 3년 가량이 된 30대 초반의 남녀가 있었다. 남자가 착하고 성실하고 여자친구랑 성격도 잘 맞고 대화도 잘 통해서 아주 잘 사귀고 있었다. 그런데 언제부턴가 남자친구가 바뀌기 시작했다. 바쁘다고 잘 만나주지도 않고, 오랜만에 만났는데도 그다지 반가운 얼굴도 아니고, 뭔가 다른 생각을 하고 있는 듯 보였다. 여자친구의 이야기에도 별로 귀를 기울이지 않고, 말도 별로 안하다가 가봐야 한다며 금방 자리를 뜨곤 했다.

여자친구는 남자가 사랑이 식었거나 다른 여자가 생긴 것이 틀림없다고 생각했다. 그래서 그 다음 만났을 때 전날 밤새워 쓴 편지를 전해 주었다. "그 동안 행복했고 좋은 추억으로 잘 간직할테니 앞으로 좋은 사람 만나 행복하게 잘 살라" 는 이별의 편지였다. 남자는 편지를 받아 들고는 너무 놀랐다. 남자는 사랑이 식거나 다른 여자가 생긴것이 아니라 그 동안 회사에서 중국에 진출하는 프로젝트를 맡아서 너무 바빴기 때문에 자주 못 만난 것이었다. 잠깐 만나더라도 다시 회사에 들어가서 밤샘회의를 해야 했기에 여자친구와의 데이트를 전과 같이 즐길 수 있는 여유가 없었던 것이다. 그런데다가 중국진출과 관련해서 해결해야 할 골치 아픈 일들이 많다 보니, 표정이 그리 밝지 않았던 것이다.

여자친구의 입장에서는 "그렇게 바쁘고 중요한 일이 있었으면 이야기를 하지, 왜 한마디도 안 했느냐"고 투정을 부렸지만, 그 남자 역시 여자친구가 관심 보일만한 재미있는 일도 아니고, 이야기해봐야 도움도 되지 않아서 안 한 것이다.

물론 이런 방식이 잘한 것은 아니지만 남자들은 이런 경우가 많다는 것을 여자들이 알아 둘 필요가 있고, 여자는 남자의 침묵을 사랑이 식은 것으로 생각하는 경우가 많다는 것을 남자들도 알 필요가 있다.

남자도 공감이 필요하다

남자가 공감을 잘 할 줄 몰라서 문제가 생기거나, 갈등이 생겼을 때 해결방법 위주로 대처하는 것이 일반적이다. 그렇다고 남자에게 공감이 필요하지 않다는 것은 아니다. 앞에서 언급한 중소기업 사장님이나 30대 중반의 남자친구 모두 공감이 필요하다.

남자들이 회사의 힘든 문제를 아내나 여자친구에게 이야기하지 않는 이유가 가정의 평화를 위해서이기도 하지만, 그렇게 이야기를 하지 않기 때문에 오히려 외롭기도 하다. 남자들도 누군가의 위로가 필요하고 공감이 필요한 것인데, 의외로 가장 가까운 아내나 여자 친구가 위로를 잘 못해 주는 경우가 많다.

왜 그럴까? 여자들은 공감을 잘 해주고 많이 필요로 해서 여자들끼리의 수다를 좋아한다. 하지만 막상 남편이나 자녀, 아니면 남자친구에게는 잘 못해 주는 이유가 무엇일까? 가장 큰 이유는 이해관계가 얽혀 있는 사람에게 공감해 주는 것이 어렵기 때문이다.

예를 들어 친구가 회사를 그만 두고 싶다면 "그 회사 다니는거 많이 짜증나는구나", "너희 부장 정말 피곤한 사람이구나. 너 정말 회사 다닐 맛 안 나겠다", 하면서 공감을 잘 해주는데, 남편이 회사를 그만 두고 싶다면 "그럼 생활비는 어떡하지?", "애들 학원비는 누가 대지?", "다른 회사에 취직이 잘 될까?", "사업 하다가 망하면 어떡하지?" 하는 등의 근심이 몰려와서 공감을 해 줄 마음의 여유가 없다.

마찬가지로 초등학생인 옆집 아이가 학교에 안 가겠다고 하면, "학교 가기가 싫구나?", "공부하는 게 재미 없나 보구나?" 하면서 학교 가기 싫어하는 마음을 알아주는데, 자기 아이가 학교 가기 싫다고 하면, '학교 안 가서 공부 못하면 나중에 어떡하지?', '내가 그동안 얼마나 힘들게 뒷바라지 했는데, 학교를 안가?' 하는 근심, 걱정, 분노 등으로 인해 공감이 안 되는 것이다.

앞에서 소개한 두 경우도 마찬가지이다. 만약 중소기업 사장의 부인의 경우, 남편이 사업에 대해 이야기 할 때 "당신 많이 힘들겠네요" 라고 공감을 잘 해주었다면 사장은 평소에도 사업상 어려움에 관한 이야기도 부인에게 잘 했을 것이다. 그런데 부인이 공감을 해주지 않고 어쩌다 회사가 어렵다는 말을 하면 앓아 누우니까, 그 다음부터는 절대로 부인에게 사업이야기를 하지 않는 것이다.

그런데 그 사장님도 그 누군가에게 자기의 힘든 심정을 털어놓고 위로 받고 싶을 때가 있다. 즉, 남자들도 공감 받고 싶을 때가 있는 것이다. 만약 아내가 공감을 잘 해준다면 남편도 스트레스가 풀리기 때문에 아내와 더 많은 대화를 하고 싶어할 것이다.

30대 직장 남자의 경우도 회사 일로 많이 바쁘고 힘들다는 이야기를 여자친구에게 꺼내지 않은 것이 잘한 것은 아니다. 많은 경우에 남자들이 그렇다는 것을 여자들이 이해할 필요가 있다. 앞에서도 언급한대로 이런 경우 남자들은 여자친구에게 이야기한다고 해서 문제가 해결 되는 것도 아닌데, 골치 아픈 이야기를 해서 여자친구까지 걱정하게 만들고 싶어 하지 않는다. 또한 여자친구 앞에서 자신이 힘들게 고생한다는 인상을 보이고 싶지도 않기 때문에 잘 이야기하지 않는다. 그런데 만약 여자친구가 남자의 말을 잘 공감해 준다면 남자친구는 큰 힘을 얻고 여자친구를 든든한 자신의 동반자로 느끼며 더 깊이 있는 대화를 나누면서 많은 사랑을 나누게 될 것이다.

　부부는 이 세상에서 가장 가까운 관계이다. 그런데 많은 부부들이 제대로 된 대화를 못하고 사는 경우가 많다. 결혼한지 5년 정도 밖에 안된 부부들도 '부부는 정으로 산다'라는 생각을 하며 별 사랑 없이 살아가는 경우가 많다. 대화를 잘 하는 부부라고 해도 주로 자녀나 건강에 대한 이야기를 하지, 자신이 겪고 있는 슬프고 외롭고 힘든 감정들에 대해서는 잘 말하지 않는다. 만약 어쩌다 그런 이야기를 한다면 상대방은 너무나 당황하고 놀라고 어색해 한다. 평소에 그런 대화를 잘 하지 않기 때문에 그야말로 어쩔 줄을 모르는 것이다. 그런데 부부가 서로에 대해 마음을 알아주고 공감을 잘 해준다면 훨씬 대화가 깊어지고 생동감이 넘칠 것이다.

　이는 자녀에게도 마찬가지이다. 공부에 찌들어 있는 중고등학생 자녀들은, 공부하느라 많이 힘든 그 마음을 부모가 알아주고 위로해 주면 자녀들도 부모와 대화하고 싶어한다. 하지만 더 열심히 하라고 잔소리만 한다면 자녀들은 마음의 문을 닫게 되는 것이다. 물론 부모들은 누구나 자녀들이 다 잘 되기를 바란다. 그렇기 때문에 "더 열심히 하라"고 자기도 모르게 잔소리를 하는 것이다.

이렇게 잔소리만 하는 부모들은 대부분 자신이 잘못하고 있다는 사실을 깨닫지 못하고 있다. 오히려 자녀의 성공을 위해 옳은 이야기를 많이 해주고 있기 때문에 부모 역할을 충실히 하고 있다고 착각한다.

남녀가 뒤바뀐 커플

지금까지의 남자 여자 이야기는 전형적인 남자와 전형적인 여자에 해당되는 이야기이다. 즉, 〈표 3-1〉에 설명하고 있는 남자와 여자의 경우이다. 그런데 남자와 여자가 서로 바뀌어 간혹 남자가 좀더 여성적이고, 여자가 남성적인 커플도 있다. 부부나 커플은 성격이 서로 정반대의 사람끼리 짝을 이루는 경우가 대부분이다. 그렇기 때문에 주위에 감성적이고 여성적인 남성들의 경우는, 여자친구나 아내가 좀더 남성적인 특징을 많이 갖고 있어서 남성에 비해 덜 감성적인 경우가 많다.

어쨌든 이 경우도 서로 다르기 때문에 어려움을 겪는 것은 마찬가지인데, 이렇게 남녀가 뒤바뀐 커플의 경우가 더 서로에 대한 이해를 잘 하기 어렵다. 왜냐하면 전형적인 여자나 전형적인 남자와 다르기 때문이다. 그래서 이런 커플들이 하는 가장 많이 이야기하는 것이 "남자가 왜 저래?" 또는 "여자가 왜 이래?" 이다. 즉, 여자의 경우에 본인도 여성적이지 않으면서도 남자가 여성적인 것이 이상하고, 마찬가지로 남자의 입장에서도 본인은 남성적이지 않으면서도 여성적이지 않은 아내가 이상한 것이다. 그리고 주변에 주로 전형적인 남자와 전형적인 여자들이 더 많기 때문에 그 반대의 성향을 가진 배우자가 더 이해되지 않는 것이다.

잘 아는 부부 중에 남편은 상당히 내향적이고 감성적인데 비해 아내는 상당히 외향적이고 이성적인 부부가 있다. 부인은 항상 사람들 만나는 것도 즐기고 모임을 주도하는 것을 좋아한다. 그리고 모임에서 다른 남자들과도 재미있게 대화를 잘 나누고 일처리도 잘해서 리더십이 있다는 이야기를 많이 듣는다.

한편 남편은 모임에 나가는 것보다는 집에서 가족과 조용히 지내고 책 읽는 것을 좋아한다. 그리고 아내가 모임에서 여러 사람들과 활발하게 이야기하는 동안 남편은 조용히 있다가 오기 때문에 재미도 없어서 그다지 가고 싶어하지도 않는다.

아내는 여러 모임에 가서 사람들과 어울리고 싶은데, 남편때문에 모임에 가는 것도 자제하다 보니 스트레스도 쌓이고 결혼생활에 활기가 없다. 다른 부부들은 남편들이 나서서 모임에 가자고 한다는데, 도대체 자기 남편은 왜 모임을 싫어하고 집을 더 좋아하는지 이해가 되지 않는다.

그런데 남편 입장에서는 부부동반 모임에 갈 때마다 아내가 다른 남편들과 어울려 즐겁게 이야기하고 모임을 주도하는 것이 무척 당황스럽다. 저렇게까지 하는 부인들은 본 적이 없기 때문이다. 주말에는 아내와 둘이서 오붓한 시간을 보내고 싶은데, 아내는 친구 부부들을 집에 초대하거나 모임에 가서 사람들과 어울리고 싶어한다.

자녀도 셋이 있는데, 엄마가 씩씩하게 뒷바라지는 잘 해주지만, 야단도 많이 치고 화도 많이 내고 공감을 잘 못해주기 때문에 자녀들이 모두 아빠를 더 좋아한다. 아빠는 자상하고 화도 안내고 자녀들의 이야기를 잘 들어주기 때문이다. 그러다 보니 엄마는 자녀도 셋이나 키우느라 고생했는데, 아이들이나 남편 모두에게 인정받지 못하는 것이 너무 억울하고 가족 안에서 외톨이가 된 것 같아서 슬프다.

이렇게 남녀가 성격이 뒤바뀐 경우에는 다른 부부에 비해 서로에 대한 불만이 한 가지 더 늘어난다. '다른 부인(남편)들은 안 그러는데 우리 아내는(남편은) 도대체 왜 저러지?' 즉, 일반적인 관점에서의 남자나 여자와 다르기 때문에 그런 것이다. 그렇다고 해서 이런 부부가 다른 일반적인 부부에 비해 문제가 더 많은 것은 결코 아니다. 내 남편(아내)이 다른 남편(아내)들과 다르다고 해서 이상하다고 생각하면 안 된다. 만약 남편이 다른 남자들과 다르게 감성적이라면 아마도 그 아내도 다른 여자들과 달리 매우 이성적일 가능성이 높다. 왜냐하면 부부는 서로 다른 성격을 가진 경우가 많기 때문이다.

어찌 보면 이것이 세상의 질서를 이루는 원리일 수 있다. 사람은 서로 성격이 다른 사람끼리 끌리도록 만들어졌는데, 그래야 서로 조화를 잘 이루기 때문이다.

형제 자매의 경우에도 얼굴은 서로 닮은 경우가 많지만, 성격은 다 다르게 나오는 것을 보아도 그러하다. 즉, 얼굴은 닮을 수 있지만 성격이 너무 같으면 서로 부딪히는 경우가 많아 서로 조화롭게 어울리지 못하는 것이다.

이렇듯 부부의 성격은 대부분 서로 다른 면이 많다. 남편이 다른 남자와 달리 여성적인 면이 많다면, 아내도 다른 여자와 달리 남성적인 면이 더 많다는 것을 알아야 한다. 그런데 연애할 때는 서로 다른 것이 좋아 보이고 나와 다른 점에 끌려서 결혼하게 된다. 하지만 결혼하면 서로 다른 것 때문에 싸운다. 그래서 보통의 부부가 싸우는 것은 오히려 정상이다. 다만 내가 옳고 상대방이 틀리기 때문에 싸운다는 생각을 버려야 한다.

여기서 중요한 것은 서로의 성격을 비난하지 말아야 한다는 점이다. 성격은 누구나 다른 것이지, 좋고 나쁨이 있는 것은 아니라는 것을 명심할 필요가 있다. 물론 인내심 있고, 이해심 많고, 친절하고, 따뜻한 사람을 가르켜 좋은 성격을 가진 사람이라고 부른다. 그러나 사람은 아무도 완벽하지 않기 때문에 좋은 면이 있으면 나쁜 면도 있게 마련이다. 나쁜 성격의 사람이라 하더라도 좋은 면이 있는 것이다. 사람을 어느 관점에서 보느냐에 따라 좋을 수도 있고 나쁠 수도 있기 때문에, '너는 나쁘고 나는 좋다' 하는 식의 평가가 도움이 되지 않는다.

그래서 부부의 성격이 뒤바뀌었다 하더라도 그것 때문에 더 싸우는 것도 아니고, 문제가 더 심각한 것도 아니다. 부부가 각기 어떤 성격이든지 간에 서로 다른 성격끼리 조화를 이루어 나가는 것이 중요한 것이다. 다만 부부가 성격이 뒤바뀌어 남편이 더 감성적인 경우에는 아내가 좀더 공감에 대한 공부도 하고 노력을 많이 할 필요가 있다. 왜냐하면 이런 경우에는 아내가 더 공감에 대한 이해가 부족하기 때문이다.

적용의 tips

1. 평소에 남자와 여자의 차이에 대해 잘 이해하고 있나요?

2. 남녀의 차이 중에서 가장 이해가 되지 않는 부분은 무엇인가요?

3. 남녀의 차이 중에서 어떤 것이 가장 도움이 되었나요?

4. 남녀차이에 대한 이해가 부부나 자녀와의 관계, 동료와의 관계에 어떤 도움이 된다고 생각하나요?

5. 당신은 남녀 특성이 뒤바뀐 커플인가요? 그런 경우 어떤 어려움이 있나요?

이면대화

이면대화(Mitigated speech)

　우리는 살면서 마음에 없는 말을 하는 경우가 종종 있다. 다른 사람의 집에 초대되어 갈 때 선물을 가지고 가면, 집주인이 "뭘 이런걸 다" 라고 이야기하거나, 저녁식사에서 집주인이 비싼 랍스터를 더 먹으라고 권하면, 속으로는 더 먹고 싶은데도 "많이 먹었습니다", "배부릅니다" 라면서 사양한다. 이렇게 겉으로 말하는 표면적 메시지와 마음 속에 숨겨진 메시지인 심리적 메시지가 일치하지 않는 대화를 이면대화라고 한다. 이면대화는 누구나 사용하긴 하지만, 사람마다 정도의 차이가 있기 때문에 상대방이 이면대화를 쓰는 것인지, 진심으로 말하는 것인지를 구분하기 어려운 경우가 있다. 그래서 상대방의 진심을 오해하는 경우도 자주 발생한다.

이면대화를 쓰는 정도는 국가, 지역, 남녀, 성격 별로 많은 차이가 있기 때문에 이면대화에 대해 잘 이해할 필요가 있다.

〈표 4-1〉 이면대화의 예

- **부장**: 어제 집에는 잘 들어갔나? (일찍 퇴근했다 이거지.)
- **직원**: 아, 예.

- **남편**: 이번 결혼기념일에 뭐할까?
- **아내**: 그냥 집에서 저녁 먹어요. (분위기 좋은 레스토랑에 가고 싶어요.)

- **아들**: 이번 추석에 내려가 뵐게요.
- **어머니**: 길도 막히는데 그냥 집에 있으렴. (빨리 보고 싶구나.)

이면대화의 국가별 차이

우리나라는 유교의 영향을 받아 다른 나라 사람들, 특히 서양 사람들에 비해 이면대화를 많이 쓰는 편이다. 아무래도 겸손이 미덕이기 때문에 그럴 것이다.

미국에서 10년간 살면서 느낀 점은 미국사람들은 이면대화를 그다지 많이 안 쓴다는 점이다. 집주인이 손님에게 뭐 마시겠냐고 물었을 때 안 마시겠다고 하면 더 이상 권하지 않는다. 그래서 우리나라 사람들 입장에서는 좀 당황스럽다. 당연히 한 두번 정도는 사양하는 것이 미덕이라 사양한 것이다. 미국사람들은 그 말을 진심으로 알고 권하지 않는 것이다. 왜냐하면 미국사람들은 마시고 싶은 것을 바로 이야기하지 예의상 사양하지 않기 때문에, 우리가 예의상 사양했다는 것을 알지도 못하고 이해하지도 못한다.

캐나다의 저널리스트인 말콤 글래드웰은 그의 저서 〈아웃라이어〉에서 우리나라가 직장 내의 상하간에 이면대화를 많이 쓰는 나라라고 설명하고 있다. 다음은 그 책에서 소개하고 있는 우리나라의 이면대화의 예이다.

팀장: "오늘 날이 춥네, 배가 출출한데. (저녁 먹으면서 술이나 한잔 할까?)"
팀원: "한잔 하러 가실까요?(제가 술 사겠습니다.)"

글래드웰은 우리나라의 이면대화 문화가 1997년의 대한항공의 괌 추락사고의 한 원인이 된다고 보고 있다. 항공기 파일럿에 대한 연구에 따르면 우리나라가 세계에서 두 번째로 PDI(Power Distance Index, 권력차이지수)가 높은 나라라고 한다. 그래서 기장과 부기장처럼 직급의 차이가 나는 경우에 이면대화를 많이 사용하게 된다. 그러다 보니 운항 중에 어떤 문제가 발생했을 때 그 심각성이나 대처방법을 부기장이 정확히 언급하지 못하게 된다. 그로 인해 즉각적이고도 적절한 조치가 늦었다는 것이다.

서양에서는 자신의 생각을 명확하고 분명하게 전달할 책임이 말하는 사람에게 있는데 반해, 동양에서는 말하는 사람의 진의를 해석해야 할 책임이 듣는 사람에게 있다는 것이다. 물론 서양사람의 시각에서 본 동양의 대화문화가 100% 정확하다고는 할 수 없지만, 우리가 서양사람들에 비해 이면대화를 많이 사용하는 것은 분명하다.

동양문화권 중에서도 일본이 우리나라보다 훨씬 이면대화를 많이 쓴다는 것은 우리도 익히 알고 있는데, 그것이 이면대화일 수도 있고 대화의 방법 자체가 다르다고 볼 수도 있다. 일본사람들은 기본적으로 남에게 피해를 주거나 마음의 상처를 주지 않도록 극도로 조심한다. 일반적으로 상냥하고 예의 바르며 부드러운 언어를 많이 사용한다. 그러다 보니 이면대화도 많이 사용한다.

예를 들어 만원버스 안에서 발을 밟힌 경우에 발을 밟힌 사람이 먼저 "스미마셍(미안합니다)"이라고 말하는 경우가 많다. 그 이유는 자신의 발이 상대방의 발 밑에 놓여 있어서 밟게 해서 미안하다는 뜻이다.

2011년 일본의 대지진과 쓰나미로 후쿠시마 원자력발전소에 폭발사고가 났을 때 일이다. 재난지역에서 일본 할머니가 구조되는 장면을 뉴스로 본 적이 있다. 그런데 할머니가 구조되면서 연신 "스미마셍"을 연발하며 나오는 모습이 우리에게는 무척 생소하면서도 인상적이었다. 우리나라 같았으면 잃어버린 가족이나 파손된 집과 재물들 생각에 통곡하는 것이 일반적인데, 오히려 자기를 구조하느라 고생한 구조대나 국가에 폐를 끼쳤다고 생각하여 "스미마셍"이라고 머리를 조아리는 것이다.

일본 여자와 결혼한 한국인이 자신의 결혼생활에 대해 이야기한 적이 있다. 남편이 설거지를 해주거나 아기 기저귀를 갈아주면 일본인 아내가 "고멘네(미안해요)"라고 말하는데 무척 당황스럽다고 했다. 한국인 남편의 생각에는 부부사이에 고맙다는 말조차도 잘 안하는게 일반적인데, 미안하다고 하는 것은 정말 이해하기 힘들었던 것이다. 일본 부인의 입장에서는 남에게 폐를 끼쳤을 때는 가족간이라 하더라도 "스미마셍" 또는 "고멘네" 라고 말하는 것이 어렸을 때부터 몸에 밴 습관이기 때문에 아무렇지도 않게 한 말인데, 한국인 남편은 이해를 못하는 것이다. 비록 한국과 일본이 이웃나라이지만, 그만큼 많은 문화나 관습의 차이가 있는 것이다.

이면대화의 지역별 차이

이면대화를 사용하는 정도가 국가별로도 차이가 있지만, 우리나라 안에서도 지역별로도 차이가 있다. 지역적으로 이면대화를 많이 쓰는 지역은 아무래도 충청도이다. 물론 충청도 사람들이라고 다 똑같지는 않지만, 대체로 충청도 사람 중에 이면대화를 많이 쓰는 사람들이 있는데, 그러다 보니 다른 지역사람들이 충청도사람과 대화를 할 때 어려움을 겪는 경우가 종종 있다.

어느 회사의 임원이 충청도에 있는 공장의 책임을 맡은 공장장으로 발령이 나서 근무한 적이 있다. 공장 직원은 대부분 충청도 사람들이었고, 그 공장장은 경상도 출신이었다. 공장장이 담당 부장으로부터 공장현황에 대한 브리핑을 받는데, 공장이 잘 운영되고 있는지 아니면 문제가 있는지를 도무지 알아 들을 수가 없었다. 그래서 공장장이 너무 답답해서 화난 목소리로 "요점만 간단히 이야기하세요" 라고 했더니 "알겠습니다" 하고는 30분을 더 이야기하는데 여전히 알아 들을 수가 없었다. 나중에 공장장이 부장과 친해져서 그 당시 왜 그렇게 보고를 알아 듣지 못하게 했냐고 물으니까 부장이 하는 말이 "그렇게 말하면 다 알아 듣던데요?" 였다. 즉, 충청도 사람들끼리는 같은 말을 해도 대화의 억양을 통해 내용을 알아 듣는데, 다른 지역 사람들은 알아 듣기 어려운 것이다.

충청도 출신 남편이 신혼 초에 겪은 이야기이다. 서울 출신 아내가 명절을 앞두고 고향에 계신 시어머니께 전화를 드려 명절에 내려가겠노라고 말씀을 드렸다. 그랬더니 시어머니께서 하시는 말씀이 "길도 막히고 바쁜데 뭐 하러 오니" 하셨단다. 신부는 "네 알겠습니다" 하고 전화를 끊고는 남편에게 "어머니께서 우리 내려 올 필요 없다는데요?" 하고 이야기했다. 남편은 무슨 소리냐고 하면서 명절에 예정대로 신부를 데리고 부모님댁에 내렸는데, 어머니께서 음식을 한 가득 준비해 놓고 기다리고 계시더란다. 신부는 그 후에도 시어머니의 이면대화를 이해하지 못해 애를 많이 먹었다고 한다.

나도 군대생활을 충청남도 지역에서 했었고, 처가가 충청도이다 보니까 충청도의 이면대화를 접할 기회가 많았다. 그러나 처음에는 이면대화에 대해 전혀 몰랐기 때문에 이런 대화의 내용을 이해하지 못하는 경우가 많았다. 특히 같은 충청도이지만 이면대화를 많이 쓰는 사람이 있는가 하면 많이 쓰지 않는 사람들도 있다.

내 경우에는 장모님에 비해 장인어른이 이면대화를 훨씬 많이 쓰신다. 예를 들어 장인을 모시고 외식을 하기로 해서 예약한 음식점을 말씀드리면, "거기가 어디냐?" 라고 말씀하신다. 그럼 우리는 눈치 없이 "거기 작년에 갔던 곳인데 기억 안 나세요? 약도 보내드릴까요?" 라고 답하는데, 사실 장인의 속마음은 그 음식점이 별로 마음에 안든다는 뜻이다. 그리고 같이 식사를 하시다가 "이게 뭐냐?" 라고 물으신다. 그럼 우리가 "그거 오미자차인데요?" 라고 말씀드리면 "난 잘 모르겠어" 라고 하신다. 별로 맛이 없다는 뜻이다. 내가 장인어른의 이면대화를 깨우치는데 무려 30년이 걸렸다.

충청도식 이면대화의 특징은 다른 사람이 들어서 기분이 별로 안 좋을 이야기를 본인 입으로 직접 하지 않는다. 그러다 보니 표현이 매우 완곡하고 때로는 은유적이며, 말투도 느릿느릿

해서 젊잖다. 화가 나거나 기분이 나빠도 영호남 사람과 비교하면 전혀 화난 사람 같아 보이지 않는다. 그래서 예로부터 '충청도 양반' 이라는 말이 유래 되었다.

그런데 충청도 사람들이 화를 내지 않는다는 뜻은 아니다. 화나고 기분이 나쁘지만 그런 감정을 즉각적으로나 직접적으로 표현하지 않을 따름이다. 그러다보니 대인관계가 부드럽고 적을 많이 만들지 않는다. 흥미로운 것은 우리나라 코미디언의 40%가 충청도 출신이라는 점이다. 충청도민이 전국민의 10%정도인 것을 감안하면 다른 지역에 비해 높은 비율이다. 그만큼 표현이 은유적이고 구수하다.

지역별로 성격의 차이를 나타내는 재미난 이야기가 있다. 어느 여름날 시골길에서 수박밭을 지나던 한 서울사람이 더위에 지쳐 수박이 먹고 싶어졌다. 그래서 수박을 사려고 주인에게 "하나에 얼마입니까?" 라고 물었다. 그러자 지역별로 다음과 같은 반응이 나왔다고 한다.

경상도 주인: "5천원 아닝교. 살라믄 사고 말라믄 말아뿌소."(직설적)

전라도 주인: "아이고 운이 좋지라. 어제까지 7천원이었는데,

오늘 특별히 5천원에 줄라요."

충청도 주인: "얼~마면 살라구 그러는데유?"

서울 손님: "3천원에 주세요."

충청도 주인: "냅둬유. 소나 주게유~."

기업의 임원중에도 충청도 출신이 상대적으로 많은 경우가 종종 있는데, 그만큼 다른 사람들과 부딪치지 않고 대화를 부드럽게 하는 충청도식 대인관계가 직장생활에 도움이 된다고 할 수 있다.

더욱 흥미로운 점은 국회의원 선거나 대통령 선거 때마다 후보들에 대한 여론조사를 하는데, 여론조사와 실제 투표결과가 가장 많이 차이 나는 지역이 충청도 지역이다. 여론조사기관에서도 일반 여론조사에서는 표준오차를 ±5% 정도 잡는데, 충청도지역의 여론조사는 ±12%까지 넓혀 잡는다고 한다.

특히 선거 당일 전국의 각 투표소에서 출구조사를 실시해서 투표 마감시간이 되면 각 방송사에서 일제히 출구조사 결과를 발표하는데, 이 출구조사의 정확률이 높아서 출마한 후보자들뿐만 아니라 많은 국민들이 관심을 갖고 지켜본다. 그런데 이 출구조사 조차도 예측이 가장 많이 어긋나는 지역이 충청도이다.

선거 때 충청도 지역 취재를 다닌 기자들이 이구동성으로 하는 말이 있다. 대체로 지역민심은 택시기사들을 통해 가장 잘 알 수 있는데, 충청도 택시 기사들은 대부분 "글씨유 잘 모르겠는디유" 하고는 묵묵무답이기 일쑤라는 것이다. 그래서 "A후보가 좋습니까?", "B후보의 정책에 대해서는 반응이 어떤가요?", "C후보가 충청도 출신이긴 하지만 정치신인이라 인지도가 낮지요?" 라고 물으면, 잠자코 있다가 "다들 훌륭한 분이라고 하데유" 라고만다. 그래서 별다른 취재거리를 얻지 못하고 목적지에 도착해서 내리려고 하면 툭하고 한마디 던진단다. "그래두 C후보를 찍어야지유"

충청도가 이면대화를 많이 쓰는 데에는 역사적인 배경도 많이 작용한다고 할 수 있다. 삼국시대의 경우 충청도는 백제의 땅이긴 하지만, 간간히 신라의 통치를 받은 경우도 있고, 지역에 따라서는 가끔 고구려의 땅이 되기도 하였다. 그러다 보니 백제, 고구려, 신라 중 하나를 지지하는 입장을 명확히 밝힌 사람들은 다른 나라의 침략이 있을 때 죽음을 면치 못했다. 그래서 백제편인지 신라편인지 고구려편인지를 명확히 이야기하지 않는 것이 삶의 지혜라는 것을 오랜 세월 동안의 경험을 통해 깨닫게 되었고, 그런 경험적 지혜가 자손들에게도 전해 내려오다 보니까, 의견을 명확히 밝히지 않는 습관이 몸에 배게 된 것이 아닐까 생각하게 된다.

이면대화의 남녀간 차이

남녀간에도 이면대화를 사용하는 정도의 차이가 있는데 일반적으로 여자가 남자에 비해 이면대화를 더 많이 사용한다. 종종 남자들이 여자가 하는 말을 액면 그대로 믿고 했다가 낭패를 보는 경우가 많다. 〈표 4-1〉의 부부간의 대화에서 보듯이 아내가 결혼기념일에 그냥 집에서 된장찌개나 끓여 먹자고 한 것은 진심이 아닐 가능성이 매우 높다. 그런데 그 말을 곧이 곧대로 믿었다간 두고 두고 아내에게 원망을 사게 된다.

〈표 4-2〉 남녀간 이면대화

대화	여성	남성
자기야~	나는 ~을 원해	그냥 부른 것임
뭐해?	너의 시간을 나에게 투자해	정말 뭐하냐고 물어본 것임
휴…	나 고민 있어	그냥 한숨 쉰 것임
이거 어때?	사줘	정말 멋있어서 물어본 것임
나 화 안났어	화났는지 몰라서 물어?	정말 화안났음
나 속상한 일 있었어	내 편 들어줘	그냥 그렇다고
아 말걸지 마	풀릴때까지 계속 달래주지 않으면 더 화날거야	진짜 말 걸면 죽는다
연락하지마	화 풀릴때까지 1초라도 문자끊기기만 해봐	진짜 연락하면 죽여버려
머리 좀 새로 할까봐	지금 머리도 예쁘다고 해 당장	이런거 안 물어봄
나 이제 나가려고	화장은 다했고 이제 옷 고르려고	막 나가려는 중임
나 신경쓰지 말고 재밌게 놀다 와	내 생각하면서 적당히 놀아라	제발 신경 쓰지 말고 놀아

〈표 4-2〉는 남녀간의 이면대화의 차이를 잘 보여주고 있다. 물론 다소 과장된 면도 있지만, 남자는 속 마음을 그대로 이야기하는데 비해 여자는 상당히 많이 이면대화를 사용하고 있다. 그러다 보니 남녀간의 차이와 지역간 차이가 결합되어, 충청도 아내와 사는 경상도 남편이 아내의 말을 가장 이해하지 못하고 아내의 마음을 못 알아 주어서 아내로부터 점수를 못 받는 경우가 많다.

나는 우리 대학내에서 직장인을 위한 교육 프로그램의 주임교수를 맡고 있다. 주로 금융회사의 중견사원들을 위한 4개월간의 교육과정인데 교육기간 중에 해외연수를 가기도 한다. 한 번은 동남아로 해외연수를 갔는데 한 연수생의 부인이 한국에서 전화를 걸어왔다. 그 프로그램이 운영된 지 10년이 넘었지만 한국에 있는 가족으로부터 전화가 온 것은 처음 있는 일이었다.

우리 일행은 모두 그 연수생의 집에 긴급한 용무가 발생했나 보다 라고 생각했다. 그런데 그게 아니라 남편이 해외연수를 가서는 집에 아무런 연락도 없었다. 궁금하기도 하고 걱정도 되어 남편에게 전화를 해보니까 전화가 꺼져있었다. 그래서 남편에게 무슨 사고라도 났는지 걱정이 되어 교육담당자에게 전화한 것이었다.

한편 그 남편은 오랜만에 해외여행을 와서 즐겁게 잘 지내고 있었는데, 아내가 별 용무도 없이 전화를 한 것이 못내 이해가 되지 않는 표정이었다. 통화가 끝난 후 그 남편에게 물어보았다. "도대체 왜 집에 연락도 안 하고 전화도 꺼놨어요?" 그랬더니 그 남편이 하는 말이 자기가 연수 오기 전에 아내에게 해외연수 일정표를 보여주며 이야기했단다.

> **남편**: "이걸 보면 내가 언제 어디서 무엇을 하고 있는지 다 알 수 있어. 근데 해외 나가면 전화통화료가 비싸대. 그러니까 전화는 못 할거야."
>
> **아내**: "그래요. 전화료도 비싼데 전화는 무슨, 안해도 돼요."

그래서 이 남편은 아내에게 잘 설명해 주었고, 아내도 잘 알아들었다고 동의했기 때문에 전화를 안 했던 것이다. 그리고 해외에서는 전화를 받는 데에도 통화료를 낸다는 이야기를 듣고는 인천공항을 출발하면서부터는 아예 전화기를 꺼 놓았던 것이다.

그 아내는 고향이 충청도인데 남편에게 전화할 필요가 없다고 말했지만, 이면대화로는 '비록 통화료가 비싸지만 내가 보고 싶을 땐 연락해요'라는 말을 하고 있었는데, 경상도 출신인 남편은 표면적 메시지만을 믿고 전화도 안 한 것이다. 이 남편은 평소에도 아내의 속마음을 제대로 알지 못하는 경우가 대부분이어서 아내의 불만이 많았는데, 결혼생활이 다 그런거려니 하고 체념한 채 힘들게 살아가고 있었다고 한다. 사실 이런 경우에는 남편도 이면대화에 대한 이해를 늘려가야 하지만, 아내도 이면대화를 줄이고 좀더 명확하게 본인이 원하는 것을 이야기하는 습관을 키울 필요가 있다.

이면대화의 장점

이면대화를 많이 쓰는 사람들은 무의식적으로나마 이면대화의 장점을 잘 활용하고 있는 셈이다. 이면대화의 가장 큰 장점은 속마음을 드러내지 않는다는 점이다. 속마음을 드러내지 않는 이유는 여러 가지다. 그 중 하나는 속마음을 드러내는 것이 창피하거나, 아니면 상대방을 자극하거나 부담스럽게 만들거나 불쾌하게 만들기 때문이다.

아내들도 생일날 남편과 함께 멋진 레스토랑에 가서 식사도 하고 좋은 선물도 받고 싶다. 그러나 그런 마음을 표현하게 되면 남편에게 사치스러운 여자로 보일 것 같기도 하여 그냥 집에서 먹자고 이면대화를 하는 것이다. 그런데도 남편이 알아서 분위기 좋은 레스토랑에도 데려가고 예쁜 핸드백도 선물한다면 자신을 소박한 사람으로 포장하고도 원하는 것을 얻으니 너무 좋은 것이다.

또 하나의 장점은 화를 잘 내지 않기 때문에 상대방을 자극하거나 불쾌하게 만들지 않는다는 것이다. 아무리 옳은 말이라도 화를 내면서 이야기하면 상대방에게 메시지 전달이 되지 않는다. 예를 들어 자녀가 공부는 안하고 게임만 하고 있다고 하자. 이를 본 아버지가 화가 나서 소리친다. "너는 왜 하라는 공부는 안 하고 맨날 게임만 하니?" 자녀는 공부하라는 아버지의 말이 맞기는 하지만, 화를 내는 것이 너무 듣기 싫어서 공부를 열심히 해야겠다는 생각도 들지 않고 반항심만 생긴다.

반면 이면대화는 대체로 표현이 완곡하기 때문에 이면대화를 많이 사용하는 사람들의 속마음은 다른 사람들이 알기 어렵다. 그래서 좋은 점 중의 하나는 정치적으로나 사회생활에서 충청도 사람들이 적이 많지 않은 편이다. 회사에서도 화를 잘 안 낸다. 사실은 화를 안 내는 것은 아닌데, 표현이 완곡하다 보니 다른 사람들은 이들이 화가 난 줄 잘 모른다. 그래서 자신의 의견과 호불호를 명확히 이야기하는 사람들에 비해 점잖다고 평가되고 두루두루 대인관계가 원만할 수 있다. 윗사람 입장에서 볼 때 회사에 대한 불만이나 상사에 대한 불만을 직접적으로 이야기하는 사람들에 비해 좋은 인상을 주게 되어 이들이 임원승진에 더 유리하다.

이러한 장점이 있기 때문에 때로는 이면대화를 사용하는 방법을 배워서 적절히 사용한다면 사회생활을 하는 데 도움이 될 것이다. 특히 경쟁이 심한 조직에서 이면대화를 적절히 사용하는 것은 원만한 대인관계를 유지하는 데 도움이 된다.

이면대화의 단점

이면대화의 가장 큰 단점은 이면대화를 안 쓰는 사람과 대화가 안 통한다는 점이다. 앞의 예에서와 같이 이면대화를 못 알아듣는 경상도 남편에게 아내가 이면대화를 쓰면 남편은 아내의 말을 좀처럼 알아듣지 못한다. 소통이 되지 않는 것이다. 그렇기 때문에 가급적 이면대화 사용을 자제해야 하는데 몸에 밴 습관인 경우에는 고치기가 쉽지 않다.

그러나 본인의 속마음을 반드시 전해야 할 필요가 있을 때에는 이면대화를 쓰지 말아야 한다. 즉, 남편으로부터 멋진 생일선물을 받고 싶은데 직접 말하긴 쑥스럽고 해서 "필요 없다"거나 "그냥 집에서 밥이나 먹자"고 했다고 하자.

그런데 남편이 이면대화인 줄 눈치채지 못하고 아내의 말을 곧이 곧대로 믿어서 집에서 밥이나 먹거나, 아니면 그저 그런 정도의 선물로 때웠다면 두고두고 남편은 이유도 모른 채 아내의 원망을 받게 될 것이다. 또한 아내는 아내대로 본인이 원하는 만큼의 대접을 받지 못하면서 불만 가운데 살아가게 되는 것이다.

이면대화의 사용법

그렇다면 이면대화를 어느 정도 사용하는 것이 좋을까?

1. 상대방이 이면대화를 사용하는지 여부를 파악하라.

만약 상대방이 이면대화를 많이 쓴다면 상대방의 진심이 무엇인지를 올바로 파악해야 한다. 즉, 앞의 예에서 아내가 생일에 진심으로 집에서 먹기를 원하는 것인지 아닌지를 파악할 필요가 있다(대부분의 경우에는 그렇지 않겠지만). 그리고 만약 이면대화라는 것을 알았다면 아내가 진심으로 원하는 것이 무엇일까를 파악하여 아내가 원하는 것을 해줄 필요가 있다.

2. 본인이 이면대화를 사용하는 경우에는 상대방이 나의 진심을 모르는 것이 당연하다는 것을 알아야 한다.

상대방이 내맘을 몰라준다고 섭섭해 하지 말아야 한다. 앞에서도 이야기 했듯이 이면대화가 좋은 점은 상대방을 비난하거나 상대방이 듣기 싫어하는 말을 직접적으로 하지 않기 때문에 상대방을 덜 자극하고, 상대방에게 불쾌감을 주지 않는다는 것이다. 그러나 다른 한편으로는 본인의 마음이 제대로 전달되지 않기 때문에 그런 점에서는 본인의 의사를 좀더 직접 표현하려는 노력을 할 필요도 있다.

3. 이면대화를 하고 나서 상대방이 알아서 해주길 바라지 말라.

많은 여성들이 남자가 알아서 해주기를 원한다. 그러나 여자가 본심을 이야기하지 않는데 여자의 마음을 알아서 해주는 경우는 매우 드물다. 대부분의 남자들은 여자의 마음을 알지 못하기 때문이다.

나는 종종 여성들에게 조언한다. 남자가 알아서 해주길 바라지 말고 원하는 것을 정확히 이야기하라고. 그럴 때 여자들이 많이들 이렇게 이야기한다. "다른 남편들은 알아서 잘 해주던데 왜 나는 일일이 이야기를 해주어야만 하느냐? 우리 남편도 나한테 알아서 해주면 좋겠는데, 남편은 내게 관심이 없다" 그러나 다른 남편들도 그렇게 보일 뿐이다. 그 남편의 아내에게 "남편이 알아서 잘 해주느냐?" 고 물어보면 그 아내도 "아니오" 라고 답을 하는 경우가 대부분이다.

중요한 것은 여자가 이야기할 때 그 이야기를 들어주려고 노력하는 남자가 좋은 남자이다. 그러므로 절대로 다른 남자와 비교하지 말고, 남자가 알아서 해줄 때까지 기다리지 말고, 원하는 것을 정확히 이야기하는 것이 사랑의 관계를 유지하는 더 지혜로운 방법이다.

적용의 tips

1. 당신은 이면대화를 언제 어떤 경우에 많이 쓰나요?

2. 당신은 이면대화를 많이 쓰는 편이라고 생각하나요?

3. 주위의 사람 중에 누가 가장 이면대화를 많이 쓰나요?

4. 이면대화를 많이 쓰는 사람과는 어떻게 소통해야 할까요?

5. 당신도 이면대화 사용법을 적용해 볼 생각이 있나요?

원가족의 이해

원가족의 이해

▶ 원가족(family of origin): 부모, 조부모, 친척 등 본인의 가계

▶ 성격발달에 원가족이 가장 많은 영향을 마침

▶ 가정에 반복되는 패턴이 있는가?

　● 중독(술, 도박), 애정표현, 친밀도, 대화 밀착관계, 경계선

▶ 가정 안에서의 교훈과 메시지

원가족(family of origin)은 본인의 부모, 조부모, 친척 등의 가계를 말한다. 원가족은 우리의 성격발달에 상당히 많은 영향을 준다. 즉, 우리의 성격발달에 부모님의 양육방법이 영향을 미치듯이 우리 부모님의 성격발달에는 조부모님의 양육방법이 영향을 미친 것이고, 또 조부모님의 성격발달에는 조부모님의 부모님인 증조부님의 양육방법이 영향을 미친 것이기 때문에 집안 대대로 내려오는 양육방법이 자손들의 성격발달에 영향을 미치는 것이다.

그런데 부부는 각자 다른 원가족을 갖고 있기 때문에 서로 다른 성격발달이 이루어져 왔다. 그래서 부부상담에서 가장 먼저 물어 보는 것 중의 하나가 원가족의 분석이다. 나의 어머니, 아버지와 그 형제들, 그리고 할머니 할아버지와 그 형제들을 분석해 보면, 원가족 안에 반복되는 패턴이 있는데, 이 패턴이 나와 내 자녀에게도 영향을 주기 때문이다. 물론 이 패턴에는 좋은 패턴도 있고 나쁜 패턴도 있다.

좋은 패턴에는 친밀감, 좋은 성품, 지적 능력, 자상함, 책임감, 리더십 등이 있다. 예를 들면 본인의 원가족이 가족간의 관계가 친밀하고, 자상하고, 서로를 아끼고 돌봐주는 패턴이 있는 경우에 본인도 그럴 가능성이 많다.

한편, 나쁜 패턴이란 술이나 도박 중독, 폭행, 이혼, 무관심, 대화부족 등이 있다. 즉, 원가족 안에 술 중독자가 많은 경우에는 본인도 술 중독에 빠질 가능성이 높고, 원가족 안에 이혼이 많은 경우에도 이혼 가능성이 높다. 또한 원가족이 별로 자상하지 않다면, 본인도 결혼 후 가족을 자상하게 돌보지 않을 가능성이 높다.

그래서 부부간에도 원가족의 분석이 필요한 이유가 몇 가지 있는데, 하나는 나와 배우자간의 관계에 대한 이해에 도움이 되고, 또 하나는 나와 배우자의 원가족에 있는 부정적 패턴을 파악하여, 이 부정적 패턴이 우리의 자녀들에게 반복되지 않도록 제거하고자 하는 노력이 필요한 것이다.

신혼부부들이 주로 경험하게 되는 갈등의 가장 큰 원인이 원가족의 차이로 인한 것이다. 연애시절에는 원가족의 차이가 데이트 하는데 별 영향을 안 미치기 때문에 차이를 잘 못 느낄 뿐 아니라, 원가족의 차이가 결혼생활에서 문제가 될 수 있다는 것도 전혀 알지 못한다. 그냥 두 사람의 현재 상황에서 서로 사랑하면 결혼해도 행복할 것이라고 생각한다. 그러나 결혼하게 되면 원가족의 차이가 상당히 많은 영향을 미친다. 왜냐하면 결혼은 데이트만 하는 연애와 달리 실제 삶을 나누는 것이다. 원가족은 이러한 생활방식이나 가정 안에서의 관계에 영향을 미치기 때문이다.

신혼시절에 부부싸움을 많이 한 60대 후반 부부와 대화를 나눈 적이 있다. 부인은 공무원인 아버지 밑에서 매우 엄하게 교육을 받으며 자랐고, 남편은 정신과 의사인 아버지 아래 자유로운 분위기에서 자랐다. 대학시절부터 3년간 연애하다가 결혼했다. 연애시절에는 흥이 많고 놀기도 잘하는 남자친구가 멋있어도 보이고 재미있어서 좋았는데, 결혼하고 나니까 남편이 친구들과 술 먹고 늦게 들어오기 일쑤이고, 가정도 잘 안 돌보는 것이 너무나 실망스러웠다.

남편도 너무나 이해심이 없이 잔소리가 심하고 부부동반 모임에도 가기 싫어하는 아내가 짜증이 났다. 그러다보니 부부싸움을 많이 하게 되었고, 싸울 때마다 서로의 문제점을 비난하는 것으로 시작하다가, 결국에는 서로의 집안에 대한 비난까지 하는 것으로 번지게 되었다. 결국은 부부사이가 나빠져서 별거까지 하게 되었다.

그런데 두 사람만의 문제로 그치는 것이 아니고, 이 부부의 아들도 결혼 후에 아버지랑 비슷하게 술 좋아하고 친구 좋아하는 성격 탓에 부부싸움을 많이 하다가 결혼 3년만에 이혼을 하게 되었고, 딸은 결혼에 대한 환상이 없어서 독신으로 살고 있다.

이렇게 부부의 문제는 부부만으로 그치는 것이 아니라 자녀들과 후손까지 대물림 하는 경우가 많다. 우리는 자라면서 부모님의 사랑을 받고 크긴 하지만, 누구나 완벽하지는 않기 때문에 아버지나 어머니의 단점만은 내가 안 닮으리라고 결심하는 경우가 많다. '나는 아버지보다는 좀더 좋은 아빠가 되리라', 또는 '나는 엄마보다는 좋은 엄마가 되리라' 는 결심을 하는 경우가 많다. 그런데 불행하게도 그렇게 닮고 싶지 않았던 모습 중에 일부는 나도 모르게 내 안에 대물림 되어 있는 것을 본다.

나의 경우도 아버지께서 연세도 많으시고, 이북 출신으로 집에서는 말씀도 별로 없으시고, 자녀들에게는 무뚝뚝하고 엄한 아버지이셨다. 그러다 보니 자녀 양육은 주로 어머니에게 맡겨지는 식이어서 자녀들이 주로 어머니하고만 대화하고, 아버지하고는 친밀감이 별로 없었다. 그래서 나는 어린 시절부터 그런 아버지의 모습을 보고 크면서 내가 커서 결혼하면 자녀들에게 친구 같은 아빠가 되리라고 마음 먹었었다.

그런데 막상 결혼하고 자녀를 낳고 보니 나도 모르게 자녀양육은 아내의 몫이라는 생각이 나를 지배하였고, 그러다 보니 자상한 아빠와는 거리가 먼 무심한 아빠의 모습이 되고 말았다. 그래도 딸과는 성격적으로 비슷한 점이 많아서 잘 통했는데, 아들과 둘만 있을 때는 대화가 끊기고 서먹한 때가 많았다. 이는 내가 닮고 싶지 않았던 아버지의 모습이었던 것이다.

상담공부를 하면서 이것이 바로 원가족의 영향이라는 점을 알게 되었다. 그래서 대물림을 끊기 위해서 아들과의 관계를 회복하기 위한 노력을 많이 하였다. 특히 아들이 결혼하기 전에 함께 많은 시간을 갖고 대화를 나누었는데, 그로 인해 관계가 많이 좋아졌고, 지금은 미국에 살고 있는 아들과 장시간 통화하면서 깊이 있는 대화를 하는 사이로 발전하였다.

원가족의 분석―가계도

원가족의 분석을 위해서 자주 사용되는 방법 중의 하나가 가계도의 작성이다. 가계도는 머레이 보우웬(Murray Bowen)의 가족체계이론에 근거한 기법으로, 3세대 이상에 걸친 가족구성원에 관한 정보와 그들간의 관계를 나타낸 도표이다. 즉, 가계도는 가족의 구조를 나타내는 지도와 같은 것으로 가족에 관한 정보를 쉽게 알아볼 수 있으며, 원가족 안에서 반복되는 패턴을 찾는데 매우 유용한 도구이다.

우리가 건강검진을 받을 때 작성하는 문진표에 보면 부모님의 건강에 대한 질문항목이 있는데, 이는 우리의 육체적 건강이 유전적 영향으로 인해 부모 또는 조부모로부터 전해져 오는 경우가 많기 때문이다. 그런데 비단 육체적인 건강뿐만 아니라 정신적으로나 성격적인 면, 정서적인 면에도 유전적인 영향이 작용하기 때문에 가계도를 분석하는 것이다.

가계도에서 파악하는 부부 관계의 종류는 결혼, 이혼, 동거, 별거가 있고, 부부와 자녀간의 친밀감 정도에 따라 지나치게 밀착된 관계, 소원한 관계, 갈등적 관계, 지나친 상호의존적 관계, 단절된 관계를 표시하고, 가족내 의사소통 수준, 사랑이나 분노의 표현방식, 훈육방법, 책임감, 질병, 중독, 약물, 음주, 범법행위 여부, 정서적 문제, 직업상 문제 등을 파악한다.

역기능 가정

인간의 인격형성 과정에서 어린 시절의 성장환경은 매우 중요하다. 어린 시절의 성장환경이란, 우리가 자라온 가정의 특성을 말하는데, 그렇기 때문에 역기능 가정에 대한 이해가 필요하다. 역기능 가정이란, 가족 구성원들 사이에 건강하지 않은 관계유형이 존재하는 가정이며, 부모나 자녀의 정서적인 욕구를 충족시켜 주지 못하는 가정을 말한다. 역기능 가정은 역기능적 결혼에 의해 창조된다. 역기능적 결혼은 역기능적 개인들이 서로를 찾아 결혼함으로써 이루어진다.

습관적으로 술을 마시는 알코올 중독자 가정, 가정을 돌보지 않고 돈버는 일이나 직장 일에만 열중하는 일 중독자 가정, 외도를 해 다른 살림을 차린 가정, 자식을 돌보지 않은 가정, 이혼했거나 재혼한 가정에서의 편모, 계부, 계모의 가정, 엄격하고 율법 주의적 신앙생활을 고수했던 부모의 가정, 식생활이 어려울 정도로 가난한 가정, 모든 의사결정을 부모가 하는 가정 등을 통틀어 역기능 가정이라 부른다.

그런데 엄밀히 말하자면 모든 가정은 정도의 차이는 있지만 어느 정도의 역기능성을 갖고 있다. 그렇기 때문에 이러한 역기능적인 가정에 대해 이해할 필요가 있고, 가정의 역기능성이 자녀들의 인격형성에 어떠한 영향을 미치는지도 알 필요가 있다. 우리가 많이 잘못 생각하고 있는 것은 부유한 가정이면 아무런 문제가 없이 화목하다고 생각하는 것이다. 일반적으로 역기능성은 돈과 전혀 상관이 없다. 돈이 많다고 행복한 가정이 되는 것도 아니고 가난하다고 불행한 가정도 아니다.

역기능 가정의 종류

미국의 가정상담학의 권위자인 데이비드 스투프(David Stoop) 박사는 역기능 가정을 네 종류로 구분함으로써 이해하기 쉽게 설명하고 있다.

1. 혼돈된 가정(chaotic family)

권위도 없고 질서도 없고 훈련도 없다. 이 가정은 사실상 지도 자가 없다. 각자가 자신의 문제를 결정하는 기준이 된다. 그러므로 자신이 원하면 무엇이든지 할 수 있다. 좋은 지도자로 가정을 이끌어 가야 할 부모들도 혼돈 생활을 하고 있기 때문에 자녀들에게 이래라저래라 하고 말하지도 못한다. 대부분 알코올 중독 자라든지 경제 능력이 없는 무책임한 부모 아래서 자라나는 자녀들에게서 쉽게 나타날 수 있는 가정이다.

미국의 흑인 빈민가정들의 경우를 보면 남녀가 일찍 연애를 해서 10대때 아이를 낳는다. 그리고는 남자는 대개 무책임하게 가정을 버리고, 엄마가 혼자 아이를 키운다. 그러다 보니 경제적으로 어렵게 되고 자녀를 잘 돌보지 못한다. 그리고 그 자녀들도 부모와 똑같이 10대때 연애를 해서 아이를 낳고, 남자는 가정을 버리고 엄마 혼자 아이를 키우는 일이 반복된다. 그러다 보니 자녀들은 비행청소년이 되어 범죄를 저지르게 되거나, 미혼모가 되어 가난을 탈출하지 못하는 일이 세대간에 반복된다. 이것이 미국의 흑인사회의 가장 심각한 문제 중 하나이다.

2. 경직된 가정(rigid family)

혼돈된 가정과 반대되는 유형이라고 볼 수 있다. 즉, 너무 완고하고 율법적이고 권위주의적인 가정이다. 이 가정에서는 한 사람이 권위적인 권위와 결정권을 갖고 가정을 이끌어 나간다. 우리나라의 가정에 많이 나타나는 유형이다. 부모가 권위적이기 때문에 자녀의 생각이나 의견은 무시되거나 묵살된다. 부모와의 대화도 없고 이야기할 기회조차 갖지 못한다.

비교적 젊은 나이에 고인이 된 코미디언 K씨의 일화다. 아버지가 너무 엄해서 얼굴도 마주치지 못했는데, 반드시 식사시간에는 다같이 모여서 먹어야 했단다. 식사시간만 되면 아버지의 꾸중과 잔소리가 시작되었는데, 그게 너무 듣기 싫었지만 식사자리에 빠지는 것은 절대로 허용이 안 되었고, 다만 식사를 일찍 마치고 일어나는 것은 허용되었다고 한다. 그래서 식사를 빨리 먹는 습관이 붙게 되어 살이 찌게 되었다고 웃지 못할 비화를 이야기하는 것을 들은 적이 있다.

대개 이런 권위적인 부모들은 본인이 항상 옳다고 생각한다. 그래서 자녀들의 잘못된 행동을 지적해줘야 더 잘 될 수 있다고 생각하고, 이런 잔소리나 야단치는 것이 모두 자식들 잘되게 하기 위한 것이라고 생각한다. 그런데 이렇게 칭찬을 듣지 못하고 야단만 맞고 자란 자녀들은 자존감이 매우 낮다. 그래서 무슨 일이든 자신감이 부족하고 걱정과 긴장을 많이 한다.

3. 밀착된 가정(enmeshed family)

가족에 대해 절대 충성하는 가정이다. 너무 밀착되고 엉켜 있어서 누가 누군지 알지 못하는 경우이다. 한마디로 엉켜 붙은 가정이다. "너 없으면 나는 죽어" 하는 형태의 가족들이다. 가족이 원하는 일이면 어떤 일이든 희생하면서 다 해주려고 한다. 그래서 밖에서 보면 이러한 가족은 너무나도 다정다감하고 가까운 사이처럼 보인다. 그러나 실제로 어디에서 시작하여 어디에서 끝나는지가 분명하지 않다. 일들의 한계가 분명치 않고 개개인의 정체성과 개개인의 삶이 다른 구성원들의 그것과 구분되지 않는다.

이러한 가족은 구성원들 간에 지나치게 밀착된 관계를 이루어 개인의 자아의식이 발달되지 못하고, 오직 가족간의 공동자아만이 존재하게 된다. 즉, 가족원들이 '내가 너이고 네가 나'인 정서적으로 서로 얽혀진 관계를 이룬다. 이러한 가족에서는 한 가족원이 문제가 생기면 가족 전체가 함께 문제에 빠져들어 문제가 생긴 가족원을 올바로 도울 수 없다.

밀착은 경계선 침범으로 이어진다. 경계선이란 구성원간의 경계를 구분하는 선으로 개인 간에 허용되는 접촉의 양과 종류를 규정하는 것이다. 구성원간의 친밀함의 정도, 정보의 상호교환 정도, 문제 해결을 위해 상호 교류하는 정도를 파악한다. 이렇게 각 개인은 자신만의 경계선을 갖고 있는데, 밀착된 가정에서는 경계선이 인정되지 않고 수시로 침범된다. 그렇기 때문에 서로 간섭이 심하고, 상대방의 의견이나 감정이 나와 다를 수 있다는 것을 인정하지 않아 독립성과 자율성이 허용되지 않는다.

그런데 이런 문제가 더욱 커지는 것은 자녀가 결혼을 하여 독립된 가정을 이루었을 때이다. 아들이 결혼을 하여 아내와 함께 가정을 이루었는데도 시어머니가 여전히 간섭을 하고, 아들부부의 식사메뉴나 집안의 가구배치 등에 아무렇지도 않게 간섭을 하는 것이다. 그런데 시집살이를 힘들게 한 시어머니일수록 시집살이를 더 세게 시키는 경향이 있는데, 그런 시어머니일수록 본인은 너무나 훌륭한 시어머니라고 착각하기 때문에 계속 대물림이 되는 것이다.

4. 유리된 가정(disengaged family)

유리된 가정은 밀착된 가정과 반대된 모습으로 나타난다. 가족 구성원들이 서로 뿔뿔이 흩어져서 제 갈 길로 가는 가정을 말한다. 누가 무엇을 해도 상관이 없고, 누가 무엇을 하는지도 모른다. 이런 가정에는 가족의 중심이 없고 가족의 구심체가 없다. 서로 각자가 할 일을 하고 각자가 돌아다닐 뿐이다.

한 가족에는 가족이라는 집단과 가족의 외부 세계를 분리시키는 경계선이 있다. 가족 집단과 외부와의 경계선이 지나치게 유동성이 있을 때 가족생활이 수시로 외부의 간섭을 받고 가족 의식이 결핍되어 가족 내의 상호지지를 기대하기 어렵다. 이러한 가정에서는 식구들 간에 서로에게서 일어나는 일들을 전혀 모르고 마치 집에서 생활하는 하숙생 같은 관계를 맺는다.

부부의 원가족 차이

이렇게 역기능 가정의 종류가 다양한데, 부부가 서로 각기 다른 역기능성을 가진 가정에서 자랐기 때문에, 배우자의 원가족의 문화나 특성에 익숙하지 않아서 신혼 초에 어려움을 겪을 경우가 많다.

예를 들면 남편은 유리된 가정에서 자랐고 아내는 밀착된 가정에서 자랐다면, 부부는 결혼 후에도 지속적으로 결혼 전 원가족의 특성을 유지하려다 보니까 서로 충돌이 일어나게 된다. 즉,

새로운 가족이 유리된 가정과 밀착된 가정 중에서 어느 쪽으로 갈 것인지에 대해 부부간에 알게 모르게 암투가 벌어지게 되는데, 각자 자신의 원가족 풍습에 익숙해 있기 때문이다.

그래서 남편은 별로 간섭하지 않다 보니 아내의 입장에서는 남편이 가정 일에 매우 무관심하다고 느끼게 되고, 남편의 입장에서는 밀착형 가정에서 자란 아내의 잔소리와 간섭이 너무 심하다고 느끼게 된다.

그래서 부부는 결혼 전이나 신혼 초에 서로의 가정에 대해 알고 이해하는 시간들을 가져야 한다. 부부가 어떤 가정을 이루어 나아갈지를 서로 대화를 통해 의논하고 결정하는 지혜로움이 필요할 것이다. 그렇지 않게 되면 부부싸움 중에 툭하면 "너희 집은 왜 그러냐?" 또는 "당신 부모님들은 왜 그러시냐?"는 말로 상대방의 감정을 자극하는 말이 튀어 나오게 된다. 이렇게 상대방의 가정을 비난하는 것은 그 기억이나 상처가 깊고 오래 남기 때문에 가급적 피해야 하는데, 그러기 위해서는 서로의 가정에 대한 이해가 필요한 것이다.

얼마 전 친구가 내게 아들의 결혼식 주례를 부탁하였다. 나는 그 친구와 젊은 시절에 함께 유학생활을 했기 때문에 친구의 가족을 잘 알고, 특히 아이들의 성장과정도 잘 지켜 보아와서 누구보다도 기쁜 마음으로 주례를 맡겠다고 했다. 그래서 친구 아들에게 결혼 후에 알아두면 도움이 되는 몇 가지 중에서 결혼과 연애의 차이를 설명해 주었다. "연애할 때는 두 사람만 서로 좋으면 되지만, 결혼은 두 사람의 원가족의 차이도 생각해야 된다." 그랬더니 곁에서 이야기를 듣고 있던 친구의 아내가 자기들이 예전에 많이 싸운 이유가 거기에 있다고 맞장구를 친다. 그 친구는 자유분방한 가정에서 자랐다. 반면 부인은 엄한 가정교육을 받고 자랐는데, 부인의 시각으로는 남편의 무계획하고 자유분방한 생활방식이 너무나 이해가 되지 않았다. 그래서 잔소리를 많이 하게 되었고 그러다 보니 많이 싸우게 되었다고 한다.

결혼 상대의 집안을 보라는 말의 의미

이와 같이 원가족의 차이는 어느 부부에게나 있는 문제이다. 우리가 결혼할 때 상대방의 집안을 봐야 한다는 말을 많이 한다. 그러나 이렇게 말은 하면서도 그 말의 의미를 제대로 알지 못하고 상대방의 집이 얼마나 부유한가를 보라는 뜻으로 많이 사용된다. 워낙 물질이 지배하는 사회이기 때문에 그렇겠지만, 돈이 많다고 행복한 결혼이 보장되는 것은 절대로 아니다. 만약 그렇다면 재벌 집의 자녀들은 다 행복한 결혼생활을 해야 할텐데, 재벌 집안끼리 결혼한 경우에도 이혼하는 것을 보면 그렇지 않은 것이 분명한 것이다.

여기서 집안을 보라는 의미는 그 원가족이 구성원간에 얼마나 화목하게 사는지를 보라는 의미이다. 부모님이 얼마나 재산이 많고 사회적으로 높은 지위에 있는 분인가를 보라는 것이 아니다. 부부간에 화목하고 사랑이 넘치고, 부모 자식간의 관계가 친밀한 가정에서 자란 자녀들은 행복한 결혼생활을 할 가능성이 매우 높은 것이다.

결혼 5년차 된 부부가 가정상담학교에 훈련을 받으러 왔다. 이 부부는 사실 이혼 직전의 상태인데 마지막 희망으로 참여한 것이다. 그런데 남편과 아내 모두 외모도 준수하고 겉보기에는 매우 잘 어울리는 한 쌍이었다. 남편은 남자들 사이에서 인기가 많아서 친구가 많았고 잘 어울렸다. 아내도 다른 여자들하고 잘 통하고 친하게 지냈다. 그래서 부부간에 문제가 있다는 것을 믿기 힘들었다. 그런데 그 부부와 상담을 하다보니 두 사람 모두 원가족에 문제가 있음을 알게 되었다.

두 사람은 소개팅으로 만났는데 서로 첫눈에 반해 사랑에 빠졌고, 1년 만에 결혼하였다. 그리고 결혼 후에 바로 아이를 낳고 키우게 되었다. 그런데 부부 모임에 가면 부인은 아이를 돌보느라 쩔쩔매고 있고, 남편은 항상 여러 사람에게 둘러 쌓여 재미있게 대화를 나누느라 시간가는 줄 몰랐다. 모임이 끝날 때면 다른 집 부인들이 이 부인에게 와서 하는 말이 "남편 분이 재미있어서 참 좋겠어요"하는 말이었다.

그런데 남편은 집에 돌아오면 아무 말도 없이 혼자 침대에 누워 잠에 빠져버린다. 밖에서 대화를 많이 나누느라 피곤했던 것이다. 평소에도 회사 일로 바쁘게 일하고 늦게 들어와서 아내와는 아무런 대화도 나누지 않고 잠자리에 들어가 버린다. 연애시절에는 그렇게 재미있게 이야기를 많이 해서 시간 가는 줄 몰랐는데, 결혼하고 나니까 사람이 돌변한 것이다.

그런데 과연 결혼 후 남편이 변한 것일까? 사실 그 남편은 변한 것이 아니었다. 이 부부는 둘 다 어린 시절에 부모들이 사이가 안 좋아서 남자 쪽 부모는 이혼했고, 부인 쪽은 아버지가 거의 매일 술에 취한 채 집에 들어와서 부부싸움을 하는 가정이었기 때문에 부모로부터 따뜻한 보살핌과 사랑을 받지 못하고 자랐다. 남편의 경우에는 아들만 바라보고 사는 엄마의 잔소리가 듣기 싫어서 엄마와 말도 안 하고 지내는 사이였고, 부인도 아버지의 술주정으로 얼룩진 가정으로부터 벗어나려고 빨리 결혼하고 싶어 했던 처지에 남편을 만났던 것이다. 부부는 서로에게서 사랑을 받기만을 원했지, 상대방에게 사랑을 주는 것은 몰랐기 때문에 부부 사이가 멀어지게 된 것이다.

그 부인이 남편과 결혼 전에 남자 집에 인사를 하러간 적이 있는데, 남자가 집에 가서는 엄마와 이야기도 안 하는 것이 조금 이상은 했지만, 그렇게 큰 문제일 것이라고는 생각지 못했다고 한다. 그때는 남자가 외모적으로 키도 크고 잘생기고 재미있는 것이 너무 좋아서 집안을 보라는 말은 귀에 들어오지도 않았고, 그 말의 진정한 의미도 몰랐는데, 나중에 알고 보니 정말로 중요하다는 것을 깨달았다고 한다.

이 부부는 상담훈련과정에서 매우 힘든 치유와 회복과정을 거쳐야 했다. 문제가 상대방에게 있는 것이 아니라 자신에게 있다는 것을 알고, 자신의 상처를 먼저 치유한 후에야 부부간의 사랑을 회복할 수 있었다.

요즘도 매일매일 많은 부부가 탄생하지만, 서로의 원가족에 대해 알고 그 차이로 인한 문제를 인식하고 준비하는 부부가 몇이나 될까? 안타깝게도 그리 많지 않다. 대부분의 신혼부부는 결혼식은 어디서 하고, 웨딩드레스는 어떤 디자인으로 고를 것이고, 신혼여행은 어디로 가며, 신혼집은 어디에 얻고, 어떻게 꾸밀 것인가를 고민한다. 그리고 화려한 결혼식과 잘 꾸며진 신혼

집이 마련되면 행복한 결혼생활이 이루어질 것이라고 생각하는데, 이런 것들이 행복한 결혼을 보장해 주지 않는다. 화려한 결혼식과 값 비싼 집은 남들에게 행복하게 사는 것처럼 위장하는 데에만 도움이 될 뿐이지 진정으로 원하는 행복한 결혼생활과는 상관이 없는 것이다.

역기능 가정의 특징

1. 역기능 가정은 정서적으로 문제 있는 가족에게 관심이 집중되어 있다.

가정 안에 중독자가 있다면 가족의 관심이 중독자에게 집중될 수밖에 없다. 중독에는 알코올 중독, 도박 중독, 약물 중독, 습관적 분노 폭발, 일 중독, 섹스 중독, 무절제한 식습관, 소비 중독, 종교 중독 등이 있다.

예를 들어 아버지가 알코올 중독자이고 술 취했을 때 폭언과 폭행을 저지른다면 아버지가 술을 마시고 들어온 날은 공포에 떨기 마련이다. 아내는 우울증에 걸리기도 하고, 자녀들은 아버지가 술을 마시는 것이 자신들의 잘못이라고 생각하기도 한다. 이런 가정의 자녀들은 대부분 정서적인 문제를 갖게 된다.

자폐증이 있는 아들을 마라톤을 시키기까지의 어머니의 피눈

물 나는 노력을 그린 실화를 바탕으로 한 〈말아톤〉이라는 영화를 보면, 어머니의 정성어린 돌봄으로 인해 자폐아로서 하기 힘든 춘천 마라톤대회 풀코스를 19세의 나이로 출전하여 3시간 이내에 완주하였다. 주인공인 배형진 군은 그 다음 해 철인 3종 경기에도 출전하여 15시간 06분만에 완주하였는데, 이 기록은 장애인으로서뿐만 아니라 국내 최연소 철인 3종경기 완주기록이다. 그런데 이 영화에서 그리 주목받지 못하고 있는 등장인물에 남편과 동생이 있는데, 이들은 모두 아내와 엄마를 상실하여 그 가정이 어려움을 겪고 있는 것을 보여준다. 엄마의 모든 관심은 오로지 자폐아인 아들을 치유하고 돌보는 데에만 집중하게 되고, 남편이나 둘째 아들에게는 관심을 가질 여유가 없다보니, 안타깝게도 역기능 가정이 되고 마는 것이다.

2. 역기능 가정은 정서적 감정표현을 자제한다.

정서적으로 불안한 한 사람에게 모든 관심이 집중되어 있는 가정은 다른 가족들이 감정을 표현할 여유를 주지 않거나, 표현하더라도 그 마음을 알아주지 않는다. 남자들은 특히 어린 시절부터 "남자는 우는 게 아니야"라는 말을 많이 듣고 자라고, 여자들도 "울지마", "울면 안돼" 라는 말을 많이 듣고 자란다. 이렇게 감정표현을 억제하는 교육을 당연시 하다 보니 감정표현 하는 것을 매우 부정적으로 생각하게 되어 스스로 감정표현을 억제하기 위해 노력한다. 그래서 제1장에서 설명한 바와 같이 감정표현을 억압하다보면 각종 비정상적인 행동이나 과도한 스트레스, 우울증, 정신질환 등이 나타나게 되는 것이다.

역기능 가정에서 자란 아이는 가족 안의 중심인물이 된 중독자나 성격장애자의 감정에 따라 살아가는 법을 배운다고 한다. 그래서 그 사람이 행복할 때 자신도 행복하다고 생각하고, 그 사람이 슬프면 자신도 슬프다고 생각한다. 결국 이런 가정에서 성장한 아이는 성인이 되어서도 다른 사람의 감정에 따라 살아가는 경향이 나타난다.

3. 역기능 가정은 명백한 문제가 있음에도 불구하고 공개적인 대화를 피한다.

어느 가정에나 갈등이 있을 수 있다. 다만 건강한 가정은 그러한 갈등에 대해 서로 이야기 할 수 있고, 대화를 통해 갈등이 해소된다. 그러나 역기능 가정에서는 심각한 갈등이 있어서 울면서 잠자리에 들었다 하더라도, 다음 날 아침에 아무 일도 없었다는 듯이 행동하며, 그 갈등에 대해 서로 말하지 않는다. 그리고 가정 밖에서도 가정의 갈등에 대해 절대로 이야기하지 않아서 마치 아무런 문제가 없는 가정처럼 보이고자 노력한다.

이러한 가정에서 자란 아이는 성인이 되어서도 비밀을 많이 간직하고 산다. 자신의 약점이나 문제점을 절대로 이야기 하지 않는다. 혹시나 누군가 이를 알게 된다면 수치스러워서 그 사람을 만나기도 싫어지고 밖에 나가기도 싫어진다. 그만큼 자존감이 낮은 것인데, 이런 사람들은 자신의 약점이 공개되면 스스로가 너무 작아지고 초라하게 느껴지기 때문이다. 그러다 보니 타인과의 진솔한 관계를 갖기 어렵고 남의 시선을 너무나 많이 의식하는 삶을 산다. 행복의 기준이 자신에게 있는 것이 아니라 다른 사람의 생각이나 시선에 있기 때문에 본인의 약점은 끊임없이 감추고 포장하고자 한다.

4. 역기능 가정은 자존감을 떨어뜨린다.

역기능 가정의 자녀들은 가족에 대해 수치심을 느낀다. 가정에 문제가 있다고 여기면 친구들에게 가정에 대한 이야기를 잘 하지 않으며, 친구들을 집으로 데려오는 것도 싫어한다. 이런 가정의 자녀들은 수치심에 기반을 둔 자아정체성을 갖게 된다. 성인이 되어서는 수치심을 자기 확신이나 성공이라는 가면으로 덮으려고 하는데, 이미 수치심이 정체성의 밑바닥에 뿌리 깊이 자리잡고 있어서 타인과의 관계에서 상대방의 언행에 매우 민감하게 반응하는 경우가 많고, 자기 자신을 잘 오픈하려고 하지 않는다.

5. 역기능 가정에서는 자녀들의 감정을 무시한다.

역기능 가정에서는 가족 구성원 특히 자녀의 감정에 대한 세심한 관심과 배려가 없다. 부모가 자녀의 성격을 잘 알고 그에 맞는 양육을 하고 사랑을 베풀어 주어야 하는데, 역기능 가정에서는 부모가 자녀의 성격도 잘 모르거나 관심도 없어서 자녀의 감정이 무시된다.

어렸을 때 신문지를 모아서 학교에 가져오라는 숙제가 있었다. 그 당시에는 학교도 재정이 어려웠기 때문에 신문지를 모아다 팔아서 학교 재정에 사용하려고 했던 것 같다. 그런데 마침 집에 모아 놓은 신문지가 없었다. 그랬더니 엄마가 돈을 대신 가져다 주라는 것이다. 나는 신문지를 가져오라고 했는데 돈을 가져다 주면 어떡하냐고 울고 말았다. 어린 마음에 신문지 대신 돈을 가져 간다는 것이 이해가 되지 않았다. 나의 가정에서는 이런 나의 마음은 전혀 알아주지 않았던 것이다. 그 당시 나의 어린 마음에는 밖에서 돈 버느라 바쁜 엄마보다는 집에서 자녀의 과제물을 챙겨주는 엄마를 둔 친구들이 너무 부러웠다.

적용의 tips

1. 나의 원가족에는 어떤 공통점이나 특징이 있나요?

2. 나의 배우자의 원가족에는 나와 비교해서 어떤 공통점이나
   특징이 있나요?

3. 나의 아버지와 어머니의 원가족의 차이가 부모님의 부부생
   활에 어떤 영향이 있었다고 생각하나요?

4. 나의 가정에는 어떤 역기능성이 있나요?

5. 나와 나의 배우자의 집안은 어떤 차이가 있나요?

6

성격유형:
MBTI, DISC

남녀간에도 성격의 차이가 있듯이 같은 남자끼리나 여자끼리
도 성격의 차이가 있다. 그렇기 때문에 성격의 차이를 알게 되면
자신과 상대방을 이해하기가 쉬워진다. 예를 들어 몇 사람이 한
달에 한 번씩 저녁식사 모임을 갖는데, 어느 날 한 멤버가 자기 친
구를 데려와 앞으로 같이 모임에 나올 친구라고 소개했다. 그래
서 다들 같이 식사를 하면서 대화를 나누는데, 그 새 멤버는 도무

지 말이 없다. 그래서 기존 멤버들이 생각하기를 '저 사람은 우리 모임이 별로 재미가 없나 보다. 다음엔 안 나오겠군' 했다. 그런데 그 새 맴버는 다음 달에도 모임에 왔는데, 여전히 말은 없다.

　나중에 알고 보니 그 사람은 매우 내향적인 사람이라서 말이 없는 것이었다. 외향적인 사람의 입장에서는 모임이 싫지도 않으면서 모임에 와서는 말을 하지 않는다는 태도가 잘 이해가 되지 않는다. 그렇기 때문에 상대방에 대해 올바로 이해하기 위해서는 그 사람의 성격에 대해 알아야 할 필요가 있다. 그렇지 않으면 오해하기 쉽다.

　성격검사에는 매우 다양한 방법이 있는데, 그 중에서 대표적인 두 가지인 MBTI 성격검사와 DISC 행동유형을 소개하고자 한다.

MBTI 의 이해

　스위스의 심리학자인 칼 융(Carl Jung)은 1921년에 심리유형론이라는 이론을 발표하였는데, 이 이론은 인간행동이 다양한 이유가 개인마다 인식하고 판단하는 특징이 다르기 때문이라는 데에 초점을 맞추고 있다.

　MBTI(Myers-Briggs Type Indicator)는 칼 융의 심리유형론을 기초로 하여 캐더린 브릭스(Katherine Briggs)와 이자벨 마이어스(Isabel Myers)

모녀가 고안한 성격유형지표이다. MBTI는 인간의 성격을 16가지로 구분하는 지표인데, 1962년도에 처음 발표된 이래 매년 수 백만명이 검사를 받을 정도로 널리 활용되고 있다.

〈표 6-1〉 개인 성품의 차이(MBTI)

MBTI는 인간의 성격을 4가지의 양극적 선호경향으로 나눈다. 선호경향은 교육이나 환경의 영향을 받기 이전에 인간에게 잠재되어 있는 선천적인 심리경향을 말하고, 자신이 가진 기질과 성향에 따라 4가지 양극지표에서 둘 중 하나의 범주에 속하게 된다.

에너지의 방향: 외향형과 내향형

에너지의 방향이 외부로 향하는 사람은 외향형의 범주에 속하는 사람으로, 외부세계에 관심의 초점을 두어 폭 넓은 대인관계를 유지하고 정열적이며 활동적이다. 외부의 자극을 통해 배우는 방식을 선호하기 때문에 경험한 후 이해하는 경향이 있고, 자신을 숨기기보다는 드러낸다.

그와 반대로 에너지의 방향이 내부로 향하는 사람은 내향형의 범주에 속하는 사람으로, 깊이 있는 대인관계를 유지하고, 조용하며 의사결정이 신중하다. 이해한 후 경험하는 방식을 선호하여 생각을 마친 후에 행동하는 경향이 있다.

〈표 6-2〉 내향형과 외향형

내향형(I)	외향형(E)
혼자 일하는게 편함	다른 사람과 일하는게 편함
혼자 집에서 쉬고 있을 때 에너지가 충전	밖에서 활동할 때 에너지가 충전
경계가 분명	경계를 넘나듬
속 마음을 지키고 싶어함	속을 드러내야 직성이 풀림
새로운 사람을 만나는게 피곤함	새로운 사람이 많으면 신나고 궁금함
모임에서 말이 없는 편이나 친한 사람과는 많은 대화	모임에서 대화를 주도, 말이 많음
혼자 공부하거나 지식을 습득	행동하고 대화하면서 지식을 습득
깊이 있는 대인관계 유지, 조용하고 신중, 이해한 다음에 경험	폭넓은 대인관계 유지, 사교적, 정열적, 활동적, 경험한 다음에 이해

내향형과 외향형을 구분하는 가장 큰 특성은 새로운 사람을 만나는 것에 대한 선호도이다. 내향형은 모르는 사람들이 많은

모임에 가는 것이 불편하고 즐겁지 않다. 학생의 경우에 새로운 학교로 전학하거나 새 학년으로 올라가 반이 바뀌어 새로운 친구들을 만나야 하는 것이 불편하고, 심한 경우에는 이로 인해 스트레스를 많이 받을 수 있다.

내향형인 사람이라고 해서 모임에 가서 마냥 조용히만 있는 것도 아니다. 친한 사람들과의 모임에 가면 이야기도 많이 하고 즐겁게 지낸다. 그런데 모임에 다녀온 후에는 심신이 피곤하고, 혹시 본인이 그 자리에서 어떤 말 실수를 하지 않았는지, 본인의 의상은 적절했는지 다시 한번 돌이켜보면서 후회도 하고 창피해 하기도 한다.

그러나 외향형은 새로운 사람을 만나는 것이 아무렇지도 않거나 경우에 따라서는 즐겁다. 그렇기 때문에 새로운 모임의 자리에 가는 것이 전혀 부담스럽지 않다. 내향형과 달리 모임에 가기 전에 그 모임에 누가 오는지 크게 신경 쓰지도 않는다. 극도로 외향형인 경우에는 지하철이나 버스의 옆자리에 앉은 사람과도 아무렇지도 않게 대화를 나눈다. 그러다 보니 직장에서도 외향형의 사람들은 사람을 많이 만나야 하는 영업직같은 부서가 적합하다.

몇 년 전에 부부동반으로 괌 여행을 간 적이 있었다. 여행사의 패키지상품을 신청해서 가게 되었는데, 일행이 20명 정도 되었고 모두 처음 보는 사람들이었다. 괌 공항에 도착해서 가이드의 안내를 받아 호텔로 가는 전용버스를 탔는데, 일행들 중 몇몇이 버스에 올라 타면서 버스 안에 있는 모든 사람들에게 일일이 인사를 하며 명함을 건네 주는 것이었다. 같은 관광팀이라지만 서로 모르는 사람들이기 때문에 처음에는 서먹하기 마련이고, 특히 버스 타고 가는 동안에는 가이드의 설명이나 듣는게 보통인데, 보자마자 자연스럽게 인사를 건네는 것이 매우 특이하게 느껴졌다. 그런데 이들이 준 명함을 받고보니 모두 보험회사 영업사원들이었다. 알고 보니 이 사람들은 어느 보험회사에서 판매왕으로 뽑혀서 괌으로 포상 휴가를 가는 우수사원들이었다. 역시 붙임성도 좋고 인사도 잘하는 외향형이 영업직에 적합하다는 것을 분명히 알 수 있었다.

부부는 서로 성향이 다른 경우가 많은데, 이러한 성향의 차이는 종종 부부갈등의 원인이 되기도 한다. 외향형인 배우자는 주말에 부부동반 모임에 가서 새로운 사람들도 만나고 이야기하는 것이 너무 즐겁지만, 집에만 있으면 너무 재미없고 스트레스가 안 풀린다. 반면 내향형인 배우자는 조용히 집에서 가족끼리만 지내고 싶어한다. 밖에 나가서 사람들을 만나고 돌아오면 너무 피곤하기에 집에 있는 것이 피로를 푸는 가장 좋은 방법이다. 만약 극단적인 외향형과 극단적인 내향형이 만나 결혼한 부부의 경우에는 서로 스트레스를 푸는 방법과 대인관계의 성향이 너무 많이 다르기 때문에, 한 쪽이 원하는 방법으로만 생활하다 보면 상대방 배우자는 불만이 쌓이게 되어 부부갈등이 생기게 된다. 주말에 외향형의 배우자가 원하는 대로 너무 모임을 많이 갖거나 아니면 내향형인 배우자가 원하는 대로 가족끼리만 지내면, 한쪽은 매우 불만족스런 결혼생활이 되는 것이다.

그렇기 때문에 부부간에 적절한 타협점을 찾는 것이 필요하다. 모임에 가는 횟수와 집에서 지내는 횟수를 적절히 잘 조절해야 하는데, 대부분은 이런 협상과 조절이 필요하다는 생각을 미처 하지 못하고, 의견이 강한 사람이 이끄는 대로만 하면서 상대방은 말없이 따라가기 때문에 부부갈등이 누적되는 것이다. 더 큰 문제는 불만이 있는 데에도 이야기를 안하고 참으면, 의견이 강한 배우자는 상대방도 그런 삶을 좋아한다고 생각한다. 사람이 참는 것에는 한계가 있기 때문에 언젠가는 폭발하는데, 오래 참을 수록 걷잡을 수 없게 되는 경우가 많고, 참는다 하더라도 너무 많이 참는 것은 정신건강에도 좋지 못하다.

일본사람들이 황혼이혼을 많이 하는 것도 젊었을 때에는 남편 마음대로 하는 것을 부인들이 꾹 참고 살다가 남편이 정년퇴직을 하면 그때서야 아내들이 독립선언 하듯이 뛰쳐나오는 것이다. 그러면 남편들은 엄청나게 충격을 받게 되는데, 아내가 아무 말도 없이 참아주는 동안에 남편들은 아내도 그런 삶에 만족하고 사는 줄로 생각했기 때문이다. 그렇기 때문에 평소에 부부간에 대화를 통해서 본인의 원하는 것이나 불만을 적절히 소통하는 것은 매우 중요하다.

인식기능: 감각형과 직관형

감각-직관 지표는 사람이나 사물 등의 대상을 인식하고 지각하는 방식에서 감각과 직관 중 어느 쪽을 주로 더 사용하는지에 관한 지표이다. 감각형인 사람들은 일반적으로 오감에 의존하고, 현재에 집중하는 경향이 있다. 현재 주어져 있는 것을 수용하고 처리하는 경향이 있고, 실제적이고 현실적이다. 일 처리가 철저한 편이고, 사건을 사실적으로 묘사하는 경향이 있으며, 세심하고 관찰 능력이 뛰어나다.

반면, 직관형인 사람들은 상상력이 풍부하고 창조적이며, 보이는 것 그대로를 보기보다는 육감이나 영감에 의존하려 한다. 구체적인 사건이나 사실보다는 이면에 감추어져 있는 의미, 관계 가능성 또는 비전을 보고자 한다. 세부적인 사실보다는 전체를 파악하고 본질적인 패턴을 이해하려고 애쓴다. 즉, 나무보다는 숲을 보려는 경향이 있고, 가능성을 중요시하며, 비유적인 묘사를 선호하는 경향이 있다. 직관형은 상상력이 풍부하며, 이론적이고, 추상적이며, 미래지향적이면서 창조적이다.

〈표 6-3〉 감각형과 직관형

감각형(S)	직관형(N)
현실적	의미와 느낌을 중시
눈으로 보고 만져봐야 인지	안 봐도 느낄 수 있음
현실세계가 편하고 좋음	미래와 상상 속에서 삶
순서대로 공부	순서 관계 없이 중요한 것을 공부
상세하고 정확한 지시	세밀하지 않음
일상적이고 실제적인 문제를 잘 해결	복잡하고 난해한 문제를 잘 해결
구체적이고 실질적인 대화	큰 그림과 의미를 이야기
오감에의존, 실제경험 중시	육감/영감에 의존
현재에 초점 맞추고	미래지향적, 가능성과 의미추구
정확하고 철저한 일 처리	신속비약적 일 처리

일반적으로 감각형보다는 직관형이 더 드문 편인데, 문학작가나 화가, 작곡가와 같이 창작을 하는 사람들 중에 직관형이 더 많다. 그러나 외향형/내향형의 경우에는 겉으로 드러나는 언행의 차이가 확연해서 구분이 쉽지만 감각형/직관형의 구분은 쉽지 않다. 다만, 좀더 튀거나 창의적인 사고와 재치 있는 언행을 구사하고, 비전이나 미래의 목표에 대한 이야기를 많이 하는 사람들을 직관형이라고 보면 된다.

전공에 따라 성격에 차이가 있는 것도 무척 흥미롭다. 주로 이공계계열은 보다 현실적이고 실험관찰에 의존하는 감각형이 많은 편이고, 상상력이나 영감을 필요로 하는 인문계열에는 직관형이 많은 편이다. 논술형 시험문제를 채점하는 경우에도 이공계 교수들은 채점 가이드라인을 꼼꼼히 읽고 이해력, 논리력, 표현력 등과 같이 구체적이고도 체계적인 채점방법에 따라 채점을 하는데 반하여, 인문계 교수들은 모범답안이나 채점 가이드라인 보다는 전체적인 느낌이나 직관에 따라 점수를 매기는 경향이 있다. 이와 같이 감각형인지 아니면 직관형인지에 따라 나타나는 행동이 매우 다르고, 전공선택에 있어서도 차이를 보이는 것이 매우 흥미롭다.

결정기능: 사고형과 감정형

사고와 감정기능은 수집한 정보를 바탕으로 판단하고 결정을 내릴 때 사고와 감정 중 어떤 것을 더 선호하는지 알려 준다. 사고형은 객관적인 기준을 바탕으로 정보를 비교 분석하고, 논리적 결과를 바탕으로 판단을 한다. 사고형은 인정에 얽매이기보다 원칙에 입각하여 판단하며, 정의와 공정성, 즉, 무엇이 옳고 그른가에 따라 판단한다. 따라서 인간미가 적다는 이야기를 들을 수 있으며 객관적 기준을 중시하는 과정에서 타인의 마음이나 기분을

간과할 수 있다. 사고형인 사람을 우리는 '이성적'이라고 부른다.

　감정기능을 선호하는 사람은 친화적이고, 따뜻하고 조화로운 인간관계를 중시한다. 객관적인 기준보다는 자기자신과 다른 사람들이 부여하는 가치를 중시하여 판단을 한다. 즉, 논리 분석보다는 자기자신이나 타인에게 어떤 영향을 줄 것인가 하는 점을 더 중시하며, 원리원칙보다는 사람의 마음을 다치지 않게 하는 데에 더 신경을 쓴다. 이러한 성향때문에 사람과 관계된 일을 결정해야 할 때 우유부단하거나 어려움을 겪을 수 있다. 감정형인 사람을 우리는 '감성적'이라고 부른다.

〈표 6-4〉 사고형과 감정형

사고형(T)	감정형(F)
일이 먼저	감정이 먼저
옳다고생각하는 대로 결정	좋아하는 쪽으로 결정
객관적이고 논리적 의사결정	주관적이고 사람중심적 의사결정
싸워도 일은 함	싸우면 일이 안잡힘
할말은 다 하고사는 스타일	하고 싶은 말 못해 쌓인게 많음
애정표현이 어색	애정표현이 자유로움
공정한 사람이 되고 싶어함	고마운 사람이 되고 싶어함
진실과 사실에 주로 관심 논리적, 분석적, 객관적 판단	사람과 관계에 주로 관심 상황적 정상을 참작한 설명

화성 남자와 금성 여자

남녀차이를 설명한 대표적인 책이 존 그레이 박사가 쓴 〈화성에서 온 남자 금성에서 온 여자)이다. 남자와 여자는 생각하는 방식이나 언어, 행동 등 모든 점에서 서로 다르다는 것인데, 그렇게 다른 대표적인 이유가 바로 남자들은 대개 사고형이 많고 여자들은 대개 감정형이 많기 때문이다. 그래서 남자들은 대부분 이성적이고 합리적이며, 일 중심적인 편이고 여자들은 대부분 감성적이고, 주관적이며, 관계중심적이다. 부부사이에 외향형/내향형 만큼이나 많이 부딪히는 경우가 바로 사고형과 감정형 부분인데, 서로를 이해하기가 어렵기 때문이다.

사고형과 감정형의 대표적인 차이로 세 가지를 들 수 있다.

하나는 일과 감정의 관계이다. 사고형은 일을 할 때에 감정의 지배를 크게 받지 않는다. 기분이 안 좋아도 해야 할 일은 할 수 있다. 반면에 감정형은 감정에 지배를 많이 받기 때문에 기분이 안 좋으면 일을 하기가 싫어지거나 할 수가 없다. 해야 할 일이 있더라도 감정의 문제가 먼저 해결되지 않으면 하지 않는다.

예를 들면 전날 늦게까지 술 먹고 들어온 남편 때문에 토요일 아침부터 부부싸움을 했다고 하자. 그런데 그날 저녁에 친구들과 부부모임이 있다. 남편은 부부싸움은 했더라도 저녁에 부부모임에는 같이 가야 한다고 생각한다. 부부싸움은 둘만의 문제이지만, 그 문제로 친구들과의 부부모임에 안가는 것은 그 모임의 분위기를 망치는 일이기에 그렇게 해서는 안 된다고 생각한다. 하지만 아내는 남편과의 싸움으로 기분이 상했는데, 이런 상태로는 아무데도 가고 싶지도 않고 더구나 부부동반으로 가고 싶은 마음은 조금도 없다. 남편은 이런 아내의 태도가 너무나 이해가 안 된다. 아내도 부부싸움을 한 상태로 아무렇지도 않게 부부동반 모임에 가자는 남편이 너무 어이가 없다.

또 하나의 차이는 공감의 능력이다. 사고형은 감정에 민감하지 않기 때문에 다른 사람의 감정을 잘 파악하기 힘들 뿐만 아니라 공감해 주는 능력도 부족하다. 반면에 감정형은 상대방의 감정의 변화를 잘 알아채고 공감도 잘 해줄 수 있는 능력을 갖추고 있다.

회사의 직원을 대상으로 공감강의를 하는데 한 남자가 질문을 했다.

"공감을 해주는데 얼마나 오랫동안 해주어야 하나요? 공감은 웬만큼하고 문제해결을 해주어야 하지 않나요?"

나중에 쉬는 시간에 이 남자가 찾아와서 물어본다. 자신이 공감에 대한 강의를 들어서 집에서 공감을 해주려고 많이 노력한다고 한단다. 그러면서도 항상 '공감을 언제까지 해주어야 하는지?', '빨리 문제해결을 해주어야 하는데 공감만 하는게 맞는지?'

하는 궁금한 마음이 든다고 한다. 역시 사고형인 남편의 입장에서 공감을 하려고 노력은 하는데 빨리 문제 해결로 들어가고 싶은 조급한 마음이 앞서는 것이다. 사고형인 남편으로서는 아내의 감정을 살펴서 편을 들어 주거나 공감해 주는 것이 쉽지 않은 것이다. 그러다 보니 아내로부터 많이 듣는 말이 "진정성이 없다"는 말이라고 한다. 즉, 공감을 하긴 하는데 마음에서 우러나서 하는 말이 아니라는 것이 아내에게 느껴지는 것이다.

2014년도에 TV 드라마 〈응답하라 1994〉가 많은 인기를 끌었었다. 연세대 앞에서 하숙하는 94학번 대학생들의 이야기인데 주요 등장인물은 남학생이 다섯, 여학생이 둘이다. 어느날 여학생이 남학생들에게 묻는다.

"이사를 했어. 새 집이라서 집안에서 페인트 냄새가 너무 심해서 머리가 아프고, 근데 밖은 또 매연이 너무 심해서 창문을 열어놓으면 기침이 나. 어떡하지? 창문을 닫을까 말까?"

"여자친구의 이런 질문할 때 어떻게 답해야 할 것인가?"라는 질문이다. 그 질문에 남학생들은 "창문을 열어 놓아야 한다", "아니다. 창문을 닫아야 한다"로 의견이 둘로 갈려서 열변을 토했다. 그런데 답은 "괜찮아? 병원 안 가봐도 되겠어?"였다. 모두 답을 못 맞춘 것이다. 마침 그 자리에 없던 남학생을 놓고 내기가 벌어졌다. 유일하게 서울 출신이고, 상대적으로 자상한 학생인데, "그는 과연 답을 맞출 수 있을까?" 하는 것이었다. 나중에 그 남학생이 오자 남학생이 무슨 답을 할까를 궁금해 하면서 질문을 했다. 그랬더니 그가 말했다.

"열어 놓아야지."

그러자 다른 남학생들이 환호성을 질러댔다. 자기들처럼 답을 못 맞춘 것이 너무나 기뻤던 것이다.

"서울사람도 별거 없네."

그런데, 그 서울 남학생이 또 말했다.

"근데 너 몸은 괜찮아?."

이와 같이 친구 사이라 하더라도 사고형과 감정형은 생각하고 반응하는 방법이 다르다. 돌이켜 보면 나의 대학시절 친한 친구 중에도 유일하게 감정형인 친구가 하나 있다. 그 친구 Y는 대학 시절부터 여학생들의 고민을 많이 들어주고 상담해 주었다. 그리고 우리 친구들과 사귀는 여자친구들 중에 남자친구와의 관계가 안 좋을 때마다 Y에게 가서 상담하는 여자친구들이 제법 되었다. 사고형인 나머지 친구들이 보기에는 너무나 신기했었다. "어떻게 여자들이 저 친구한테만 가서 상담을 할 수가 있지? 우리랑 뭐가 다른거야?"

그런데 생각해 보면 우리 친구들 사이에서 Y만이 유일하게 감성적인 남자여서, 여자들의 마음을 알아주고 대화해 줄 유일한 남자라는 것을 여자들이 알아본 것이다.

사고형은 감정의 지배를 덜 받기 때문에 다른 사람의 감정에 대한 이해가 부족하다. 그래서 상대방에 대한 배려가 부족하다. 어떤 상황이 본인한테 아무렇지도 않다면 다른 사람도 그럴거라고 생각한다. 본인이 옳다고 생각하면 상대방 눈치도 보지 않고 아무렇지도 않게 말해서 다른 사람의 감정을 상하게 하는데, 본인은 상대방의 감정에 대해서 전혀 모른다.

또 하나의 대표적인 차이는 의사결정 방법에 있다. 예를 들어 영화나 뮤지컬 등을 보러 갈때 사고형은 관객들이나 평론가의 평점과 리뷰를 중요시 한다. 그래서 아무리 유명한 배우가 등장하는 영화라 하더라도 평점이 낮거나 리뷰가 나쁘면 잘 보러 가지 않는다. 어떻게 보면 공사구분이 명확하다고 할 수 있다. 즉, 배우나 감독을 좋아하는 사적인 감정보다는 작품의 질이라는 공적인 측면을 더 중요시 하는 것이다.

그러나 감정형은 평점이나 리뷰보다는 본인이 좋아하는 배우가 출연하거나 좋아하는 감독이 만든 영화인지를 더 중요시 한다. 그래서 평점이나 리뷰가 안 좋더라도 상관하지 않고 좋아하는 배우를 보기 위해서거나, 좋아하는 감독의 작품을 보기 위해 그들이 출연하거나 감독한 영화를 본다. 사람중심적이고 관계중심적이기 때문이다.

생활방식: 인식형과 판단형

〈표 6-5〉 인식형과 판단형

인식형(P)	판단형(J)
주변 환경을 있는 그대로 인식하고 수용	주변의 모든 것을 자신의 기준에 비추어 판단
정리되지 않아도 별 신경 안 씀	정리가 잘 되어 있어야 편안
타인에 대해 이해의 폭이 넓은 편	타인에 대해 이해의 폭이 좁은 편
계획에 얽매이지 않고 바꿈	계획을 잘 짜고 계획대로 수행
느닷없는 일도 좋음	예고 없는 일을 힘들어 함
여유로움, 시간 약속 안 지킴	시계처럼 움직임
자유로운 것이 좋음	정확한 것이 좋음
목적과 방향 변화가능 상황에 따라 일정 변경 자율적이고 융통성 있음	분명한 목적과 방향 기한 엄수, 철저한 사전 계획 체계적

판단과 인식은 외부세계에 대한 태도나 적응에 있어서 어떤 과정을 선호하는가를 말한다. 판단형은 의사를 결정하고 종결을 짓고 활동을 계획하고 어떤 일이든 체계적으로 진행시키기를 좋

아한다. 계획을 짜서 일을 추진하고 미리 미리 준비하는 편이며, 정한 시간 내에 마무리해야 직성이 풀린다. 행동이 빈틈 없고 단호하며 목적의식이 뚜렷하다. 반면, 인식형은 삶을 통제하고 조절하기보다는 상황에 맞추어 자율적으로 살아가기를 원한다. 또한 자발적이고, 호기심이 많고, 적응력이 높으며, 새로운 사건이나 변화를 추구한다.

판단형은 한 가지 일을 끝내지 않고는 잠을 못 이루는 사람들이다. 이에 비해 인식형은 한꺼번에 여러 가지 일을 벌이지만, 뒷마무리가 약하다. 판단형은 인식형을 굼뜨고 답답하게 보며, 인식형은 판단형을 보고, 성급하고 여유가 없으며, 조급하다고 생각하는 경향이 있다. 판단형과 인식형을 구별하기 위해서는 다음의 질문을 해보면 된다.

"여행갈 때 계획을 미리 세우나요?"

판단형은 여행계획을 먼저 세우고 숙박이나 교통편에 대해 예약을 미리 해 놓는다. 판단형에게 있을 수 없는 일은 아무 계획이나 예약 없이 여행을 떠나거나, 갑자기 여행을 떠나는 것이다. 반면 인식형은 계획 없이 발 닿는대로 여행 다니는 것을 좋아한다. 여행 다니다가 좋으면 며칠 더 묵기도 하고, 목적지를 바꾸기도 한다. 친구들과 여행을 간다면 주로 계획은 판단형이 세우게 마련이다. 왜냐하면 인식형은 여행 가는 것을 좋아하더라도 계획을 세울 생각을 하지도 않는다. 예약 없이도 마음이 편하기 때문에 결국 계획 없이 여행가는 것을 불편하게 여기는 판단형이 계획을 세우고 예약을 하게 되는 것이다. 만약 판단형이 여럿이라면 그 중에서도 가장 판단형의 정도가 강한 친구가 계획을 세우고 예약하는 일을 맡게 되어 있다.

얼마 전에 이탈리아에서 열린 학회에 다녀온 적이 있다. 나는 성격이 꼼꼼한 편도 아니고 정리정돈도 잘 못하지만, 여행 갈 때면 반드시 미리 계획을 세우고 예약도 하는 걸 보면 판단형에 더 가깝다. 그때 학회에 다녀오면서 주변 도시 몇 군데를 자동차를 렌트해서 여행하였는데, 방문 장소와 숙박, 여행 일정 등의 계획을 세우고 호텔과 자동차를 예약하느라 꼬박 2주일 이상이나 여행책자와 인터넷을 뒤지며 이탈리아 연구를 하게 되었다. 예약을 다 마치고 나니까 이탈리아로 떠나기도 전에 벌써 여행지의 모습이 나의 머리 속에 선명하게 그려질 정도였다. 이와 같이 판단형은 미리 준비를 철저히 한다. 예약 없이 떠나는 것은 너무나 불안한 것이다.

MBTI의 활용

사람들은 모두 선천적으로 다양한 성격을 갖고 태어나고, 성장과정에서도 다양한 성격이 형성된다. 그런데 본인 자신의 성격에 대해서도 잘 모르는 경우가 많고, 배우자나 친구 및 동료의 성격에 대해서도 깊이 있는 이해가 부족하다. 그렇기 때문에 다른 사람의 행동이나 사고방식이 이해가 잘 안 되는 것이다. 손자병법에 나와 있는 '지피지기 백전백승'(상대방을 알고 나를 알면 백 번 싸워 백 번 이긴다) 이라는 말과 마찬가지로 공감을 잘 하기 위해서도 상대방과 나의 성격에 대해 아는 것이 필요하다.

우리가 성격을 구분하는 여러 방법이 있는데, 그 중에서도 가장 대표적인 것으로 MBTI를 들 수 있다. 에너지 방향, 인식기능, 판단기능, 생활방식이라는 네 가지 주요 관점에서의 측정치를 제시하기 때문에 성격에 대한 보다 종합적인 판단을 제공할 뿐만 아니라 단순히 이분법적으로만 나누지 않고 정도의 차이에 따라 주기능, 부기능, 열등기능, 3차 기능을 제시하기 때문에 상당히 다면적인 분석이 가능하다.

먼저 자신의 진로를 선택할 때 MBTI를 참고하면 많은 도움이 된다. 각각의 유형마다 적합한 직업이 있기 때문이다. 그리고 진로를 설계할 때 구체적인 직무에 기반하여 직업설계를 하는 것이 좋다. 같은 회사 내에도 업무가 다양하기 때문에 본인의 성격에 잘 맞는 일을 찾는다면 업무성과와 만족도도 높아서 스트레스를 덜 받으면서 즐겁게 일할 수 있기 때문이다.

또한 회사의 입장에서는 MBTI에 따른 업무배치도 매우 좋은 방법이고, 팀을 구성할 때 팀원 간에 상호 보완적인 기능을 수행할 수 있도록 MBTI를 활용할 수도 있다. 특히 업무수행이나 의사결정에 있어서 균형감각이 필요하기 때문에, MBTI가 동일한 구성원으로만 팀을 포함하는 것은 좋지 않은 결과를 초래한다.

예를 들어 회사나 조직에서 일꾼으로 알려져 있는 사람들은 대체로 ESTJ나 ISTJ가 많다. 그렇다고 ESTJ나 ISTJ로만 팀원을 구성하게 되면 STJ의 열등기능을 보완해 줄 멤버가 없기 때문에 감성적인 면이 떨어지거나 소통을 잘 못하는 문제가 발생하기 쉽다.

앞에서도 설명했듯이 남성들은 사고형(T)이 많고 여성들은 감정형(F)형이 많은 편인데, 그 중에서도 남자 TJ와 여자 FP가 많은 편이다. 우리 대학의 MBA 과정 중에 기업의 임원급을 대상으로 하는 EMBA(Executive MBA)과정이 있다.

임원이란 기업의 꽃이라 할 수 있는 경영자들로서 업무 능력 면에서 실력을 인정 받은 사람들이다. 이들을 대상으로 MBTI 검사를 했더니 ISTJ와 ESTJ가 가장 많았다. 더욱 놀라운 것은 이들 중에 여성도 일부 있었는데, 이들 모두가 하나같이 ISTJ와 ESTJ

였다는 점이다. 여성들이 대체로 감성적인 면이 더 많아서 FP가 많은 편인데, 한 명도 없었다는 것이 매우 놀라웠다. 물론 임원이 항상 TJ만 된다는 것은 아니지만, 디자인이나 광고회사와 같은 특수 회사를 제외하고는 대부분 기업의 업무특성상 FP보다는 TJ적인 성격이 더 적합하다고 할 수 있다. 그리고 흥미로운 것은 이들 여성 임원들의 배우자가 한결같이 다 감정형(F)이라는 사실이었다. 남자와 여자가 뒤바뀐 대표적인 경우인데, 부부는 대체로 성격이 서로 다른 사람끼리 만나는 경우가 많다는 것을 다시 한 번 확인할 수 있었다.

DISC 행동유형

DISC 행동유형은 미국 컬럼비아 대학교의 심리학자인 윌리암 마스톤(William Marston) 박사의 저서 〈Emotions of Normal People〉를 통해 소개된 이론에서 발전된 행동유형 검사이다. 이 행동유형 검사는 사람이 어떤 특정한 상황에서 어떤 행동유형으로 반응하고 어떤 형태의 태도를 취하는 가에 초점을 맞추고 있다. 특히 업무 능률의 향상, 소통의 원활, 팀워크의 증진 등에 유용하게 사용되는 검사이다.

DISC 행동유형

▶ 미국 Columbia 대학교 심리학 교수인 William Marston 박사가 개발한

　행동유형 모델

▶ 행동유형

　● Dominance(주도형)

　● Influence(사교형)

　● Steadiness(안정형)

　● Conscientiousness(신중형)

　마스톤 교수는 인간의 행동유형을 D(주도형), I(사교형), S(안정형), C(신중형)의 네 가지로 구분하였다. 주도형의 D(Dominance)는 고난과 도전에 대한 접근방법을 나타내고, 사교형의 I(Influence)는 생각이나 아이디어를 주위 사람들에게 어떻게 전달하는지를 나타내며, 안정형의 S(Steadiness)는 주위환경에 어떻게 보조를 맞추는지를 나타내고, 신중형의 C(conscientiousness)는 주위의 규정이나 틀에 어떻게 반응하는지를 나타낸다.

　마스톤의 모델에 의하면 사람들은 주위사람을 우호적 아니면 적대적으로 인식한다. 주도형이나 신중형이 강한 사람은 주위사람을 적대적으로 보는 경향이 있고, 하는 일마다 도전과 장애와 위험 가능성을 먼저 생각한다. 한편, 사교형이나 안정형이 강한

사람은 주위사람을 우호적으로 보는 경향이 있다. 그들은 사람들간의 관계를 즐겁고 따뜻하게 인식하고, 하는 일에서는 성공 가능성을 먼저 생각한다.

또한 행동유형에 따라 어떤 상황, 사람, 사건에 대해서 자신이 얼마나 많은 영향력과 통제력을 갖고 있다고 생각하는지 차이가 있다. 주도형이나 사교형이 강한 사람은 주위 사람들보다 자신이 더 영향력이나 통제력이 강하다고 생각한다. 이들은 자신의 의지나 설득을 통해 목표를 달성할 수 있다고 믿는다. 그러나 신중형이나 안정형이 강한 사람은 주위 사람들보다 영향력이나 통제력이 약하다고 생각한다. 그래서 이런 유형은 다른 사람과 힘을 합치든가, 정해진 규칙을 따르는 것이 목표를 달성하는 방법이라고 생각한다.

네 가지 행동유형의 특징은 다음과 같다.

주도형

주도형은 리더의 자질을 많이 가졌으며, 경쟁적이고 추진력이 강하다. 논리적이고 독립적이며, 도전을 좋아하고 의지가 강하다. 나폴레옹이나 정주영 회장 같은 인물이 대표적인 주도형이다. 주도형의 강점은 위험부담을 힘들어 하지 않으며, 목표지향적이고, 신속하게 일을 추진하고 조직적이다.

한편 주도형의 약점은 화를 쉽게 내고, 논쟁적이며, 참을성이 부족하고 예의가 다소 없다. 만일 당신이 지각을 했는데 상사가 주도형이라면 무슨 일이 있냐며 "What?"으로 물을 것이다. 주도형이라면 학창시절 부모님께 제일 많이 듣는 말이 "넌 왜 이리 반항적이야?"일 것이다. 자신의 의지가 분명하고 완강하기 때문이다. 주도형이 성공하려면 삶의 우선순위를 바꿔야하고 감정 조절이 필요하다.

주도형이 강한 사람은 의심이 많아서 다른 사람을 잘 신뢰하지 않는다. 문제 해결을 잘 하면서 요구가 많고, 저돌적이면서 고집이 세고 진취적이다. 반면 주도형이 약한 사람은 주장이 강하지 않고, 앞에 나서는 것을 좋아하지 않는다. 의사결정을 하기 전에 좀더 많은 시간을 갖고 정보를 취합한다. 그런 면에서 보수적이고, 협조적이며 조심스럽고, 잘난 체하지 않기에 평화롭다.

사교형

사교형은 열정적이고 낙관적이며, 일보다는 인간관계를 중시하여 일에 대한 스트레스가 쌓이면 사람들과 술과 대화로 풀고자 하는 경우가 많다. 다른 사람과 협업을 선호하고, 남들로부터 관심 받지 못하는 것을 싫어한다. 남의 고민을 상담해 주거나 표현의 자유, 동등한 관계에 가치를 둔다. 사교형의 강점은 화려한 언어의 마술사이고 표현력이 풍부하며, 사람을 좋아하고, 인기가 많으며 무대 체질이다.

한편 사교형의 약점은 꼼꼼하지 않으며 변덕스럽고, 원칙을 중요시 여기지 않으며, 충동적 의사결정을 자주 하고 거절을 못해서 일정을 무리하게 짜는 경우가 많다. 만일 당신이 지각을 했는데 상사가 사교형이라면 "누구랑 있다 늦었어?" 라며 "Who?"로 물을 것이다. 사교형이 성공하려면 거절하는 법을 배우는 것이 필요하다.

사교형이 강한 사람은 주위 사람들이 다 좋은 사람들이라고 믿는 성향이 있다. 말을 잘하고, 열정과 능숙한 언변으로 다른 사람들의 마음을 잘 이끈다. 설득력이 있고, 고무적이며 낙관적이고, 사교적인 편이다. 반면 사교형이 약한 사람은 느낌이 아니라 사실에 입각해 다른 사람을 설득한다. 이들은 생각이 많고, 과묵하며 회의적이고, 비판적이다.

안정형

안정형은 차분하고 재촉 받는 것을 싫어하면서 조용하면서 보수적이어서 감정을 잘 나타내지 않는다. 동정심이 많은 편이고 변화를 싫어한다. 안정형의 강점은 신뢰할 만하고, 남의 말을 잘 들어주고, 사교적이다. 이런 타입은 학창시절에 모범생으로 통했을 것이며, 안정형의 형제들은 항상 "누구만큼만 해라!"라며 비교당했을 것이다.

한편 안정형의 약점은 결정을 신속하게 못 내리고 우유부단하며, 게으르고 열정적이지 않으며, 압박을 싫어하는 것이다. 정말 화가 나면 "내가 참다 참다 하는 말인데…" 라고 하며, 피곤하면 사람들과 어울리기 보다는 집에 일찍 들어가 쉬고 싶어한다. 안정형이 성공하려면 새로운 것에 도전하는 열정을 가져야 한다.

안정형이 강한 사람은 안전을 중시하고 우호적인 관계를 중요시 한다. 차분하게 일하는 것을 좋아하며 갑작스런 변화를 싫어한다. 침착하고, 충실하며 느긋하고 인내심 있다. 반면 안정형과 반대라면 변화와 활동을 좋아하고 인생을 즐긴다. 새로움과 변화에 대해 열려 있고, 즉흥적이며 참을성이 없고, 가만히 있지 못하면서 열심이다.

우리나라 여성들은 다른 유형에 비해 안정형이 압도적으로 많다는 특징이 있다. 남녀 비율이 비슷한 집단을 놓고 행동유형별로 나누어 보면 여성의 대다수가 안정형에 속해 있는 것을 볼 수 있다. 그리고 안정형 집단에 남성은 그다지 많지 않다는 점도 특이하다고 할 수 있다. 이렇게 우리나라 여성들이 안정형이 많은 이유는 아마도 유교적인 전통의 영향이 크다고 할 수 있다. 우리 사회에서는 여성은 주도적이기 보다는 순종적이고, 참을성 있고, 감정 표현이나 의사 표시를 잘 안 하는 현모양처형을 높이 평가하는 경향이 있어 왔기 때문이다.

신중형

신중형은 완벽주의자로서, 틀리는 것에 대해 두려움이 많고, 생각이 많고 논쟁을 좋아하며 항상 상세한 것을 원한다. 신중형의 강점은 목표가 높고, 신중하며 체계적이고 철저하다. 한편 신중형의 약점은 쉽게 만족하지 않고, 부정적이며 융통성이 없다. 상처를 받으면 복수심이 강하고, 완벽주의라 일의 완수가 쉽지 않고, 이해가 되지 않으면 움직이지 않는다. 만일 당신이 지각을 했는데 상사가 신중형인 경우 "무엇 때문에 늦었어?"라며 이유를 꼬치꼬치 물어 볼 것이다. 신중형 부모가 자녀에게 제일 많이 하는 말은 "왜 이렇게 말을 안 들어?" 이다. 신중형이 성공하려면 좀더 감정 표현을 많이 하고 자기 의견을 좀더 많이 말할 필요가 있다.

신중형이 강한 사람은 규칙과 규정에 신경을 많이 쓴다. 소위 바른 생활의 사람이다. 주의성 있고, 참을성 있고, 공을 많이 들이고, 양보다 질을 중시한다. 신중형이 약한 사람은 규칙의 개념을 가끔씩은 벗어나도 되는 지침 정도로만 인식한다. 독립적이고, 고집이 세며 전통에 얽매이지 않고, 적극적이다.

〈표 6-6〉 DISC 행동유형의 특징

행동유형	일반적 특징	강점	약점
주도형(Dominance)	- 경쟁적, 추진력 - 논리적, 독립적 - 도전적 - 단도직입적 - 의지가 강함	- 위험부담을 힘들어 하지 않음 - 목표 지향적, 신속한일처리 - 조직적	- 쉽게 화냄 - 논쟁적 - 참을성이 없음 - 예의가 없음 - 분노
사교형(Influence)	- 열정적 - 낙관적 - 관계중심적 - 공동작업을 선호 - 관심 받지 못하는 것을 싫어함	- 화려한 언어의 마술사 - 표현력이 풍부함 - 인기가 많음 - 사람을 좋아함 - 무대체질	- 꼼꼼하지 않음 - 변덕스러움 - 원칙을 중요시 여기지 않음 - 충동적 의사결정 - 무리한 일정
안정형(Steadiness)	- 재촉 받는 것을 싫어함 - 조용한 태도 - 보수적 - 감정을 숨김 - 동정심이 많음 - 변화를 거부	- 신뢰할 만함 - 남의 말을 잘 들어 줌 - 동정심이 깊다 - 협조적 - 참을성 있음	- 신속한 결정을 못함 - 우유부단 - 게으름 - 열정적이지 않음 - 압박을 싫어함
신중형(Conscientiousness)	- 틀리는 것에 대한 두려움(완벽주의) - 신중하고 체계적 - 생각이 많음 - 상세한 것을 원함	- 목표가 높음 - 논쟁을 좋아함 - 헌신적, 희생적 - 철저함	- 만족하지 않음 - 융통성 부족 - 상처 받으면 복수심이 강함 - 일의 완수가 어려움 (완벽해야 하므로) - 이해가 되지 않으면 움직이지 않음

DISC 검사결과의 해석

DISC 검사표를 구해서 체크한 후, 각 항목별 점수를 합산하여 항목별 점수를 비교했을 때, 가장 점수가 높은 항목이 본인의 제1차 행동유형이고, 그 다음이 제2차 행동유형이다. 가장 점수가 높은 제1차 행동유형이 본인의 주도적인 행동유형이고, 제2차 행동유형이 그 다음으로 주도적인 행동유형이다. 제1차와 제2차 항목의 점수가 같은 경우도 있을 수 있는데, 그 경우에는 두 유형이 동등하게 주도적이라고 보면 된다.

예를 들어 제1차 행동유형이 사교형이고 제2차 행동유형이 주도형이라고 하면, 사교형이면서 어느 정도 주도형의 성향도 있는 것으로 해석할 수 있다.

DISC 행동유형 집단간의 차이

DISC 검사표를 이용한 검사결과에 따라 같은 행동유형끼리 모이게 한다. 그리고 30분 정도의 시간을 주고 여행계획을 세우라고 하면 집단간에 매우 흥미로운 차이를 보인다.

주도형: 주도형들은 각자가 리더로서 자기 주장이 강하기 때문에 서로 의견이 일치되기가 힘들다. 그래서 전원이 동의하는 계

획을 만들지 못하는 경우가 많다. 때로는 1안과 2안의 두 가지 안을 만들기도 한다. 예를 들면 다 같이 동남아 여행을 가는데, 둘로 나뉘어 한 그룹은 명소 관광을 하고, 다른 그룹은 바닷가로 나가서 경치도 보고 맛집 탐방도 하는 식의 계획이다.

사교형: 사교형은 여행계획을 세우는 일이 너무나 즐겁다. 그래서 실제로 여행 간다는 상상을 하면서 기쁨으로 계획을 세운다. 그리고 여행계획 세운대로 실제로 여행을 가자고 이야기를 주고받는다.

안정형: 안정형은 여러 사람 앞에서 자기 의견을 잘 피력하지 않는다. 그래서 주어진 시간 동안 별로 말을 많이 안 한다. 시간이 종료 될 때가 다 되어 누군가 의견을 꺼내면 다들 그게 좋겠다고 하고 그 의견을 따른다. 그래서 비교적 간단한 계획이 만들어진다. 그리고 아무도 회의결과를 발표하는 것을 나서려고 하지 않는다.

신중형: 신중형은 네 집단 중에 가장 세밀하게 여행계획을 세운다. 하루 일정을 시간 별로 나누어 몇 시에 어디에 모여서 출발하고, 중간에 휴게소는 어디에 들려서 차를 마시고, 점심은 어디에 도착해서 어느 식당을 이용하는 등의 계획이 무척 세밀하

다. 신중형은 모든 계획을 완벽하게 세워놓고 예약도 다 해놓아야만 여행을 갈 수 있다. 신중형이 제일 싫어하는 것은 "여기가 너무 좋으니 하루 더 묵고 가자"는 식으로 여행계획을 바꾸는 것이다. 다음 일정이 있으니까 계획대로 여행이 진행되어야만 마음이 편하다. 신중형에게는 어느 날 갑자기 "떠나자!" 하면서 아무 계획도 세워놓지 않고 여행을 떠나는 것은 상상도 할 수 없다.

DISC 행동유형 분석의 활용

DISC 행동유형 분석으로 본인의 성격을 파악하면 자신의 행동특징과 강점 및 약점에 대해 알게 되고 이해가 깊어진다. 또한 타인과의 행동이나 반응에 있어서의 차이를 이해하여 타인과의 관계와 상호작용이 원활하게 된다. 그리고 자신에게 맞는 갈등관리와 대인관계 유지방법 및 학습방법을 파악하고 적용하는 데 많은 도움이 된다.

40대 부부가 가정상담 훈련을 받았는데, 모든 참가자들을 대상으로 DISC 행동유형 검사가 실시되었다. 그리고 검사결과에 따라 그룹별로 나누어 앉아서 토의를 하는데, 남편은 주도형 그룹에 속해 있었고, 아내는 안정형 그룹에 속해 있었다. 그 시간

이후 부부는 서로에 대해 더 많이 이해를 할 수 있게 되었다. 그 동안 부부가 주말이나 휴가를 이용해 여행을 계획할 때마다 남편이 의견을 내면 아내는 묵묵히 따라오는 스타일이었다. 계획을 세우는 것은 늘 남편 몫이었다. 그런데 남편도 어디로 여행을 가는 것이 좋을지 생각이 안 나는 경우도 많았다. 그럴 때에는 아내가 의견을 주면 좋으련만 한 번도 아내가 자신의 의견을 꺼낸 적이 없다. 그렇다고 여행을 싫어하는 사람도 아니고, 여행을 무척이나 좋아하는 데에도 어디로 가고 싶다는 이야기를 하지 않는다. 그런데 그날 아내가 안정형에 있는 것을 보고 나서는 그 동안 아내가 여행계획에 대해 한 번도 먼저 자신의 의견을 꺼내지 않은 이유를 깨닫게 된 것이다.

남편은 동물을 좋아해서 새로운 곳을 방문할 때마다 가족을 데리고 동물원 구경을 빼놓지 않았다. 나중에 안 사실은 아내는 동물을 싫어한다는 것이다. 하지만 남편은 아내가 아무 말없이 동물원에 따라왔기에 아내도 동물을 좋아하는 줄 알고 더 열심히 데리고 간 것이다. 만약 아내가 동물원에 가는 것을 좋아하지 않는다고 이야기했더라면 남편은 매번 동물원에 가족을 데리고 가진 않았을 것이다. 그리고 아내가 안정형인지를 좀더 일찍 알았더라면, 본인이 모든 것을 정하지 않고 아내의 마음을 더 예민하게 살피고, 공감대화를 통해서 아내가 원하는 곳으로도 여행을 갔을 것이다. 이와 같이 서로의 행동유형에 대해 알게 되면 좀더 많은 이해를 하게 되고 함께 하는 방법을 지혜롭게 찾아낼 수 있게 되어 관계가 더욱 친밀해 질 수 있다.

회사나 단체에서는 구성원들간의 다양성에 대한 이해가 특히 중요한 경우가 많다. 이럴 때 DISC 행동유형 분석이 매우 유용하다. 팀이나 부서의 구성원은 성향이 같은 사람만 모여 있는 것 보다는 다양한 성향의 구성원으로 팀을 이루는 것이 더욱 업무능률이 향상되고 목표 성취율도 높아진다. 앞에서 집단간의 차이에서 살펴 보았듯이, 주도형만 있으면 의견이 하나로 모아지기 힘들다. 안정형만 있으면 의견을 좀처럼 말하지 않아 회의진행이 되지 않고 계획수립이 제대로 되기 힘들다. 그렇기 때문에 주도형, 사교형, 안정형, 신중형이 골고루 섞여서 팀을 이룬다면, 각각의 장점은 살리고 단점은 서로 잘 보완해 주게 되어 훨씬 업무능률도 오를 것이고 성과도 높아질 것이다.

회사에서 DISC 성격유형 분석을 유용하게 활용할 수 있는 경우는 다음과 같다.

1. 직원을 채용할 때나 부서 이동 및 배치할 때

2. 역량진단 및 개발, 개인성과 향상

3. 팀 구성시 팀워크를 증진시키고 갈등을 줄이고자 할 때

4. 리더십 개발을 위한 개인 코칭에 중요한 자료

5. 조직진단, 조직혁신, 조직활성화

6. 고객의 행동유형 파악과 그에 따른 영업전략 수립

적용의 tips

1. 나의 MBTI 성격유형은 무엇인가요?

2. 나의 배우자, 자녀, 친구, 동료의 MBTI 성격유형을 알고 있나요?

3. 상대방의 MBTI 성격유형을 아는 것이 어떻게 도움이 되나요?

4. 나의 DISC 행동유형은 무엇인가요?

5. 나의 배우자, 자녀, 친구, 동료의 DISC 행동유형은 무엇인가요?

6. 상대방의 성격이나 행동유형을 아는 것이 상대방을 이해하는데 어떻게 도움이 되나요?

제 3 부

대화와 소통

부부간에 감정대화가 원활히 이루어지기 위해서는
공감의 기대치와 충족능력에 대한 차이를 줄여야 한다.
특히 남편은 공감에 대한 학습과 훈련을 통해 공감능력을 늘려야 하고,
아내는 남편으로부터의 공감에 대한 기대수준을 다소 낮추는 것이 필요하다.

칭찬이나 동의는 평상시에 많이 하는 것이 좋은데,
문제는 평소에는 칭찬을 하지 않다가 갈등이 발생할 때
갑자기 칭찬하는 것은 소통에 전혀 도움이 되지 않는다.

7

대화의 5단계

대화의 5단계

존 포웰의 〈Why Am I Afraid to Tell You Who I Am?〉에서는 대화의 단계를 5단계로 나누었다.[1] 그가 나눈 다섯 단계는 (1)일상적 대화, (2)타인에 대한 사실 전달, (3)내 생각과 판단, (4)내 감정, (5)최정상 대화이다. 존 포웰은 진정한 인간관계는 다섯 단계 중에서 4단계인 나의 개별감정을 이야기하는 단계라고 설명한다.

1. Why Am I Afraid to Tell You Who I Am? by John Powell, Argus Communications, 1969

<표 7-1> 대화의 5단계

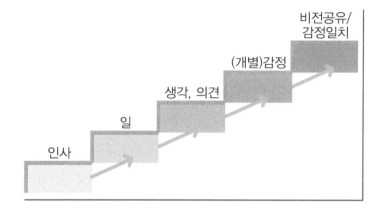

이 장에서는 존 포웰의 대화의 5단계를 바탕으로 하여 단계별로 타인과의 대화의 내용과 친밀감 정도를 살펴본다. 그리고 대화의 단계가 올라간다는 것이 무엇을 의미하고, 올라가기 위해서는 무엇이 필요한지를 알아보기로 하자.

<표 7-1>에서 보듯이 대화의 단계에는 1단계의 인사에서부터 일, 생각, 감정, 감정일치/비전공유까지의 다섯 단계가 있고, 대화가 없는 단계인 0단계까지 포함하면 6단계이다. 타인과의 관계에 있어서 그 사람과 어느 단계의 대화까지 이루어지는지에 따라 친밀도의 정도를 나타내는데, 더 높은 단계의 대화까지 올라갈수록 더 높은 친밀도를 나타낸다. 여기서 중요한 것은 아주 친밀한 관계라고 해서 항상 4단계나 5단계의 대화만 하는 것은 아니다.

예를 들어 부부간에 4단계의 대화를 한다는 것은 1단계부터 4단계까지의 대화를 한다는 것을 의미한다. 즉, 서로 인사도 하고, 일에 대한 대화도 하고, 생각이나 의견도 나누면서 가끔씩 감정에 대한 대화도 한다는 것을 의미한다. 그런데 만약 어느 부부의 대화단계가 3단계라고 한다면, 부부간에 인사와 일과 의견은 서로 나누지만, 감정에 대한 대화는 하지 않거나 못한다는 것을 의미한다.

그리고 부부싸움을 하고 나면 화해가 될 때까지 서로 말을 안 하듯이, 대화 중에 싸움이나 충돌이 일어나면 맨 바닥인 0단계로 떨어져서 대화단절이 되다가 다시 회복되면 한 단계씩 올라가게 된다. 이와 같이 0단계는 아무런 대화가 없는 단계이다.

1단계: 인사의 단계

언어적, 비언어적으로 사람들 사이에서 흔히 볼 수 있는 일상적인 표현을 하는 단계를 말한다. "안녕하세요?", "잘 지내시지요?", "오랜만입니다" 등 한 두 마디의 인사나 악수 등이 일상적인 표현에 해당한다. 이런 대화내용은 그야말로 형식적인 표현들로서 친밀감의 단계라고 할 수는 없다.

우리 주위를 둘러보았을 때 나와 1단계 대화만을 나누는 사람들을 생각해 보자. 그 사람에 대해 아는 것이 별로 없음을 알 수 있다. 혹시 그 사람의 신상에 대해 어느 정도 알고 있고 다른 사람들을 통해 그 사람의 성격이나 취미생활 등에 대해 들은 적이 있다 하더라도, 직접적으로 그 사람과의 대화를 통해 확인한 것이 아니기 때문에 신뢰할 수 없는 것이 많다. 다시 말하자면, 그 사람의 내면에 대해서 아는 것은 거의 없으며, 친밀한 관계도 전혀 아닌 것이다.

만약 1단계 대화만 하는 사람들과 모임을 한다면 우리는 매우 외롭다고 느낄 수밖에 없다. 그야말로 '군중 속의 고독'을 느끼게 되는 것이다. 1950년 미국 하버드대 교수인 데이비드 리스먼(David Riesman)은 그의 저서 〈The Lonely Crowd〉에서 현대사회가 고독한 군중을 양산하고 있다고 지적한 바 있다. 아무리 주위에 사람이 많아도 서로 1단계 대화만 하고 지낸다면 친밀감 있게 마음을 열고 대화를 나누는 상대가 없다는 것을 의미한다. 이러한 상태에서는 나의 마음을 알아줄 사람도 없고, 나의 고민을 함께 나눌 이웃도 없기 때문에 고독을 느낄 수밖에 없다.

회사 내에서 1단계 대화

회사 내에서 서로 인사만 나누는 사이라고 하면 모르는 사이는 아니지만 서로의 생각이나 성품, 가치관 등에 대해서는 잘 알지 못하는 사이로 친하다고 할 수 없는 사이이다.

예를 들어 같은 회사에 다니는 A와 B 두 사람이 서로 지나치면서 "안녕하세요?" 하고 인사만 나누는 사이라고 하자. 비록 두 사람이 서로에 대해 어느 부서에서 근무하고 있고, 맡은 일이 무엇이고, 어느 학교를 졸업했는지 정도를 알고 있다 하더라도 서로 친밀한 사이는 아닌 것이다. 그런데 만약 다른 사람이 A에게 B에 대해서 잘 아느냐고 물어본다면 A는 무엇이라고 답을 할 것인가? 이런 경우 B에 대한 피상적인 정보는 있기 때문에 "잘 안다"라고 말할 수 있지만, 사실 B에 대해 아는 것이 별로 없는 것이다.

이와 같이 회사나 모임에서 얼굴은 자주 마주치고 인사도 하고 다니는 사이이지만 1단계 대화로 그치는 사람을 생각해 본다면 우리는 그 사람의 내면에 대해 아는 것이 하나도 없는 것이고 친밀하지도 않은 것이다.

만약 우리가 다니고 있는 회사의 모든 동료들과 1단계 대화 정도만 나누는 사이라고 상상해 보자. 우리는 회사 내에서 정말 외롭고 힘들 것이다. 당연히 매일 아침 출근하는 발걸음도 무거울 수밖에 없고, 직장에서의 업무협조도 기대하기 힘들어 업무성과도 기대하기 어려울 것이다.

가족이나 부부간의 1단계 대화

부부는 일심동체라고 할만큼 가장 친밀한 관계이다. 또한 가족 중에서도 부모 자식간의 관계는 혈연 중에서 가장 가깝고 뗄래야 뗄 수 없는 사랑의 관계이다. 그렇기 때문에 가족이나 부부간의 대화가 1단계 수준에만 머물러 있다면 뭔가 문제가 있는 것이다. 거의 대화가 없는 수준이라고 볼 수 있기 때문이다. 물론 성격적으로 말이 적은 사람은 가족에게나 배우자에게도 별로 말을 많이 안 한다.

경상도 남편은 집에서 하루에 "먹자", "자자", "아(이)는?" 이 세 마디 정도 밖에 말을 안 한다는 우스갯 소리가 있다. 하지만 이것은 농담일 뿐 부부 사이에 이 정도 밖에 말을 안 하는 것은 심각한 갈등관계에 있거나, 향후 심각한 관계로 악화될 가능성이 높은 관계라고 할 수 있다. 성격에 따라 또는 출신지역의 특성에 따라 말을 많이 하거나 적게 하는 차이는 있을 수 있지만, 1단계 대화에만 머물러 있다는 것은 문제이다.

가족이나 부부는 훨씬 친밀감이 있어야 하기 때문에 더 높은 단계의 대화가 이루어져야 한다. 그렇기 때문에 가족이나 부부간에 1단계 대화에 머물러 있는 경우는 대개 더 높은 단계의 대화를 하다가 말다툼이나 의견충돌로 인해 1단계로 내려온 경우이다.

앞에서 언급했듯이 부부가 싸움을 하게 되어 관계가 악화되면 대화의 계단 맨 밑으로 떨어져서 대화가 없는 0단계에 머물게 된다. 그러나가 시간이 경과되어 관계가 조금 더 회복되면 1단계로 올라가는데, 더 높은 단계로 올라가지 못하고 1단계에만 계속 머물러 있다면 매우 건강하지 못한 관계이다.

2단계: 일(사실)의 단계

일에 대한 대화를 나누는 단계이다. 같은 회사에서 일하는 직장동료와 이런 단계라면 일에 대한 대화 이외에는 더 이상 다른 대화를 하지 않는 사이로, 이 역시 그다지 친밀한 관계는 아니다. 만약 조직 내에서 업무관련 대화나, 회사의 공지사항을 전달하는 정도의 대화만 하는 관계라면 친밀한 관계는 아닌 것이다.

회사 내에서의 2단계 대화

예를 들어 영업부서의 A과장이 해외 바이어들과의 상담을 위해 다음 주에 출장을 떠날 예정이다. A과장은 출장경비에 관한 문제를 상의하기 위해 회계부서의 B팀장을 만났다.

A과장: "안녕하세요?"

B팀장: "안녕하세요?. 다음 주에 유럽 출장 가시죠?"

A과장: "네, 런던 거쳐서 밀라노와 파리로 일주일간 갑니다."

B팀장: "네, 호텔과 식사비 등의 경비는 법인카드로 사용하시고 귀국 후 경비내역서와 함께 영수증을 제출하시면 됩니다. 그리고 법인카드 사용에 관한 규정이 개정되었는데, 이 설명서를 참고하시기 바랍니다."

A과장: "법인카드 사용에 대한 규정이 많이 바뀌었나요?"

B팀장: "호텔과 식사비는 실비정산이 원칙인 것은 전과 같은데요, 일비(1일 지출경비)가 지난 달부터 10% 인상되었어요."

A과장: "네, 잘 알겠습니다."

B팀장: "출장 잘 다녀오세요."

A과장: "네, 수고하세요."

이러 식의 업무 대화는 회사 내에서 늘상 있는 대화이다. 이런 수준의 대화는 아무리 자주 한다 하더라도 크게 친밀감이 형성 되지는 않는다.

부부간의 2단계 대화

부부간에도 2단계 정도의 대화만 한다면 아무리 대화를 많이 하더라도 친밀감은 없는 사이이다. 예를 들어 오늘 회사에 일이 있어서 늦는다든가, 동창회에 간다든가 하는 정도의 이야기만 나눈다면 친밀감이 별로 없는 부부인 것이다.

> **남편**: "오늘 회식 있어서 늦게 와요."
> **아내**: "알았어요."
> **남편**: "그리고 내일 아침 일찍 외국출장 가요."
> **아내**: "외국 어디요?"
> **남편**: "북경."
> **아내**: "네……."

부부가 2단계의 대화 정도만 나누는 사이라면 이는 처음부터 그런 것이 아니라, 더 높은 단계의 대화를 하다가 부부싸움을 하고 나서 침묵의 단계인 0 단계로 내려 갔다가, 1단계를 거쳐 2단계에 머문 경우와 같이 일시적으로 2단계인 경우이거나, 3단계 대화를 할 때마다 의견 충돌이 이루어져서 2단계에 장기간으로 머문 경우가 있을 수 있다. 가장 친밀한 관계를 이루어야 할 부부가 2단계 대화에만 영구적으로 머물러 있다면 그야말로 '정 때문에 사는 부부', 또는 '자식 때문에 어쩔 수 없이 사는 부부'라고 할 수 있다.

부모와 자녀간의 2단계 대화

가족 간에도 2단계 대화 정도만 하는 가정이 종종 있는데, 이런 경우에는 매일 함께 식사를 하고 한 공간에서 살고 있더라도 서로에 대해 깊이 있게 알지 못한다. 그러면서도 가족이기 때문에 서로에 대해 잘 안다고 착각하는데, 깊이 있는 대화는 하지 않기 때문에 서로의 속마음이나 생각을 모르는 것이 오히려 당연하다.

종종 부모가 자녀의 적성에 대해서도 잘 모르고 있어서 자녀의 적성과는 전혀 맞지 않는 엉뚱한 진로를 강요해서 갈등이 생기는 경우도 많다. 그렇게 되면 자녀는 잘못된 진로 선택으로 인해 불행에 빠지거나 뒤늦게 진로를 바꾸느라 고생하게 된다.

대기업 CEO로 성공의 가도를 걷고 있는 아버지가 아들도 자신과 같은 길을 걷게 하기 위해 MBA 스쿨로 유학을 보냈다. 그런데 그 아들은 경영학 공부나 회사임원이 되는 것에는 전혀 관심이 없고 영화계 일을 배워서 영화감독이 되는 것이 꿈이었다. 그러나 아버지는 아들과 대화를 별로 하지 않았다. 그래서 아들이 영화에 관심이 있다는 것을 전혀 알지 못했다. 만약 알았다 하더라도 탐탁치 않게 여겼을 것이기 때문에 아들이 영화공부를 하는 것을 허락해 줄 생각이 전혀 없다. 그렇기 때문에 아들도 그런 엄한 아빠에게 자신의 희망을 이야기할 수 조차 없었다. 결국 아들은 자신의 장래희망과 거리가 먼 MBA공부에는 흥미가 없었기에 MBA를 중도에 그만 두게 되었다. 그 결과 아들은 아버지와 크게 말다툼을 하고는 집을 나가 버렸다.

이와 같이 아버지가 아들을 잘 안다고 생각하지만, 전혀 알지 못하는 경우가 많다. 그래서 이런 일이 발생할 때마다 부모들은 '우리 애가 그럴 리가 없는데…', '친구를 잘못 사귀었나?' 하는 생각을 하게 되는 것이다.

3단계: 의견의 단계

일에 관한 대화를 나누면서 자신의 생각과 의견을 나누는 단계로 친밀감이 쌓이기 시작하는 단계이다. 자신의 의견을 이야기하게 되면 내면의 생각이나 마음이 함께 실리게 되기 때문이다. 상황과 처지에 대한 자신의 생각과 의견을 이야기하면 상대방에게 자신의 가치관, 성품, 취향 등을 노출하게 된다. 따라서 갈등이나 비판, 대립 등의 위험 요소가 끼어들기 시작한다. 그렇기 때문에 상대방과의 친밀도에 따라 의견을 나누는 범위나 분야가 달라진다.

서로가 공통적으로 관심을 갖고 있는 주제의 이야기는 친밀감이 없더라도 쉽게 의견을 나누는 단계로 들어갈 수 있게 된다. 예를 들어 남자들이 스포츠나 자동차, 취미 활동 등의 소재를 나누는 경우이거나, 여자들이 패션이나 미용에 관한 대화, 또는 엄마들이 육아에 관한 이야기를 하는 경우에 쉽게 정보 교환도 하고, 의견도 나누면서 친밀감을 형성하게 된다. 그리고 공통의 관심사를 갖고 분야에 대해 의견을 나누면서 서로 의견이 같다는 것이 확인되면, 더욱 친밀감을 느끼고 대화에 몰입하게되어 더 깊은 친밀감이 쌓이게 된다.

성격유형에 따른 3단계 대화

제6장의 성격유형에서 살펴 보았듯이 개인의 성격에 따라서는 처음 보거나 친밀감이 많지 않은 사람에게도 자신의 의견을 쉽게 이야기하는 사람이 있기도 하고, 친하지 않은 사람에게는 자신의 의견을 잘 표현하지 않는 사람도 있다. 또한 상대방과 의견이 다른 경우에도 자신의 주장을 굽히지 않고 강하게 주장하는 사람이 있는가 하면, 의견이 다르면 더 이상 자신의 의견을 말하지 않는 사람도 있고, 상대방의 의견에 쉽게 동조하는 사람(소위 귀가 얇은 사람)도 있다.

특히 여러 사람 앞에서도 자신의 의견을 잘 나누는 사람이 있는

가 하면 여러 사람 앞에서는 자신의 생각이나 의견을 나누지 않는 사람도 있다. DISC 행동유형 분석에 따르면 전자는 주도형(D형)에 해당하고, 후자는 안정형(S형)에 해당하는 사람들이다. 이렇게 사람마다 성격이 다양하기 때문에 의견 표명의 정도에 있어서 개인마다 차이는 있다. 하지만 의견표명의 대화를 하게 되면 상대방에 대해 더 많이 알게 되고, 친밀감이 쌓여가게 되는 것이다.

그런데 의견표명이 조심스러운 이유는 의견표명을 통해 자신을 노출하게 되고, 그로 인해 비난이나 충돌의 여지가 있다. 다른 사람의 판단이나 비난이 크게 두렵지 않은 성격의 사람은 상대방과의 친밀감 정도와 상관없이 크게 신경 쓰지 않고 자신의 의견을 꺼낸다. 그러나 다른 사람의 판단이나 비판에 신경을 많이 쓰는 사람들은 상대방과의 친밀감이나 신뢰감 정도에 따라 의견을 이야기하는 정도가 다르다. 친하지 않은 사람이나 신뢰감이 크지 않은 사람 앞에서는 자신의 의견을 쉽게 노출하지 않는다.

3단계 대화에 머물러 있는 부부

일반적으로 대화를 많이 하는 부부는 3단계에 해당하는 경우가 많다. 가정이나 회사에서의 일을 이야기하고 그에 대한 소통을 많이 나누는 부부는 일반적으로 사이가 좋은 부부라고 인식

된다. 적어도 2단계 대화 정도에서 머무르는 부부보다는 훨씬 많은 대화를 나누어 친밀감도 높은 편이다.

예를 들어 자녀 교육에 대해서 3단계 대화를 나누는 부부는 다음과 같다.

아내: "오늘부터 현준이가 방과후수업을 들어요."

남편: "어떤 수업인가요?"

아내: "영어하고 컴퓨터에요."

남편: "두 과목이나요? 너무 많은 거 아니에요?"

아내: "다른 아이들도 다 그렇게 들어요."

남편: "현준이는 영어보다는 한자교육이 더 좋지 않을까요? 앞으로 중국을 알려면 한자공부가 도움이 될 텐데요."

아내: "근데 영어도 공부해야 하니까 컴퓨터 대신 한자를 시킬까요?"

남편: "그것도 좋겠네요."

이런 정도의 3단계 대화를 나누는 부부는 대화를 많이 나누는 편에 속한다고 할 수도 있다. 부부를 일심동체라고 표현하는데, 그 수준에 이르기 위해서는 그 다음 단계인 4단계 개별감정의 대화까지도 나눌 수 있어야 한다. 그렇기 때문에 부부간의 대화가 3단계에 머물러 있다면 깊이 있는 대화는 나누지 못한다는 것이고, 친밀감에 한계가 있다는 것을 의미한다.

이렇게 세상에서 가장 친밀해야 하는 부부가 3단계 대화에 머물러 있다면, 두 가지 이유가 있을 수 있다.

첫째, 4단계 개별감정의 대화에 대해 익숙하지 않은 경우이나. 4단계 대화에 익숙하지 않은 가장 큰 이유는 부부가 각자의 원가족에서 4단계의 대화를 하지 않았기 때문이다. 남녀가 결혼하여 가정을 이룰 때 남편과 아내의 역할에 대해 가장 많이 배우는 것은 결혼 전에 보아 온 각자의 부모님의 모습이다. 그렇기 때문에 양가 부모의 영향이 매우 클 수밖에 없다. 그래서 부모가 주로 3단계 정도의 대화를 하는 가정에서 자란 자녀는 결혼해서도 부모와 마찬가지로 자신도 배우자와 3단계 대화에 머무를 가능성이 높다. 반면에 부모가 4단계나 5단계 대화를 나누는 가정에서 자란 자녀는 그 영향으로 배우자와 4단계 내지 5단계 대화를 나누는 것이 어색하지 않다.

둘째, 부부간에 4단계의 대화를 할 때마다 부부싸움이나 갈등 상황이 자주 발생하는 경우에는 충돌을 피하기 위해 3단계에 머무르는 경우가 많다. 대화의 단계가 올라갈수록 의견충돌이 발생할 가능성이 더 높은,데 4단계 대화를 하다가 싸우는 일이 잦게 되면 점차 4단계 대화를 하는 횟수가 줄어들게 되고, 그러다 보면 어느 순간부터는 3단계 대화에만 머물게 되는 것이다. 특히 결혼 전에는 4단계 대화를 잘 하다가 결혼 후 4단계 대화를 못하거나 안 하는 경우가 많은데, 이런 경우에는 부부훈련을 통해 대화방법을 배울 필요가 있다.

가족간의 3단계 대화

가족간 특히 형제간에 3단계 수준의 대화를 한다면 대화를 많이 하는 편이라고 볼 수 있다. 아무래도 형제간은 일심동체인 부부보다는 친밀감의 수준이 낮다고 할 수 있기 때문이다. 그러나 부부만큼은 아니라 하더라도 형제간에도 4단계의 대화를 통해 보다 친밀한 관계를 유지한다면 훨씬 화목한 가족을 이룰 수 있다. 그렇지 않으면 가족이라 하더라도 내면 깊숙이 간직되어 있는 사고와 성격, 감정 등을 제대로 알지 못하는 경우도 많다.

특히 부모와 자녀간의 대화를 살펴보면 사춘기 이전까지는 자녀들이 자신의 감정표현을 쉽게 하기 때문에 4단계 대화가 잘 이루어진다. 부모는 자녀양육의 책임감이나 자녀에게 힘든 모습을 보이지 않으려는 경향이 있어 4단계 대화를 잘 안 하는 경우가 많다. 그런데 사춘기에 들어서면 자녀들은 부모와 대화를 잘 안 하려고 하거나 반항적인 경우가 많다. 어린 시절과 너무 달라진 자녀의 모습에 부모는 당황하게 되고 자녀양육을 어떻게 해야 할지 모르겠다고 어려움을 호소하는 경우가 많다. 그러다가 사춘기를 지나면 어느 정도 회복된다. 그렇다고 어린 시절처럼 4단계 대화를 많이 하게 되지는 않는 것이 일반적이다. 그렇기 때문에 자녀와의 대화를 4단계까지 끌어 올리려면 대화방법에 대해 배워야 한다.

부모역할훈련(PET)의 저자이자 PET프로그램의 창시자인 토마스 고든(Thomas Gordon) 박사는 자녀와의 대화를 획기적으로 개선하는 방법을 제시하고 있다. 그 핵심은 '공감과 경청'이다. 다시 말하면 공감을 할 줄 모르면 4단계 대화가 이루어지기 힘들다는 의미이다.

4단계 개별감정의 단계

의견에 대한 대화뿐만 아니라 각자의 감정을 서로 이야기하는 단계이다. 여기서 감정의 대화에는 공통감정의 대화와 개별감정의 대화를 나누어 생각해 볼 수 있다.

공통감정의 대화

공통감정의 대화란, 대화 당사자간에 공통적으로 느끼는 감정에 대한 대화를 말한다. 집단에서 대화 당사자가 공통으로 느끼는 감정에 대한 대화는 비교적 쉽게 표현하고 나눌 수 있다. 예를 들어 월드컵에서 한국 대표팀이 4강에 진출했다던가, 세월호와 같은 비극적인 사태가 발생했을 때에는 국민 모두가 기쁘거나 애통해하는 공통의 감정이기 때문에 이에 대한 표현이나 공감은 쉽게 이루어진다. 월드컵 대회 때마다 시청 앞 광장이나 전국 방방곡곡에서 한국팀 경기를 응원하기 위해 모인 군중들간에는 전혀 모르는 사람끼리도 함께 부둥켜 안고 승리를 기뻐하며, 함께 패배를 슬퍼하며 한 마음이 된다.

마찬가지로 자녀가 대학입시에 합격했을 때 온 가족이 함께 기뻐하고, 떨어졌을 때에는 온 가족이 함께 슬퍼한다. 이와 같이 대화의 당사자간에 동일한 감정을 느낄 수 있는 사건이 발생했을 경우에는 감정을 표현하는 것이 그리 어려운 일은 아니다. 회식자리나 친목모임에서 정치나 스포츠 또는 연예계에 관한 대화를 많이 한다. 이런 대화가 바로 공통감정의 대화이기 때문이다. 공통감정의 대화는 그렇게 친밀한 관계가 아니라 하더라도 쉽게 이루어질 수 있다. 따라서 진정한 4단계 대화는 공통감정의 대화보다는 개별감정의 대화를 의미한다.

개별감정의 대화

개별감정이란 대화 상대방과 공통으로 느끼는 감정이 아니고 나 혼자만의 개인적인 감정을 말한다. 즉, 나 혼자만의 희로애락의 삼정을 상대방에게 표현하는 경우를 개별감정의 대화라고 부른다. 예를 들어 공부하기 싫어하는 사춘기 아들을 둔 부모로서 속이 상하고 힘든 자신의 감정을 친구에게 이야기한다거나, 직장생활에서 업무가 너무 많아서 받는 스트레스를 배우자에게 이야기하는 경우 등이 개별감정의 대화이다.

개별감정의 대화는 공통감정의 대화에 비해 더 많은 친밀감이 있어야만 이루어진다. 그러나 개별감정 중에서도 기쁘고 즐거운 감정은 슬프고 외롭고 우울한 감정과 같은 부정적인 감정에 비해 상대적으로 다른 사람에게 표현하기가 쉽다. 대표적인 예가 트위터나 페이스북에 등장하는 많은 글들 중에 대부분이 즐겁고 행복한 순간들에 관한 내용이다. 이러한 글들이 친구뿐만 아니라 불특정 다수에게도 공개된다는 점을 감안해 보면, 개별감정이라 하더라도 긍정적인 감정은 다른 사람에게 공개하는 것이 훨씬 수월하다는 것을 알 수 있다.

한편 개별감정 중에서 슬픔, 외로움, 우울 등의 부정적인 감정은 다른 사람에게 꺼내놓기가 쉽지 않다. 그렇기 때문에 부정적인 개별감정의 대화를 하는 사이라면 매우 친밀한 관계라고 할 수 있다. 개별감정의 대화를 잘 나누는 상대와는 깊은 감정의 교류를 느끼게 되고 서로에 대한 깊은 이해가 생기면서 친밀감이 깊어진다.

개별감정의 대화도 두 종류로 나누어 생각해 볼 수 있다. 하나는 제3자로 인해 생긴 개별감정 대화이고, 다른 하나는 상대방으로 인해 생긴 개별감정에 대한 대화이다. 물론 이 중에서 두 번째인 상대방으로 인해 생긴 개별감정의 대화가 훨씬 실행하기 어려운 편이다.

〈표 7-2〉 의견과 개별감정(상대방으로 인해 발생한 개별감정)

의견	감정적 반응	
나는 네가 참 예쁘다고 생각해	A	● 그래서 나는 네가 너무 자랑스러워 ● 그래서 나도 예뻐지고 싶어
	B	● 그래서 나는 질투가 난다 ● 그래서 나는 슬프다 ● 그래서 나는 네가 불편해 ● 그래서 나는 네게 열등감을 느껴 ● 그래서 너를 멀리하고 싶어 ● 그래서 네가 잘 안되길 바래

표에서 보듯이 상대방에 대한 나의 의견을 나누는 것은 그다지 어렵지 않다. 그러나 나의 의견으로 인해 내 안에 생겨나는 감정

적 반응은 잘 말하지 않는다. 특히 A 항목과 같이 상대방에 대해 좋은 감정을 드러내는 것은 그리 어렵지 않지만, B항목에 열거된 부정적 반응들은 선뜻 말하기 쉽지 않다.

그 이유는 주로 다음의 두 가지를 들 수 있다.

첫째는 나의 감정을 이야기하게 되면 경우에 따라서는 상대방을 기분 나쁘게 만들고, 상대방의 마음에 상처를 줄 수 있게 된다. 그렇기에 관계를 깨뜨릴 수 있다고 생각한다.

둘째는 내 안에 생기는 감정에 대해 죄의식을 느끼기 때문이다. 즉, 내가 샘이 많거나 이해력이 부족해서 이런 감정적 반응이 생긴다고 생각한다.

존 포웰은 이러한 감정이라고 하더라도 상대방에게 이야기하지 않고 숨기게 되면 진정한 관계가 이루어질 수 없고 궁극적으로는 자멸하는 길로 들어서게 된다고 말한다. 결국 진정한 관계는 열린 마음과 솔직함을 기본으로 하는 것이다.

특히 부부 사이에 이러한 개별감정의 대화를 잘 나누지 못한다면, 이는 이런 감정을 어떻게 표현해야 할지 잘 모르거나, 표현을 했을 때 다투거나, 상대방이 제대로 반응해 주지 못했기 때문이다.

개별감정 대화의 조건

대화는 일회성으로 그치는 것이 아니고 지속적으로 이루어지는 것이기 때문에, 개별감정의 대화가 이루어진다는 것은 개별감정에 대해 한번 이야기하고 마는 것이 아니라, 지속적으로 이야기를 주고 받는 관계를 의미한다. 따라서 개별감정의 대화를 하기 위해서는 개별감정에 대한 이야기를 서로 나누는 관계가 형성되어야 하는 것이다. 이렇게 개별감정의 대화관계가 형성되기 위해서는 다음의 세 가지 조건이 필요하다.

첫째, 개별감정을 이야기해도 될 만큼 친밀감이 있어야 한다.

개별감정을 이야기한다는 것은 상대도 자신의 개별감정을 이야기 할 수 있는 친밀한 관계이어야 한다. 여기에는 서로의 개별감정을 남에게 발설하지 않고 비밀을 지켜줄 수 있는 신뢰감도 있어야 한다.

둘째, 상대방이 개별감정을 공감해 줄 수 있어야 한다.

공감을 할 줄 모르거나 해주지 않는 상대와는 개별감정의 대화를 나눌 수가 없다. 대화가 이어질 수 없기 때문이다.

셋째, 개별감정을 오픈 하고 싶은 마음이 있어야 한다.

개별감정의 대화는 일상적으로 자주 이루어지는 대화가 아니기 때문에 개별감정의 대화가 필요한 상황과 시기가 있다. 그러한 상황과 시기가 있더라도 내 안에 그런 대화를 나누고 싶은 마음이 생겨야 한다. 경우에 따라서는 개별감정을 오픈하는 것이 꺼려질 수 있기 때문이다. 그리고 대화의 상대가 첫째와 둘째 조건을 충족하는 정도가 어느 정도인지에 따라서 개별감정을 오픈할 마음이 생기기도 하고 생기지 않기도 하는 것이다.

그렇기 때문에 첫째와 둘째 조건이 충족되는 대화의 상대라면 개별감정을 나누고자 하는 마음이 더 쉽게 생기게 된다. 따라서 개별감정에 대한 대화를 나눌 수 있는 상대가 있는지의 여부가 가장 중요하다.

공감의 기대치와 공감능력

사람에 따라 공감에 대한 기대치나 공감능력이 다르다. 앞에서도 살펴 보았듯이 일반적으로 남자보다 여자가 더 많이 공감을 해주길 원하고, 공감능력 면에 있어서도 여자가 더 뛰어나다. 감정대화는 공감에 대한 기대치와 공감능력이 비슷한 사람끼리 더 잘 이루어지기 때문에 동성끼리 감정대화가 더 쉽고, 이성간의 감정대화는 공감능력의 차이로 인해 쉽지 않은 것이다. 즉, 여자는 공감에 대한 기대치가 높아서 더 많은 공감을 원한다. 남자는 공감능력이 크지 않기 때문에 여자가 원하는 수준의 공감을 제대로 해주지 못한다. 그래서 남녀간에 감정대화가 원활하게 이루어지기 쉽지 않은 것이다.

3장의 남여차이에서 살펴 보았듯이 남자는 공감보다는 해결방법 위주로 대화를 한다. 즉, 여자는 공감을 원하지만, 남자는 공감 대신에 해결방법을 제시하는 것이다.

여자: "짜증나."

남자: "왜?"

여자: "나 오늘 희영이랑 싸웠어."

남자: "고등학교 친구 희영이?"

여자: "응."

남자: "자기 친구들 다음 주에 같이 여행가기로 했잖아? 빨리 화해해야겠다."

여자: "됐어."

이렇게 여자는 친구랑 싸워서 기분이 안 좋은 마음을 남자친구가 알아주고 위로 받고 싶어서 감정대화를 시도한다. 남자친구는 공감에 대한 이해는 전혀 없고 여자친구가 여행가기 전에 친구랑 화해를 해야 여행을 계획대로 갈 수 있다는 생각에 해결방법 위주의 대화를 하고 마는 것이다. 이렇게 남녀간에 공감에 대한 기대치와 능력 면에서 차이가 있기 때문에 감정대화가 제대로 이루어지지 않는 것이다.

남녀간뿐만 아니라 동성끼리도 공감 기대치나 공감능력의 차이로 인해 감정대화가 잘 안 되는 경우가 많이 있다. 대체로 감성적인 사람이 더 공감기대치가 높고 공감능력도 더 크다. 그렇기 때문에 감성적인 사람은 다른 사람에 대해 공감을 잘 해줄 수 있는 반면, 이성적인 사람이 감성적인 사람을 공감해 주기가 쉽지 않다.

회사 내에서의 4단계 대화

직장 동료간 또는 팀장과 팀원 같이 상하관계에서 4단계의 감정대화가 이루어진다면 업무의 능률과 성취율이 더 높아지고, 업무 만족도도 올라가게 된다. 많은 직장인들이 회사에서 스트레스를 많이 받고 있다. 더 높은 실적을 달성해야 하는 스트레스, 승진 스트레스, 그리고 상관이나 동료, 또는 부하직원으로 인해 받는 스트레스 등으로 시달리고 있다.

업무로 인해 4단계의 감정대화가 이루어지게 되면 다음과 같은 이점이 있다.

1. **관계 개선**: 직장에서 동료와 감정대화를 나눌 수 있게 되면 서로의 생각에 대한 이해가 깊어진다. 회의를 하고 의견을 나누고 업무를 추진하는 과정에서 상대방의 성격이나 적성들을 감안할 수 있고, 상대방의 언행에 대한 이해가 깊어지기 때문에 소통이 원활해 진다. 그렇게 되면 서로에 대한 오해나 갈등이 줄어들고 스트레스 받는 일이 적어진다.

2. **능력향상**: 감정대화를 나누면 업무수행과 관련된 본인의 약점이나 잘못을 파악할 수 있게 되어 이를 수정하기 위한 노력을 통해 업무에 대한 적성이나 수행능력이 향상된다.

3. **팀워크 향상**: 감정대화를 통해 친밀감이 향상되면 팀워크가 좋아져서 업무협조도 잘되고 업무에 관련된 정보의 교류도 원활하기 때문에 팀 전체의 업무성취도 또한 높아진다.

부부간의 4단계 대화

부부 사이에도 감정대화가 그다지 쉽지 않은 이유가 바로 남녀간의 차이 때문이다. 결혼 후에도 여자들은 남편 대신에 여자들끼리 만나서 시간가는 줄 모르고 이야기를 나누는 것도 공감능력이 비슷한 사람끼리 공감이 잘 되기 때문이고, 공감을 통해 서로 위로도 받고 스트레스를 푸는 시간도 필요하기 때문이다.

부부간에 감정대화가 원활히 이루어지기 위해서는 공감의 기대치와 충족능력에 대한 차이를 줄여야 한다. 특히 남편은 공감에 대한 학습과 훈련을 통해 공감능력을 늘려야 하고, 아내는 남편으로부터의 공감에 대한 기대수준을 다소 낮추는 것이 필요하다.

그렇다고 남자들에게 공감대화가 전혀 필요하지 않은 것은 아니다. 남자들도 함께 감정을 나누고 위로해 줄 대화가 필요하다. 다만 공감의 차이가 나는 경우에 대화가 잘 이루어지지 않기 때문에 그 능력이 비슷한 친구나 동료들과의 대화를 통해 감정대화를 하는 것이 훨씬 편하게 느껴지는 것이다. 더욱이 여자들이 공감을 잘 한다고 해서 남편이나 자녀의 감정대화를 다 잘 공감해 줄 수 있는 것도 아니다.

> **아내**: "오늘 인사발령 어떻게 됐어요?"
> **남편**: "별로 안 좋아. 이번에 부장이 새로 왔는데, 나랑 너무 안 맞아서 일하기 힘들어. 회사 사표 내고 사업이나 할까봐."
> **아내**: "무슨 소리에요? 사업을 아무나 하는 것도 아닌데, 애들 대학갈 때까진 참고 있어요."
> **남편**: "……."

아마도 남편이 아니라 친구가 이런 말을 했다면 "너 요즘 많이 힘들겠다" 라고 하면서 공감을 잘 해주었을 것이다. 그런데 남편한테는 공감의 말이 잘 안 나온다. 왜냐하면 남편이 진짜로 회사에 사표 내고 나오면 당장 생활비도 모자라고, 사업을 한다면 큰 돈도 들어가야 하고, 사업하다 망하면 애들을 대학에 보내기는커녕 살던 집도 내놓아야 하겠기에 걱정이 앞서기 때문이다.

이와 같이 배우자나 자녀와 같이 이해관계가 얽힌 상대방에게는 공감이 쉽지 않다. 그럼에도 불구하고 공감대화를 해주어야 하는데, 그러기 위해서는 여자도 공감대화를 배워야 할 필요가 있다.

> **아내**: "오늘 인사발령 어떻게 됐어요?"
>
> **남편**: "별로 안 좋아. 이번에 부장이 새로 왔는데, 나랑 너무 안 맞아서 일하기 힘들어. 회사 사표 내고 사업이나 할까봐."
>
> **아내**: "당신 너무 힘들겠네요."
>
> **남편**: "그러게 말이야. 윗사람한테는 굽신 거리고 밑에 사람을 달달 볶는 스타일이래."
>
> **아내**: "그래요? 당신이 제일 싫어하는 스타일이네요. 지난 번 박부장님은 당신을 잘 믿어주어서 당신이 정말 열심히 일할 수 있었는데……."
>
> **남편**: "박부장님 같은 분은 잘 없지. 그 정도까지는 기대하진 않았지만 정말 실망이네."
>
> **아내**: "당신이 많이 힘들겠어요."
>
> **남편**: "그래도 어쩔 수 없지. 내가 부장을 뽑는 것도 아닌데 참고 일 해야지."

아내가 이렇게 남편의 속상한 마음을 잘 알아주고 공감해 주면 남편이 가졌던 회사에 대한 불만은 아내와의 대화과정에서 눈 녹듯 사라져 버린다. 사표 내겠다는 말은 언제 그랬냐는 듯이 없어지고 다시 출근해서 일할 마음가짐을 갖게 되는 것이다.

이렇게 아내도 남편의 근심 걱정에 대해 공감을 잘 해준다면 남편도 아내로부터 공감을 받기 위해 4단계 대화를 많이 하고 싶어 할 것이다. 그렇게 되면 3장에서 살펴 본 바와 같이 남편들도 밖에서 일어난 힘든 일이나 고민을 아내와 이야기하고 싶어하게 된다. 왜냐하면 아내의 공감으로 인해 근심이나 스트레스가 많이 해소되기 때문에 아내와의 대화가 기다려지게 되는 것이다. 그래서 부부 사이가 더욱 좋아지게 된다.

부부는 함께 어렵고 힘든 일을 헤쳐나가야 하기 때문에 살면서 생기는 근심, 걱정, 스트레스를 서로 알아주고, 공감해 주고, 격려해 주며 살아가야 한다. 그러기 위해서는 부부는 4단계 대화를 나눌 수 있어야 한다. 그럼에도 불구하고 4단계 대화가 안 되는 부부가 많은데, 그렇게 되면 부부간에도 점점 더 친밀감이 떨어지게 되고, 각자 외로움과 공허함을 느끼게 된다.

5단계 감정일치/비전공유의 단계

생각과 개별감정이 서로 완전히 일치해서 환희를 느끼는 단계이다. 일치라는 것이 반드시 동일하다는 것을 의미하지는 않는다. 서로의 생각과 감정을 존중하면서 대화가 조화롭게 화음을 이루는 것을 말한다. 마치 오케스트라에서 각기 다른 악기들이 다른 소리를 내고 다른 음을 연주하지만 완벽한 화음을 이루는 것과 같다.

대화 중에 감정일치의 단계를 경험하게 되면 친밀감이 매우 깊어지고 비전과 꿈을 공유할 수 있게 된다. 이러한 감정일치가 이루어지기 위해서는 열린 마음과 솔직함, 그리고 존중이 전제되어야 한다. 즉, 가슴 속 깊은 곳에서부터 우러나오는 감정과 생각과 느낌을 솔직하게 나누면서 상대방의 의견과 감정을 존중할 때에 함께 감정일치를 경험하는 것이다. 그러나 열린 마음과 솔직함, 존중을 필요로 하기 때문에 감정일치가 자주 일어나지는 않는다. 주로 두세 명의 소그룹 안에서만 이루어진다. 친한 친구나 동료와의 관계에서 때때로 완전한 감정일치가 이루어 질 수 있다. 부부 사이에는 좀더 자주 이루어지는 것이 바람직하다.

이 단계에서는 인정과 책망, 고백이나 용서와 같은 의사교환이 이루어진다. 인정은 상대방의 장단점이나 잠재력, 가능성을 이야기하는 것이고, 책망이란 상대방에게 잘못된 선택의 심각성을 지적해주는 것이다. 감정일치라고 해서 모든 생각이나 감정이 똑같은 것도 아니고, 아무도 완벽하지는 않기 때문에 누구나 잘못된 생각이나 선택을 할 수 있다. 그래서 그러한 단점이나 문제점도 서로 이야기하면서 좋은 방향으로 이끌어 줄 수 있는 것이다. 때로는 자신의 잘못이나 죄를 털어놓고 용서를 빌고 용서를 해줄 수도 있다. 진실에는 고통이 따를 수 있지만, 이는 서로를 용서하고 치유하며, 세워주는 깨끗한 고통이다. 이렇게 되면 어려움이 닥쳤을 때에도 함께 고난을 헤쳐 나갈 수 있는 힘을 얻게 된다.

부부가 잘 사는 것 같다가도 남편이 실직을 하거나 사업에 실패하면 심하게 싸우거나, 더 나아가 이혼에 이르는 경우도 종종 있다. 최근 한 유명 연예인도 아내가 크게 빚을 지자 아내와 이혼을 하였다. 부부가 이런 감정일치의 단계를 이루지 못하면 경제적 어려움이라는 장애물을 만났을 때 쉽게 허물어지고 마는 것이다.

4단계의 감정대화에서 필요한 것이 공감이듯이, 5단계 감정일치의 대화에 필요한 것이있다면 바로 I-message 대화이다. I-message 대화는 '나'를 주어로 시작하는 대화인데, 감정일치의 단계에서 생각과 감정을 표현하는 매우 훌륭한 대화방법이다. 왜냐하면 열린 마음과 솔직과 존중이라는 전제조건을 충족시켜 주기 때문이다. I-message 대화에 대해서는 다음 장에서 설명하기로 한다.

적용의 tips

1. 나와 배우자의 대화단계는 몇 단계인가요?

2. 나와 배우자는 얼마나 자주 대화가 없는 0단계로 떨어지나요?

3. 배우자와 대화의 단계를 높이려면 어떤 노력을 해야 할까요?

4. 나와 자녀와의 대화단계는 몇 단계인가요?

5. 나의 친구나 동료와의 대화단계는 몇 단계인가요?

6. 1단계에서 5단계까지 대화 단계별로 내 주위의 사람을 구분해 보세요.

8

공감의 단계와
I-message 대화

공감의 3요소

▶ **소극적 경청(침묵)**

- 상대방의 말을 들을 자세가 되어 있음을 알리는 비언어적 메세지

▶ **인정하는 반응**

- 잘 경청하고 있음을 알리는 비언어적 신호. 고개 끄덕임, 미소, 얼굴표정 등

▶ **적극적 경청(Active Listening)**

- 상대방의 **감정**과 내용을 정확하게 이해해서 내 자신의 언어로 **반사**해
  주는 것

공감의 3요소

제2장에서 설명한 바와 같이 공감에는 소극적 경청, 인정하는 반응, 적극적 경청의 3요소가 있다.[2]

1. 소극적 경청(침묵): 상대방의 말을 들을 자세가 되어 있음을 알리는 비언어적 메시지이다. 즉, 말을 하지 않더라도 상대방의 말을 잘 들으려고 하는 자세를 보임으로써 상대방으로 하여금 대화를 나누고 싶어하는 마음을 갖게 만드는 것이다. 만약 우리가 상대방에게 고민을 이야기하려고 하는데, 상대방이 별로 관심이 없는 듯한 자세와 표정을 보인다면, 아무도 자신의 고민을 그 사람과 이야기하고 싶어 하지 않게 된다. 그렇기 때문에 우리가 공감을 하기 위해서는 먼저 내가 상대방의 말을 듣고 싶어하는 마음이 있음을 표시하여야 한다.

아내들이 남편에 대해 갖고 있는 불만 중에 하나가 자신의 이야기를 열심히 듣지 않는다는 것이다. 그렇기 때문에 아내들은 남편에게 같은 이야기를 여러 차례 반복해서 하는 것이고, 남편들은 같은 소리를 계속 반복하는 아내의 잔소리가 듣기 싫은 것이다. 그러다 보니 공감의 대화가 이루어질 수 없고, 소통도 잘 안 된다. 그래서 공감의 첫 걸음은 먼저 상대방의 말을 열심히 들

---

2. 〈이제는 부모자격증시대〉, 동서상담심리연구소, 2007.

고자 하는 자세인 소극적 경청으로부터 시작된다.

   2. **인정하는 반응:** 상대방의 말을 잘 경청하고 있음을 알리는 비언어적 신호의 단계이다. 인정하는 반응은 소극적 경청의 연장선상에 있다고 하겠다. 상대방의 말을 열심히 듣겠다는 자세를 보이는 소극적 경청을 하면서 상대방의 말에 고개를 끄덕이거나 미소를 보이거나 상대방의 말에 "네~" 와 같은 긍정적인 반응을 보이는 것이 여기에 해당한다. 그런데 상대방과 대화 도중에 딴 생각을 한다거나 다른 일을 하면서 상대방의 대화에 아무런 반응을 보이지 않는다면 이 역시 상대방으로 하여금 자신의 고민을 계속 이야기하고자 하는 마음이 사라지게 만든다. 즉, 상대방이 이야기할 때 나도 열심히 듣고 있다는 신호를 보내 주어야만 상대방은 자신의 이야기를 계속 하고 싶은 마음이 생긴다.

   우리나라 고유의 음악인 판소리는 춘향전이나 심청전과 같은 소설을 장마당이나 무대에서 육성과 몸짓으로 노래하는 민속음악이다. 그런데 명창이 춘향가와 같은 판소리를 완창하는 데에는 무려 8시간이라는 긴 시간이 걸린다. 그렇기 때문에 판소리는 명창 혼자 할 수 없다. 반드시 곁에서 북을 치며 추임새를 넣어주는 고수가 있어야 한다. 아무리 실력 있는 명창이라도 고수가 옆에 앉아 간간이 북을 치며 추임새를 넣어 주지 않는다면 여덟 시간이라는 긴 시간 동안 지치지 않고 흥겹게 창을 할 수가 없는 것이다.

마찬가지로 우리가 다른 사람과 대화를 할 때에도 고수가 추임새를 넣듯이, 상대방에게 반응을 보여주는 것이 상대방으로 하여금 이야기를 계속할 수 있는 마음이 생기게 만들어 주는 것이다. 따라서 상대방이 이야기를 하는 동안에 지속적으로 인정하는 반응을 보이는 것은 매우 중요하다.

3. **적극적 경청**(Active Listening): 공감의 마지막 단계로는 적극적 경청이 있다. 이는 상대방의 감정과 내용을 정확하게 이해해서 내 자신의 언어로 반사해주는 것을 말하는 것으로 공감의 가장 핵심적인 부분이다. 앞의 두 요소인 소극적 경청과 인정하는 반응에 대해서는 우리가 상대방과 대화할 때 갖추어야 할 기본적인 예의에 해당하기 때문에 이해하기 쉽고 대부분 잘 알고 있다. 그런데 적극적 경청에 대해서는 잘 모르는 경우가 많고 내용을 안다 하더라도 제대로 실행하기가 쉽지 않다.

적극적 경청의 3단계

적극적 경청에는 3단계가 있는데 감정 읽어주기(1단계), 욕구 알아주기(2단계), 감정 일치(3단계)이다. 이를 공감의 3단계라고도 부른다.

1단계: 감정 읽어주기 단계. 상대방의 정서에 초점을 두고 그 정서를 표현해 주는 단계이다. 즉, 상대방의 감정을 알아주는 단계인데, 상대방의 감정을 나의 표정과 말로 표현해 주는 것이 공감의 첫 번째 단계이면서 가장 중요한 단계이다. 왜냐하면 1단계가 제대로 되지 않으면 나머지 단계도 이루어질 수 없기 때문이다. 관계가 좋지 않은 경우를 보면 대부분 마음을 알아주지 않아서 갈등과 불만이 쌓인 경우가 많다.

예를 들면 남편이 아내의 마음을 몰라주거나, 부모가 사춘기 자녀의 마음을 몰라주는 경우, 또는 직장 상사가 부하직원의 마음을 몰라 주거나, 고객의 마음을 몰라주는 경우에 관계가 나빠지는 것이다. 그렇기 때문에 상대방의 마음을 제대로 알아주는 것이 매우 중요하고도 꼭 필요한 것이다.

여기서 중요한 것은 적극적 경청이 내 판단이나 생각을 이야기하는 것이 아니고, 상대방의 마음을 그대로 읽어 주는 것이라는 점이다. 자녀가 학교에 가기 싫다고 말한다면 "네가 학교에 가기가 싫구나?" 하고 학교에 가기 싫어하는 자녀의 마음을 내 말로 그대로 이야기 해 주는 것이다. 아무리 상대방의 말이나 행동이 내 판단기준으로는 잘못되었고 걱정스럽다고 하더라도, 내 생각을 이야기하는 순간 상대방의 마음은 닫히게 되고 대화는 단절된다. 그러나 우리는 너무나 자주 내 생각을 이야기하게 되는 데에 익숙해져 있기 때문에 공감이 잘 안 되는 것이다.

2단계: 상대방의 내면 감정을 표현해주는 단계. 상대방의 겉으로 표현되는 감정을 표면감정이라 하고, 표면감정 밑에 상대방이 진정으로 원하고 바라는 감정인 내면감정이 있다. 공감의 2단계에서는 상대방의 내면감정을 알아서 표현해 주는 것이다. 예를 들어 실패로 인해 좌절을 느끼는 사람의 좌절감 밑에는 성공하기를 바라는 마음이 있다. 따라서 성공하기를 바라는 상대방의 마음을 알아 주고 표현해 주는 것이 공감의 2단계이다.

3단계: 상대방이 가지고 있는 감정에 대한 나의 감정을 표현하는 단계. 실패한 사람이 느끼는 감정을 나도 같이 느낀다고 표현해 주는 것이 공감의 3단계이다. 즉, "나도 마음 아프다", "나도 슬프다"와 같이 나도 상대방과 같은 감정을 느낀다는 것을 표현해 주는 것이다.

예를 들어 고등학생 딸이 시험성적이 안 좋아서 집에 와서 울면서 대학에 안 가겠다고 말한다. 이럴 때 공감의 3단계를 적용해 보면 다음과 같다.

1단계: "시험성적이 나쁘게 나와서 속상하구나."

2단계: "네가 그 동안 이번 시험을 잘 보려고 잠도 잘 안자고 무척 열심히 공부했는데, 성적이 잘 안 나와서 너무 실망이 크겠구나."

3단계: "네가 열심히 공부했는데 성적이 안 나와서 아빠(엄마)도 속상하구나(마음이 아프구나)."

이렇게 세 단계의 공감 중에서 1단계의 공감만 해도 상당히 감정이 풀리는 경우가 많다. 그래서 공감의 세 단계 중에서 1단계가 매우 중요한데, 쉬운 듯 보이지만 공감 1단계도 제대로 못 하는 경우가 많다.

1단계의 대화에서 가장 많이 하는 실수가 공감을 하는 것이 아니라 비난, 훈계, 협박, 해결방안 제시 등을 하는 것이다. 예를 들어 고등학생 자녀가 대학에 안 가겠다고 폭탄선언을 하면 부모는 이렇게 말한다.

"대학 안가고 뭐 될래?" (비난)

"그러게 좀더 열심히 하랬잖아." (훈계)

"그래 대학 가지마." (협박)

위와 같은 경우가 공감이 아니라는 것은 쉽게 이해가 가는데, 우리가 가장 잘못 알고 있는 것이 부드럽게 위로하는 것은 괜찮다고 생각하는 것이다.

"너무 슬퍼하지마. 다음엔 잘 할 수 있을 거야."

그런데 사실 이는 위로가 아니라 슬픈 감정을 억제시키는 것이다. 상대방이 슬퍼하거나 화가 났다면 먼저 상대방의 슬프거나 화난 마음을 알아 주는 것이 필요한데, 우리는 슬픔이나 화를 느끼게 하기 위한 행동을 많이 하는 편이다. 그렇게 하려다 보니 "슬퍼하지마", "힘내", "남자가 울면 안되지", "화 풀어", "네가 참아라" 등의 이야기를 늘어 놓은 것이다. 그래서 위로하려고 한 말이 위로가 되지 않고 감정을 억압하는 역작용을 한다.

위로를 제대로 해주기 위해서는 반드시 상대방의 마음을 알아주는 1단계를 잘 해주어야 한다. "슬퍼하지 마"가 아니라 "많이 슬프지?"라고 하면서 상대방의 슬픈 감정을 알아줌으로써, 상대방으로 하여금 슬픈 감정을 표출할 수 있게 해주어야 하는 것이다. 우리는 대부분의 경우에 상대방의 마음을 알아주는 것보다는 내 생각을 단순히 표출하기 때문에 공감에 실패하는 것이다. 그래서 1단계에서 가장 중요한 것은 내 생각을 표출하지 않는 것이다. 다만, 상대방의 마음을 알아주는 것이다.

어느 날 자매가 백화점에 같이 쇼핑을 갔다. 언니는 패션감각도 있고 옷도 잘 고르는데, 그렇다고 쉽게 사지는 않고 여러 군데를 다녀보고 나서 정말 가격도 저렴하고, 멋진 옷을 잘 골라서 사는 편이다. 반면, 동생은 패션감각도 별로 없고, 쇼핑도 그다지 즐기지 않는다. 어느 날 언니가 본인 마음에 드는 옷을 골랐다. 마침 50% 할인행사 중이라서 10만원에 샀다. 그 정도면 싸게 잘 산 것이라고 생각되어 언니는 매우 흡족했다.

그 후로 언니는 옷이 마음에 들어서 잘 입고 다녔는데, 얼마 후 동네상가를 지나가다가 한 가게에서 백화점에서 산 옷과 똑같은 옷이 진열되어 있는 것이 눈에 띄었다. 그런데 그 가게에서는 특별세일을 한다면서 더 싼 가격인 6만원에 파는 것이었다. 이미 옷을 한 달 가량이나 입고 다녔기 때문에 반품할 수도 없고 너무나 약이 올랐다. 그래서 동생에게 위로나 받고 싶어서 문자를 보냈다.

언니: "지난 번 너랑 백화점 같이 갔을 때 산 옷 있지? 똑같은 옷을 동네에서 더 싸게 파네. 짜증 나."

동생: "너무 짜증내지마."

동생은 언니와 달리 잘 참고 감정표현도 잘 안 하는 성격이다. 그래서 공감도 잘 못한다. 아니 더 정확하게는 언니의 짜증나는 심정을 잘 이해하지 못한다. 그러다 보니 언니를 위로한답시고 이런 문자를 보낸 것인데, 언니에게는 이 문자가 마치 '언니는 그런 정도의 일 갖고 그렇게 짜증을 내?' 라고 비난하는 것 같이 들려서 기분이 더 안 좋아졌다.

이럴 때는 1단계인 공감만 해주면 된다. "언니 정말 짜증나겠다" 이렇게 언니의 짜증나는 마음만 알아줘도 언니의 기분은 풀린다. 언니가 동생에게 문자를 보낸 것은 동생이 자신의 짜증나는 마음에 공감해 주길 바라고 한 것이다. 그런데 공감은 안 해주고 짜증내지 말라고 하면서 달래려고 하니까 더 화가 나는 것이다.

이렇게 공감하는 것이 어렵거나 복잡하지도 않고 알고 보면 아주 간단하지만, 많은 사람들이 공감하는데 익숙하지 않아서 제대로 못해주는 경우가 너무나 많다. 그러다 보니 부부 사이도 점차 소원해지고, 자녀와도 대화가 줄어들고, 상사와 부하직원이 함께 있는 것이 불편할 수밖에 없다.

위의 경우에 적극적 경청의 3단계를 적용한다면 다음과 같다.

1단계: "옷을 비싸게 사서 너무 속상하겠네."

2단계: "언니가 혹시 비싸게 사는 게 아닌가 해서 많이 알아보기도 하고 고민 많이 하다가 산 건데, 더 싸게 파는 데가 있다니 정말 짜증나겠다."

2단계: "그 옷을 백화점에서 싸게 판 건 줄 알았는데 더 싸게 파는 데가 있다니 나도 짜증나네."

이와 같이 상대방의 감정을 알아주고(1단계), 상대방의 내면감정을 표현해주고(2단계), 나의 감정을 표현하는(3단계) 세단계를 잘 활용하면 우리의 직장이나 가정, 친구 등과의 관계에 있어서 매우 친밀하고 깊이 있는 교제를 나눌 수 있다.

국민MC로 잘 알려진 유재석 씨는 늘 남을 잘 배려하고 자기 관리에도 철저한 모범적인 연예인으로 인기가 높다. 그와 친한 연예인이 유재석 씨와 대화하면서 회사의 부당성에 대해 불만을 토로한 적이 있는데, 유재석 씨가 "나도 네 입장이라면 화나겠다" 라고 이야기 해주어서 많이 기분이 좋았다고 하면서 그를 칭찬 한 적이 있다. 유재석 씨는 적극적 경청의 3단계를 잘 해 준 것이다.

우리도 배우자나 자녀, 직장상사나 동료 및 부하직원에게 공감을 잘 해주는 습관이 몸에 잘 밴다면 주위로부터 칭찬 받는 관계를 더 많이 맺을 수 있을 것이다.

성공적인 적극적 경청의 전제조건: 남과 다르다는 차이에
대한 인식과 수용

적극적 경청이 성공적으로 이루어지기 위해서는 전제조건이 필요하다. 즉, 적극적 경청의 3단계를 하기 전에 먼저 우리 안에 있는 편견이나 잘못된 생각을 바꿀 필요가 있다. 성공적인 적극적 경청을 하기 위한 전제조건은 사람이 서로 다르다는 차이에 대한 인식과 수용에 있다.

3장에서 6장까지 살펴 보았듯이 남자와 여자가 다르고, 사람

마다 이면대화를 사용하는 정도도 다르며, 원가족도 다르고 성격도 다르다. 이러한 차이를 알지 못하면 상대방의 말이나 행동이 이해될 수 없고 공감은 더더욱 불가능하다. 그런데 우리는 종종 부부가 세상에서 가장 가깝다는 이유로 생각하는 것이나 좋아하는 것이 똑같을 것이라고 착각하는 경우가 많다.

첫째, 나타난 것은 빙산의 일각일 뿐이다.

우리는 종종 외모로 사람을 판단하려는 경향이 있다. 그래서 외모가 멋있으면 성격이나 능력도 좋을 것이라고 생각한다. 그래서 취업 준비생들도 면접점수를 잘 받기 위해 외모에 신경을 많이 쓴다. 심지어는 연예계에 진출하는 것도 아니고, 일반 회사에 취업을 하려는데 성형을 하는 경우도 있다. 그러나 외모는 그 사람의 일부분일 뿐이다. 마치 빙산이 전체의 10%만 물 위에 떠 있고, 나머지 90%는 물속에 잠겨 눈에 보이지 않는 것과 마찬가지로 외모는 그 사람의 빙산의 일각인 것이다. 따라서 첫 인상만으로 사람을 판단해서는 절대로 안 된다.

간혹 연쇄살인범이나 어린이 유괴사건의 용의자가 붙잡혔을 때 이웃 주민들과 인터뷰하는 광경을 보면, 그런 사람인 줄 전혀 몰랐다고 이야기하는 경우를 종종 볼 수 있다. 연쇄살인범이라고 해서 얼굴에 연쇄살인범이라고 쓰여 있지도 않거니와, 우리가 상상하듯이 그렇게 흉악하게 생기지도 않았다. 얼굴만 보고는 모르는 것이다.

마찬가지로 외모나 학력 또는 직업만 보고 그 사람의 성격을 알 수 없다. 외모가 좋아도 성격이 어두운 사람이 있는가 하면, 학력이나 직업이 좋아도 자존감이 낮은 사람은 얼마든지 있을 수 있다. 그리고 이런 외모와 학력, 직업과 무관하게 외향적인 사람도 있고 반대로 내향적인 사람도 있다. 물론 직업의 특성상 성격이 약간 바뀌는 경우도 없지는 않다.

예를 들어 내향적인 사람이 영업직을 맡아서 실적을 올리기 위해 매일 수 많은 사람을 만나는 경우에 직업적으로 외향적인 모습을 보일 수 있으나, 근본 성격이 바뀌었다기 보다는 많은 노력의 결과일 수 있다.

대학시절에 친구에 이끌려 어느 동아리의 농촌봉사활동에 참가한 적이 있다. 시골 마을에 도착하여 숙소에 짐을 풀고 난 후 마을회관에 모여서는 각자 자유롭게 '5분 스피치'를 시작하였다. 즉, 주제를 정하지 않고 그냥 농촌봉사를 하러 내려오면서 느꼈던 감상을 5분간 나누는 것이었다. 동아리 활동을 하지 않아서 이런 경험이 없었던 나에게는 사람들 앞에 나가서 이야기 한다는 것이 무척 수줍고 떨리는 경험이었기에, 자유롭게 자신의 느낌을 이야기하는 다른 학생들이 참으로 놀랍게 느껴졌다.

그 당시 내겐 5분이라는 시간이 무척이나 길게 느껴졌다. 그러던 내가 학생들 앞에서 몇 시간씩 가르치고 이야기해야 하는 직업을 가지게 될 줄은 꿈에도 꾸지 못했었는데, 직업적으로 20년 넘게 반복하다 보니 5분이 아니라 50분이 기본이 되었다.

이렇게 직업적으로 반복하다 보면 적성이나 능력이 바뀔 수는 있는데, 5분 스피치를 못한다고 내향적인 것도 아니고, 반대로 잘한다고 외향적인 것도 아닌 것이다. 사람들 앞에서 강의를 청산유수 같이 잘하는 교수 중에도 다른 사람을 만나는 것이 여전히 불편하고, 자기만의 공간에서 휴식을 취하는 시간이 필요한 내향적인 사람도 얼마든지 있을 수 있는 것이다.

사람을 대할 때 선입견을 가지고 대하면 상대방과의 공감대 형성이 잘 이루어지지 않는다. 소통이 안 되는 것이다. 공부를 열심히 안 하는 자녀에게 부모가 "도대체 네가 뭐가 부족해서 공부를 안 하니? 엄마 아빠가 학원을 안 보내 주니? 용돈을 안주니?" 하고 다그치기만 한다면 더 이상의 대화는 이루어지지 않는다. 자녀가 처한 환경과 상관 없이 공부를 하고 싶지 않을 수도 있고 적성에 안 맞을 수도 있는 것이다. 그래서 상대방의 생각이나 감정을 그대로 받아주고 이해하는 데에서부터 출발해야만 진솔한 대화가 이루어 질 수 있는 것이다.

둘째, 비판하거나 편가르기 위함이 아니다.

우리가 서로 다르다는 것을 안다는 것이 남을 비판하거나 편 가르기를 하기 위한 것이 아니다. 우리나라나 일본에서는 종종 혈액형에 따라 성격유형이 구분된다고 믿는 경향이 많다.

개인적으로는 혈액형에 따른 성격유형이 과학적으로 증빙되지도 않았고 사람의 성격이 단지 네 가지로 구분될 정도로 단순하다고 생각하지 않기 때문에 그다지 신봉하지는 않는다. 재미삼아 이야기하는 것을 들어보면 A형은 성실하고 소심하며, B형은 기분파로 바람둥이가 많고, O형은 쾌활하고 사교적이며, AB형은 머리가 비상하나 어딘가 독특하다고 한다. 심지어는 일본에서는 B형 남자가 나쁜 남자라는 인식이 강해서 결혼상대로도 기피대상이고 취업에도 장애가 될 정도라고 한다.

그러나 성격유형은 어떤 성격유형이 더 좋고, 어떤 유형은 나쁘고 하는 것이 아니다. 즉, 외향형이 내향형보다 더 우월한 것도 아니고 더 열등하지도 않다. 서로 다른 것일 뿐이다. 그렇기 때문에 서로의 성격유형을 알고자 하는 것은 더 좋고 나쁨을 가르거나 내편 네편을 가르기 위한 것이 아니고, 상대방과 나의 차이를 알고 서로에 대한 이해를 높이기 위함에 있다.

우리는 종종 "저 사람은 왜 그래?" 또는 "너는 왜 그래?" 라는 생각을 하기도 하고 때로는 이런 말을 상대방에게 직접 쏟아내서 싸우기도 한다.

누구도 완벽한 성격은 없다. 내 성격이 상대방보다 우월하지도 않고, 열등하지도 않으며, 단지 다를 뿐인 것이다. 따라서 성격유형이 나와 다르다고 상대방을 비판해서는 안 되고, 나와 같다고 좋은 성격인 것도 아니다.

앞에서 이야기했듯이 외향형의 남편이 내향형인 아내를 이해하기 위해서는 내향형의 아내에게는 모르는 사람이 많은 부부모임에 가는 것이 결코 즐겁지 않고, 오히려 스트레스를 받는다는 것을 알아야 매 주말마다 부부모임에 아내를 반강제로 끌고 가려고 하지 않을 것이다. 한편, 내향형인 아내는 외향형인 남편이 주말에 집에만 있으면 스트레스 해소가 안 된다는 것을 알아야 서로의 취향을 적절하게 존중하는 절충적인 주말계획을 세울수 있는 것이다.

직장에서도 마찬가지이다. 성격유형에 따라 적합한 업무가 있을 수가 있기 때문에 적재적소에 배치한다는 차원에서 성격유형을 구분할 필요는 있지만 외향형이라고 내향형보다 무조건 좋다거나 주도형이 안정형보다 무조건 좋다는 법은 없는 것이다. 경우에 따라서는 팀원이나 부서원의 구성에 있어서 다양한 성격유형을 골고루 배치하는 것이 서로 보완적으로 업무를 수행할 수 있기 때문에 더 좋은 성과를 얻을 수 있다.

예를 들어 한 팀의 구성원이 모두 주도형이라면 서로 자기 주장대로만 일을 하려고 해서 의견이 모아지지 않고, 주장이 강하다 보니 서로 갈등도 많게 된다. 그렇기 때문에 팀에는 추진력이 있는 지도자형도 필요하지만 계획을 꼼꼼히 세우는 신중형도 있어야 하고, 분위기를 잘 맞추는 사교형도 필요하고, 결정된 일을 묵묵히 잘 따르는 안정형도 필요한 것이다.

셋째, 합리화하자는 것이 아니라 성숙하자는 것이다.

성격유형이 다르다는 것으로 자신의 단점을 합리화해서는 안 된다. "나는 외향형이라서 하루 종일 책상에 앉아서 공부만 하는 것은 잘 못해" 라든가, "나는 내향형이라서 영업직은 맞지 않아" 하는 식으로 자신의 약점을 합리화하는데 사용해서는 안 된다.

인간은 누구나 완벽하지 않기 때문에 우리가 노력해야 할 것은 자신의 약점을 개선하고 고치고 보완함으로써 좀더 성숙한 인간으로 발전해 나아가야 하는 것이지, "나는 이러이러한 성격 때문에 이런 일은 못해" 하는 식으로 잘못이나 실수를 변명하거나 합리화하고자 하는 것이 아닌 것이다.

"세상에서 가장 쉬운 일이 남의 단점을 알아내고 비판하는 것이고, 가장 어려운 일이 자신의 단점을 알아내고 이를 고치는 것이다" 라는 말이 있다. 남의 단점은 쉽게 눈에 띄지만 나의 단점은 못 보는 경우가 많은 것이다. 그래서 우리는 다른 사람의 단점을 비판적으로 보는 것을 그치고, 오히려 상대방의 장점을 타산지석으로 삼아 나의 단점을 고치고 보완해서 좀더 발전적으로 개선해 나아가는 데 힘써야 할 것이다. 즉, 감정형인 사람은 사고형인 사람이 감정에 지배 받지 않고 일하는 능력을 보고 배워야 할 것이고, 사고형인 사람은 감정형의 섬세한 배려를 보고 배울 필요가 있는 것이다.

이와 같이 상대방의 감정을 알아주는 것이 매우 중요한데, 특히 상대방이 다음과 같은 여섯 가지의 감정들을 가질 때 이를 알아주고 공감해 주는 것이 매우 필요한 것이다.

(1) 슬픔(Sadness) (4) 공포(Afraid/fear)
(2) 수치심(Shame) (5) 혐오(Disgust)
(3) 분노(Anger) (6) 절망(Despair)

이와 같은 감정들을 무시하거나 소홀히 하고, 때로는 억압하게 될 때 대화가 안 되고 소통이 이루어지지 않으며, 관계의 손상이 오게 된다. 부부가 신혼 때에는 깨가 쏟아지는 사랑의 관계이다가 세월이 흐르면 사랑도 식고 깊이 있는 대화도 잘 나누지 않는 경우가 많은데, 이는 공감을 제대로 못해주기 때문인 경우가 대부분이다.

그렇기 때문에 이런 감정을 잘 알아주고 공감을 잘 해준다면 상대방과 좀더 깊이 있는 대화가 이루어질 수 있고 긴밀한 관계가 형성되는데 매우 효과적이다. 특히 상대방이 배우자나 자녀, 또는 형제와 같이 매우 가까운 사이일수록 공감이 더 많이 필요하고 효과적이다.

I-message 대화

'나'를 주어로 시작하는 대화방법을 I-message(나 전달법) 대화라고 한다. I-message 대화방법은 상대방의 문제 언행에 대해서 비난을 하지 않고 내 의사를 전달하는 방법이다. 상대방의 문제 언행으로 인해 내 안에 불만, 반발, 분노, 거절 등의 감정이 생겨 지적을 하고 싶을 때가 있다. 이때 상대방의 행동에 초점을 맞추지 않고 나의 생각과 감정을 효과적으로 전달하는 방법이 I-message 대화방법이다. 이 대화방법은 상대방을 공격하거나 자극하지 않고 나의 메시지를 전달할 수 있게 되므로 공감대화를 하는데 많은 도움이 된다.

그러나 우리가 대화할 때 주로 많이 쓰는 방법은 '너'를 주어로 시작하는 You-message(너 전달법) 대화방법이다. 상대방과 대화할 때 상대방의 좋은 점이나 잘한 것을 칭찬 할 때에는 You-message

대화가 전혀 문제가 없다. 그러나 상대방의 잘못을 지적하거나 단점을 이야기할 때 You-message 대화를 하게 되면 상대방을 기분 나쁘게 만들고 화가 나게 만들어 친밀한 관계에 이르기 힘들다.

You-message 대화의 예를 들면 다음과 같다.

약속시간이 늦은 친구에게: "너는 왜 이렇게 맨날 늦니? 늦으면 늦는다고 연락을 해야지."

보고서 제출이 늦은 부하직원에게: "자네는 보고서를 이렇게 늦게 내면 어떡하나? 사장님이 아침에 찾았잖아!"

귀가시간이 늦은 남편에게: "당신은 도대체 왜 맨날 늦어요? 애들이 얼마나 기다린 줄이나 알아요?"

시험성적이 나쁜 아이에게: "너는 성적이 이게 뭐냐? 공부는 안하고 맨날 컴퓨터 게임만 하니까 이렇지!"

이렇게 You-message 대화는 상대방을 불쾌하게 만든다. 만약 우리가 이런 말을 듣는 친구, 부하직원, 남편, 자녀의 입장이라고 상상해 보자. 듣는 사람의 기분이 안 좋아질 것이라는 것은 군이 설명할 필요가 없을 정도로 명확하다. 문제는 이렇게 대화를 하는 사람은 상대방의 잘못을 지적함으로써 상대방의 잘못된 행동이나 생각을 고쳐주어야 한다고 생각하기 때문에 본인이 잘못했다고 생각하지 않는다. 그러나 아무리 옳은 말을 하더라도

You-message로 지적을 하면 상대방은 기분이 나빠져서 귀를 닫아 버리게 된다. 그러다 보면 메시지 전달이 안 되는 것이고, 이런 대화를 자주 하게 되면 잔소리로 들리기 때문에 대화가 단절되게 되는 것이다.

위의 예들을 I-message로 대화하면 다음과 같다.

약속시간이 늦은 친구에게: "나는 네가 늦게 와서 무슨 사고라도 난 줄 알고 걱정했지. 다음부터는 미리 연락해주면 좋겠다."

보고서 제출이 늦은 부하직원에게: "나는 자네가 보고서를 제 시간에 제출해 주길 바라네. 보고서가 늦으면 사장님께 제 때에 보고하지 못하니까 말이지."

귀가시간이 늦은 남편에게: "나는 당신이 늦게 오니까 당신 건강이 걱정되요. 일찍 와서 좀 쉬면서 아이들과도 같이 시간을 보내면 좋을 텐데요."

시험성적이 나쁜 아이에게: "엄마는 네가 성적이 안 좋아서 네가 원하는 대학에 못 갈까봐 걱정이 되는구나. 공부하는 게 많이 힘들지?"

이와 같이 '나'를 주어로 대화를 시작하면 말이 훨씬 부드러워지고, 상대방을 걱정하거나 상대방이 더 잘되기를 바라는 나의 마음이 잘 전달되기 때문에 상대방도 훨씬 마음이 잘 열리는 장점이 있다.

효과적인 I-message 대화법

효과적인 I-message 대화는 다음의 세 가지로 구성된다.

첫째, 상대방의 문제 언행을 비난하지 않고 묘사한다.

둘째, 나의 느낌과 **감정**을 전달한다.

셋째, 상대방의 언행이 나에게 미치는 구체적 **영향**을 말한다.

즉, 묘사, 감정, 영향이 I-message 대화의 세 가지 구성요소이다. 그런데 무엇보다도 I-message 대화의 어려운 점은 감정을 잘 조절하는 일이다. I-message 대화가 필요한 경우는 대부분 상대방의 언행이 나를 짜증나게 하거나 화가 나게 하는 상황들이기 때문이다.

상대방의 문제 언행 묘사

우리가 주로 사용하는 You-message 대화의 경우에는 상대방의 언행을 비난하는 것으로 시작하게 된다. "너는 왜 그런 행동을 하니?", "너는 도대체 왜 그러니?", "너는 어떻게 내게 그런 말을 할 수 있니?" 등은 모두 화를 내면서 상대방의 잘못을 비난하는 말이다.

반면에 I-message 대화는 상대방의 언행을 객관적으로 묘사하는 것으로부터 시작한다. 이 때에 나의 감정을 싣거나 판단을 개입시키지 않는 것이 중요하다. 그러다 보면 흥분하거나 화를 내지 않고도 상대방의 언행을 중립적으로 묘사하게 된다. 그렇기 때문에 상대방의 언행을 비난하지 않고도 나의 의견을 전달할 수 있게 되는 것이다.

상대방 언행에 대한 나의 감정

You-message 대화는 처음부터 상대방을 비난하고 화를 내는 문장으로 대화를 시작한다. 그런데 자신이 잘못했다 하더라도 상대방이 자신의 잘못을 지적하고 비난하는 말을 듣게 되면 누구나 자신의 잘못을 반성하기보다는 자신을 비난하는 상대방을 원망하게 된다. 그러나 자신의 언행에 대해 야단을 맞거나 비난 받을 것으로 예상되는 상황에서 상대방이 자신을 비난하지 않고 I-message 대화를 하는 것을 들으면 상대방의 말에 주의를 기울이게 된다. 그리고 I-message 대화를 통해서 감정을 솔직하게 전달하게 된다.

상대방의 언행이 내게 미치는 영향

많은 경우에 상대방 문제 언행에 대한 묘사와 나의 감정을 표현하는 것만으로도 상대방이 마음을 열고, 귀를 기울이고, 자신의 언행에 대한 변화를 보이는 경우가 많다. 그러나 좀더 효과적인 메시지 전달을 위해서는 상대방의 문제 언행이 내게 어떤 영향을 미치는지를 이야기할 필요가 있다.

예를 들어 보고서 제출이 늦은 부하직원에 대한 I-message는 다음과 같다.

"나는 자네가 보고서 제출이 늦을 것이라고 미리 이야기해 주지 않아서 걱정했다. 내일 열리는 임원회의에 제출하기 전에 우리 부서에서 보고서를 검토할 시간이 필요했거든."

이렇게 I-message 대화를 사용하는 이유는 상대방의 문제 언행을 이야기해 주고 변화를 유도하기 위한 것이다. 실생활에서 한 번만이라도 I-message 대화를 써보면 상대방의 반응이 달라지는 것을 보게 된다. 상대방의 문제점을 지적해서 고쳐 주고자 할 때에는 반드시 I-message 대화를 쓰도록 해야 한다. 다만 한 가지 어려운 점은 I-message 대화를 쓰는 것이 자연스럽게 몸에 베지 않으면 어색하다는 점이다. 따라서 I-message 대화를 쓰기 위해서는 꾸준한 노력과 연습이 필요하다. 특히 상대방이 감성적이고 민감한 성격인 경우에는 I-message 대화를 사용하는 것이 더욱 필요하다.

I-message 대화 사용시 참고사항

I-message 대화를 하려고 할 때 몇 가지 참고할 사항들이 있는데, 이를 정리하면 다음과 같다.

상대방의 잘못된 언행이나 단점을 고쳐주고자 할 때 사용

앞에서도 언급한 바와 같이 I-message 대화가 필요한 경우는 바로 상대방의 잘못된 언행이나 단점을 고쳐 주고자 할 때이다. 상대방이 내 말을 듣고 기분이 나쁠 수 있는 말을 하고자 할 때에는 내가 아무리 맞는 말을 한다고 하더라도 내 생각을 바로 이야기해서는 안 된다. 왜냐하면 상대방이 나의 자극적인 말로 인해서 기분이 나쁘게 되면 더 이상 내 말을 듣지 않고 마음이 닫히게 된다. 이러한 경우에는 반드시 I-message 대화를 사용해서 상대방을 자극하지 않고 부드럽게 나의 생각을 전할 필요가 있다. I-message 대화는 상대방을 비난하지 않고 나의 생각을 전달하기 때문에 상대방에게 사랑이 담긴 충고로 받아 들여지게 되어 내 생각이 잘 전달되게 되고, 상대방도 그런 말을 하는 나의 마음을 잘 이해하게 되어 결국 상대방의 마음이 움직이게 된다.

가까운 사이일수록 더 많이 사용

가까운 사이일수록 편하게 생각하여 조심하지 않고 직설적으로 말하는 경우가 많다. 그래서 가족이나 친구 사이에 말로 상처를 주는 경우가 종종 있다. 우리는 고부간의 갈등을 많이 이야기하지만 친정엄마와 딸 사이에 갈등이 있는 경우도 많다. 왜냐하면 모녀 사이는 가깝기 때문에 말을 조심하지 않고, 직설적으로 하는 경우가 많기 때문이다.

처음 만나는 사람이나 잘 모르는 사람과 대화할 때는 상대방의 단점이나 잘못한 점을 이야기하기 어렵기 때문에 조심스럽거나 예의를 갖추어 대화를 하게 된다. 상대방을 비난하는 이야기도 잘 하지 않는다. 따라서 갈등이 생길 일이 많지 않다. 그러다가 점차 자주 만나고 가까워지기 시작하면 상대방의 문제점도 지적하고 충고도 해주는데, 그러다 보면 서로 상처도 주게 된다.

가까운 사이일수록 친하다는 이유로 You-message 대화로 상대방을 비난하거나 문제점을 지적하는 경우가 많다. 또한 상대방의 언행으로 내 안에 불만이 생기거나, 화가 나게 되는 경우에 You-message로 대화하게 되면, 서로의 감정이 더욱 격해져서 싸움이 일어나고 갈등이 심해지게 된다. 그래서 가까운 사이끼리 You-message 대화를 쓰다가 관계가 나빠지기 쉽다. 특히 부부나 부모와 자녀, 친구나 직장동료 사이에 You-message 대화를 많이 하면서 싸움에 이르는 경우가 많다. 따라서 가까운 사람과 대화하면서 특히 상대방의 잘못한 언행이나 단점을 지적하거나, 상대방의 언행으로 나의 기분이 안 좋을 때에는 I-message 대화를 사용하는 것이 필요하다.

친구의 딸이 결혼을 하였다. 딸은 주관이 뚜렷하고, 하고 싶은 말을 참지 않는 편이고, 사위는 점잖고 말이 없는 편인데, 6년이나 연애하고 결혼했는 데에도 불구하고 신혼 초에 싸움을 많이 하였다고 한다. 어느 날 딸이 어두운 표정으로 아빠에게 물었다.

딸 : "아빠, 부부싸움을 안 하려면 어떻게 해야 돼?"

아빠: "I-message를 쓰도록 해봐."

딸 : "I-message? 그게 뭔데?"

아빠: "남편하고 대화할 때 '너는' 이라고 하지 말고 '나는' 이라는 말로 시작해봐."

얼마 후 딸은 아빠 말대로 대화를 해 보니까 싸움이 부쩍 줄었다면서 한결 표정이 밝아졌다고 한다. 이렇듯 부부의 행복은 조금만 알고 노력하면 금방 회복될 수 있다.

감성적이고 민감한 성격의 상대방에게는 더욱 필요

상대방의 성격이 감성적이고 민감한 성격인 경우에는 좀더 조심성 있게 대화를 나누어야 한다. 마음이 여린 사람들은 단어의 선택이나 억양 등에도 세심하게 반응하고, 상처를 받기 쉽다. 이런 성격의 상대방과 You-message 대화를 사용하면서 상대방의 문제를 지적하거나 단점을 이야기하면 더 많이 상처를 받기 때문에 더더욱 I-message 대화를 사용하여야 한다.

사용하기 어색할 수 있기 때문에 꾸준한 노력과 연습이 필요

우리가 일상적인 대화에서 I-message 대화를 잘 사용하지 않기 때문에 처음에는 사용하기가 무척 어색하다. 우리는 대부분 You-message가 더 익숙하기 때문이다. 평상시에 You-message를 주로 사용하다가 갑자기 I-message 대화를 하려고 하면 익숙하지도 않고 어색해서 말이 잘 안 나오는 경우가 많다. 그래서 자연스럽게 I-message 대화를 하기 위해서는 반복적인 훈련과 연습이 필요하다.

성공적인 공감대화를 위한 7가지 팁

지금까지의 내용을 종합해서 정리하면 성공적인 대화를 위한 일곱 가지 팁은 다음과 같다.

1. 남이 나와 다르다는 것을 이해하라.

사람은 매우 다양하다. 남자와 여자가 서로 생각하는 방법이나, 감정이 다르고, 공감에 대한 이해정도도 다르다. 또한 사람마다 성격도 매우 다양할 뿐만 아니라 원가족도 다르고, 이면대화를 사용하는 정도도 다르다. 그렇기 때문에 서로 다르다는 것에 대한 이해를 가져야만 상대방의 언행이나 감정표현 등이 이해될 수 있다.

특히 부부간에는 함께 살아오면서 누구보다 가까운 사이이기 때문에 서로에 대해 아주 잘 안다고 생각하지만 실제로는 서로 모르는 부분도 많고 이해 못하는 부분도 많다. 그렇기 때문에 부부가 함께 성격검사를 해보고 그에 대한 대화를 나누어보면 더욱 높은 단계의 대화를 할 수 있게 되고, 친밀감이 커지는 데에도 도움이 많이 된다.

부모들도 자녀를 잘 안다고 생각하지만 어린 시절의 자녀의 모습만 보고, 자녀의 성격이나 사고에 대해 잘못 아는 경우도 많다. 그렇기 때문에 나와 가까운 가족이나 형제, 친구 등이 나와 어떻게 다른지를 아는 것이 관계개선과 공감대화에 많은 도움이 된다.

2. 상대방만 고치려 하지 말고 서로의 차이를 수용하고 함께 좁히라

많은 경우에 상대방의 생각이나 행동이 잘못 되었다고 생각하기 때문에 고쳐야 한다고 생각해서 이야기 한다는 것이 잔소리가 되거나 훈계가 되며 심한 경우에는 상처를 주게 되어 관계가 단절된다. 특히 가까운 관계인 부부 사이나 가족간에 이런 일이 종종 일어난다. 정리를 꼼꼼히 잘하는 남편이 정리를 잘 안 하는 아내에게 왜 이렇게 집을 치우지도 않고 항상 지저분하냐고 핀잔을 주고 화를 낸다면 그 아내는 남편 말을 순순히 듣기보다는 불만이 쌓이게 되고 대화의 단절이 오게 된다. 그렇기 때문에 상대방이 나보다 잘하는 것도 많다는 것을 인정하고 칭찬하면서 서로의 차이를 좁혀나가는 것이 지혜로운 방법이다.

신혼 초에 기선을 제압해야 한다는 선배들의 조언을 순진하게 믿고 따른 신랑이 있었다. 그래서 열심히 자기 생각과 의지대로 아내를 제압하려 했더니 매일같이 부부싸움만 하게 되었다. 결혼 생활은 전쟁터가 아니다. 이런 방법으로 결코 행복한 결혼생활을 이어나갈 수가 없는 것이다. 마찬가지로 가까운 관계일수록 내 주장만 펼쳐서는 안되고 상대방의 생각과 의견도 존중하면서 그 감정을 알아주고 공감해 주어야 더욱 친밀한 관계로 발전하는 것이다.

3. 비판보다는 칭찬과 인정, 격려로 친밀감을 먼저 회복하라

성공적인 공감대화를 하기 위해서는 먼저 친밀감이 회복되어야 하는데, 그러기 위해서는 칭찬과 인정과 격려가 필요하다. 칭찬과 인정과 격려는 누구나 좋아한다. 이것을 싫어하는 사람은 아무도 없다. 누군가 늘 우리를 칭찬해주고, 인정해 주고, 격려해 준다고 생각해 보라. 그 사람을 만나면 우리는 기분이 좋고 함께 있고 싶고, 대화를 하고 싶어진다. 마음이 열리는 것이다.

그런데 이와 반대로 우리를 비난하고 인정해 주지도 않고, "넌 할 수 없어", "네가 하는 일이 다 그렇지 뭐" 라고 비관적으로 이야기하는 사람이 있다면 그 사람의 말은 더 이상 듣고 싶지 않고, 함께 있고 싶지도 않고, 곁에 있더라도 대화하고 싶지 않을 것이다. 이렇게 대화하고 싶지 않은 상대가 공감대화를 시도한다고 해도 마음이 열리지 않는다. 그렇기 때문에 공감대화를 하기 위해서는 먼저 상대방의 마음이 열려야 하는데, 그러기 위해서는 친밀감이 이루어져야 하는 것이다.

종종 자녀와 대화가 안 된다고 고민을 하소연하는 부모들이 있다. 그런 경우에 대부분은 자녀에게 칭찬과 격려와 인정은 안 해주고 잔소리를 많이 한 경우이다. 부모 입장에서는 자녀가 잘 되길 바라는 마음에서 잔소리도 하고 참견하지만, 자녀 입장에서는 칭찬은 안 해주고 잔소리만 늘어놓은 부모와 대화하고 싶은 마음이 전혀 없다. 그래서 집에 들어오면 방에 틀어 박혀서 나오지도 않는 것이다.

주말에 집 근처에 나갔다가 고등학생 아들과 함께 걸어가고 있는 친구를 우연히 만났다. 서로 반갑게 인사하고 나서 친구가 아들에게 이야기한다.

친구: "아빠 친구야. 인사 드려."

아들: "안녕하세요?"

나 : "아 오랜만이구나. 어릴 적 봤는데 기억이 잘 안 나지? 많이 컸구나. 잘 생겼네. 공부도 잘하게 생겼다."

친구: "공부 잘 하긴, 맨날 게임에만 빠져있는데."

아들: "……."

친구 아들은 아빠가 남 앞에서 자신이 공부도 안 하고 게임만 하고 있다고 이야기하는 것이 너무 창피하기도 하고 아빠가 자신이 열심히 공부하는 것을 인정하지 않는 것이 무척 섭섭하다.

이런 일이 그리 드문 일이 아니라는 것은 우리 모두가 잘 알 것이다. 우리나라는 전통적으로 겸손한 것을 미덕으로 삼아왔다. 그래서 남들 앞에서 아내자랑, 자녀자랑을 하는 것은 팔불출이라고 비난한다. 그러다 보니 배우자나 자녀를 칭찬하거나 인정하는 것에 매우 인색하다. 그렇기 때문에 대부분의 가정 안에서 공감대화가 잘 이루어지지 않는다.

4. 상대방의 상한 감정에 대해 공감의 대화를 하라

우리가 상대방의 감정에 대해 공감을 해주는 것이 관계개선과 대화에 매우 중요하다는 것은 알더라도 실제로 적용하는 것이 그리 쉽지 않다. 그것은 우리가 많이 써보지 않았기 때문에 익숙하지 않기 때문이다. 1장에서 설명했듯이 습관이 되기 위해서는 의지와 지식과 훈련의 3요소가 갖추어져야 하는데, 의지와 지식이 있더라도 훈련이 잘 안되어 있는 것이다. 그나마 다행이라고 할 수 있는 것은 우리가 대화가운데 항상 공감을 하고자 하는 노력을 할 필요는 없다는 점이다. 때로는 굳이 공감을 의식하면서 대화해야 할 필요가 없는 경우도 많고 또한 쉽게 공감이 되는 경우도 많다. 예를 들어 기쁘거나 즐거움의 감정은 공감해 주는 것이 그리 어렵지 않다. 그리고 공감을 해준다고 해도 슬픔을 공감 못

해주는 것에 비해 상처가 덜 하다.

그렇기 때문에 공감이 가장 많이 필요한 경우는 상대방이 감정이 상했을 때이다. 즉, 슬픔, 수치심, 분노, 공포, 혐오, 절망의 여섯 가지 감정이다. 상대방이 이러한 여섯 가지 감정으로 인해 기분이 안 좋을 때에는 상대방의 감정을 잘 알아주고 공감해 주는 것이 매우 필요하다. 다시 말하면 공감은 바로 상한 감정을 대할 때에 필요한 것이다. 상대방의 상한 감정을 잘 공감해 준다면 더욱 친밀한 관계가 이루어 질 수 있다.

5. 상대방에게 불만을 이야기 할 때에는 I-message를 사용하라

상대방의 상한 감정에 대해 공감대화를 해주는 것이 필요한 반면, 나의 감정을 이야기 할 때에는 I-message대화가 효과적이다. 공감대화가 필요한 경우는 주로 상대방이 슬픔 등의 상한 감정에 빠져있는 상황이기 때문에 이런 경우에 상대방의 짜증스런 말이나 화를 내는 말에 대해 You-message 대화를 한다면 상대방을 비난하거나 같이 화를 내면서 감정이 오히려 더 악화되기 쉽다.

그런데 상대방의 상한 감정에 대한 공감을 하면서도 나의 메시지를 전달하고 싶을 경우가 있고 때로는 나의 생각도 전달하여야 한다. 이러한 경우에 필요한 것이 바로 I-message 대화이다. 앞에서도 설명했듯이 I-message 대화는 상대방의 단점을 얘기하거나 상대방의 언행으로 나의 감정이 상했을 때 상대방을 비난하지 않으면서 갈등상황에서 대화를 할 수 있는 방법이다. 특히 공감대화는 상대방의 마음을 알아주면서 상대방의 속 마음을 열게 만드는 대화이기 때문에 I-message를 많이 사용함으로써 상대방의 마음을 열게 만들 필요가 있다.

6. 화가 날 때에는 담쌓기를 하지 말고 자기 진정(time out) 후 대화하라

때로는 화를 참기 어려울 때도 있을 수 있다. 이런 경우에 참지 못하고 폭발하게 되면 상대방에게 깊은 상처를 주거나 관계회복이 어려운 상태로 번지게 된다. 그러다 보면 담쌓기를 하게 되는 경우가 많다. 담쌓기란 상대방과 소통을 거부하는 것을 말한다. 상대방이 말을 걸어도 아무 말도 안 한다든가, 상대방이 없는 사람인 듯 취급하는 것, 불러도 대답도 안 하고 눈도 마주치지 않고 완전히 무시하는 것, 전화도 안 받고 문자도 답을 안 하는 것 등이 이에 해당한다. 상대방과 더 이상 말이 안 통한다고 생각하거나, 말로 해서는 상대방의 버릇을 고칠 수 없다고 생각할 때, 또는 자신이 화가 상당히 많이 났음을 알리는 방법으로 담쌓기를 하는 것이다. 그러나 담쌓기는 상대방에게 상처를 주는 방법이지 공감대화를 하기에는 적절하지 않다.

어쩌면 담쌓기를 하는 것이 폭발하는 것보다는 낫겠지만, 담쌓기를 오래하거나 반복적으로 하는 것은 좋지 않다. 그래서 가급적 담쌓기를 하지 말고 자기진정 후에 대화를 하는 것이 현명한 방법이다. 자기 진정이란 자신의 분노가 가라앉을 때까지 잠시 대화를 중단하고 대화의 자리를 피했다가 나중에 다시 이야기를 하는 것이다. 예를 들어 부부싸움 중에 화가 많이 난다면 잠시 밖에 나가 자기 진정을 한 후에 들어온다든가, 아니면 'time out'을 선언하고 대화를 멈춘 후 감정을 식힌 후에 다시 이야기를 하는 방법이 좋다.

이런 경우에 자신의 감정을 조절하는 방법으로 감정 라벨링이 있다. 이는 지금 자신이 느끼는 감정에 이름을 붙이는 것이다. "지금 나는 화가 나", "나는 불안해", "나는 무서워"와 같이 자신의 감정에 대해 라벨을 붙여줌으로써 자신의 감정을 부정하지 않고 알아차리고 인정하는 것이다. 이렇게 감정에 이름을 붙이는 과정에서 잠시 자신의 마음에 브레이크를 거는 효과가 생기고, 자신을 객관적으로 바라볼 수 있게 해주어 평정심을 찾는 데 도움이 된다. 감정은 꼭 다른 사람이 공감해 주지 않아도 자기 스스로 자신의 감정을 알아주기만 해도 진정되는 효과가 있는 것이다.

이와 같은 방법들은 상대방의 흥분을 진정시키고, 화가 나거나 불만이 가득한 마음을 가라앉히는 효과가 있다. 그렇지 않고 화가 나거나 불만이 가득한 상태라면 상대방은 대화를 거부하거나 이성적인 대화가 불가능한 상태에 빠지게 된다. 그렇기 때문에 상대방의 마음을 진정시키고, 상대방과 친밀감을 회복하여 마음을 열게 만들어야 성공적인 공감대화를 할 수 있게 된다..

7. 무조건 참지 말고 감정을 표현하라

때로는 갈등을 회피하기 위해 무조건 참는 경우도 종종 있다. 공감이나 I-message에 익숙하지 않거나 잘 모르기 때문에 상대방의 상한 감정을 대응하는 법도 잘 모르고, 잘못 대응했다가 갈등이 더 커지는 것을 피하기 위해서 참는 것이다. 그런데 참는 것은 그 당시에는 갈등이 일어나지 않기 때문에 효과적인 듯 보이지만, 참는 당사자의 마음에는 상대방에 대한 불만이 쌓이게 되어 관계가 훼손되게 되거나 스트레스를 받게 되어 마음의 병으로 이어지게 된다.

또한 내가 불만이 있거나 다른 의견이 있는 데에도 이야기 하지 않고 참기만 한다면 상대방은 나의 불만을 알지 못한다. 예를 들어 남편은 외향적이고 여행을 좋아해서 주말마다 산으로 바다로 다른 가족들도 함께 여행가기를 좋아하는데, 아내는 내향적이어서 가족끼리만 조용히 지내거나 여행을 가더라도 가족끼리만 가는 것이 좋아서 남편의 여행계획이 마음에 들지 않는다. 그런데에도 자신의 의견을 이야기 해봐야 남편이 듣지 않거나 화를 낼거라고 생각해서 이야기 하지 않는다면 아내는 여행을 따라가긴 하면서도 마음이 불편하고, 불만도 쌓이게 된다. 한편 남편은 그런 아내의 마음을 모르기 때문에 아내도 그런 여행을 좋아한다고 생각하게 된다. 그러나 누구나 인내에 한계가 있기 때문에 몇 년 후에 더 이상 참지 못하고 "난 이런 여행 가기 싫어"하면서 폭발하게 되면 남편은 너무 놀랄 수밖에 없다. 그러면 남편이 하는 말은 " 왜 진작 이야기 하지 않았어?" 일 것이다.

그렇기 때문에 자신의 불만이나 다른 의견을 상대방에게 이야기 하는 것이 필요한데, 이런 경우에도 I-message가 필요하다. 부부 사이에서뿐만 아니라 직장에서도 상사의 의견이나 지시가 마음에 들지 않거나 다른 의견이 있는 경우에도 대부분 참거나, 아니면 더 이상 참기 어려워 자신의 의견을 이야기 할 때 화가 난 목소리로 이야기 하는 경우가 많다. 이런 경우에도 평소에 I-message로 자신의 의견을 잘 피력하는 훈련을 한다면 직장생활에도 매우 도움이 될 것이다.

종종 결혼을 앞둔 예비 신랑 신부에게 "잘 참고 살아라" 라는 덕담을 많이 하는데, 이는 그다지 좋은 충고가 아니다. "서로 공감대화를 잘하면서 살아라" 하는 덕담이 행복한 결혼에 도움이 되는 삶의 지혜이다.

적용의 tips

1. 당신이 I-meSSage를 사용해야 될 대상은 누구라고 생각
   하나요?

2. I-meSSage가 필요한 때는 언제인가요?

3. 당신의 배우자나 자녀에게 공감을 잘 해주나요?

4. 언제 가장 공감이 잘 안 되나요?

5. 공감을 잘 하기 위해서는 어떤 노력이 가장 많이 필요하다
   고 생각하나요?

6. 성공적인 공감대화의 7가지 팁을 적용해 보았나요?

7. 성공적인 공감대화의 7가지 중에서 당신이 가장 잘하는 것
   과 가장 부족한 것은 어떤 것인가요?

대화의 걸림돌

〈표 9-1〉 대화의 12 걸림돌

명령, 강요	칭찬, 동의
경고, 위협	동정, 위안
판단, 비난	탐색, 분석
방어, 반박	충고, 훈계
욕설, 조롱	논쟁
담쌓기, 침묵	화제 바꾸기

사춘기를 훌쩍 지나 성인이 된 자녀들과 대화를 거의 안 하고 지낸다는 부모들을 만나게 되는 경우가 종종 있다. 부모는 누구나 자식을 사랑한다. 그렇기 때문에 더욱 고민이 큰 것이다. 부모로서 자녀를 누구보다도 사랑하고 있고, 언제나 자녀가 잘 되길 바란다. 그리고 자녀와 사이 좋게 지내고 싶은데, 자녀는 부모와 대화조차 하고 싶어 하지 않는 것이다.

이렇게 대화가 단절되는 경우는 〈표 9-1〉의 대화의 12가지 걸림돌 중에서 여러 개가 동시에 해당 되는 경우가 대부분이다. 그런데 부모들은 자신의 잘못은 생각하지 않고 대화를 거부하는 자식이 원망스럽기만 하다. 특히 〈표 9-1〉의 오른 쪽 6가지에 해당하는 경우에는 더더욱 본인이 잘못하고 있다는 생각을 하기가 쉽지 않다. 본인에게 잘못이 있다는 사실조차 모르기 때문에 스스로 잘못을 고치기가 쉽지 않다.

부부 사이나 직장 내에서도 마찬가지이다. 직장 상사와 부하직원의 대화 또는 부부간의 대화에서 〈표 9-1〉의 12가지 걸림돌이 사용된다면 제대로 소통이 될 수 없다.

1. 명령, 강요

팀장이 팀원에게: "보고서 좀 잘 만들어라.", "좀 일찍 출근해라."

선생님이 학생에게: "머리를 더 짧게 깎아라."

부모가 자녀에게: "공부 열심히 해.", "아침에 일찍 일어나라."

부부간에: "애들 공부 좀 잘 시켜요.", "이번 주말엔 당신이 애들 좀 데
리고 놀아줘요."

대개 권위적인 리더의 경우에 명령과 강요를 많이 하게 된다. 그런데 "무엇을 해라/하지 마라" 식의 말투는 상대방의 성장욕구나 잠재능력을 무시함으로써 반발감을 불러 일으키고 대화를 단절시킨다. 명령이나 강요에 대해 제대로 실천하지 못한 경우 상당한 비판이나 처벌이 따르거나, 그러한 처벌에 대한 두려움을 수반하기 때문에 제대로 대화가 이루어지기 어렵다. 명령과 강요가 가장 많이 일어나는 조직으로는 군대를 들 수 있는데, 이러한 상명하복식의 조직에서는 일방적인 지시와 상벌만 있지 토론이나 소통이 이루어지기 힘들다.

2. 경고, 위협

팀장이 팀원에게: "목표 달성을 못 하면 전원 휴가 반납이야."

선생님이 학생에게: "떠들면 운동장 열 바퀴 뛰는거야."

부모가 자녀에게: "성적 안 오르면 용돈 안 준다."

부부간에: "명절에 부모님 뵈러 고향에 같이 안 내려 가겠다면 나 혼자
라도 갈꺼야."

명령적 말투로 효과를 얻지 못했을 때 더 강력하게 의사를 표

현하기 위해 경고와 위협을 하게 된다. 그런데 경고와 위협은 상대방에게 공포감과 굴욕감을 주며, 강한 반발과 저항, 적개심을 갖게 한다. 경고나 위협을 하는 목적은 상대방으로 하여금 나의 명령이나 지시를 잘 따르도록 만들고자 하는데 있으나, 이러한 강제적인 지시보다는 동기부여를 하여 자발적으로 임무를 수행하도록 하는 것이 더 성취욕도 높이고 성과도 좋다.

3. 판단, 비난

팀장이 팀원에게: "보고서를 이렇게 두서 없이 장황하게 작성하면 어떡하나?"

선생님이 학생에게: "넌 그렇게 설명했는데도 못 알아듣니?"

부모가 자녀에게: "너는 언제 철이 들거니?"

부부간에: "당신은 항상 남의 말을 주의 깊게 듣지를 않아."

판단과 비판은 잠재적인 성장가능성을 무시하고 자존감을 짓밟음으로써 강한 분노와 공격적 태도를 갖게 하여 반항심을 불러 일으킨다.

얼마 전 미국 시카고 인근의 교외도시 배링턴에서 은퇴한 남편 래리 로츠(65)가 워킹 우먼인 아내 캐런(59)을 총으로 쏴 숨지게 한 사건이 발생했다. 로츠는 경찰에 아내가 커피메이커 전원을 끄지 않았다고 잔소리를 해 말싸움 끝에 총을 쐈다고 시인했다. 그는 부엌에서 커피메이커 전원을 빼고 자리를 피해 서재로 들어가 문을 걸어 잠갔는데, 아내가 계속 화를 내면서 열쇠로 방문을 따고 들어와 총을 쏘게 됐다고 설명했다. 책상 앞에 앉아 있던 로츠는 서랍에서 45구경 권총을 꺼내 들고 아내 캐런을 향해 4차례 발사했으며, 이 가운데 3발이 캐런의 머리와 등에 맞았다.

미국은 개인의 총기보유가 자유화 되어 있다 보니까 이렇게 공포스런 총기사고가 자주 발생한다. 이 경우에도 남편의 행동을 고치기 위해 잔소리 한 것이 오히려 남편의 분노심을 자극하여 엄청나게 불행한 사태를 불러 일으킨 것이다.

4. 방어, 반박

팀장이 팀원에게: "내가 언제 야근하라고 했어?"

선생님이 학생에게: "내가 언제 공부가 인생의 전부라고 했니?"

부모가 자녀에게: "나는 네가 대학 안 가도 된다고 한 적 없어."

부부간에: "나는 일중독자가 아니에요. 나도 집에 일찍 들어와서 가족과 같이 지내고 싶다고요."

우리는 상대방의 비난이나 지적에 대해 방어나 반박을 하는 경우가 많다. 자신의 진심을 몰라주는 상대방에게 그런 것이 아니라고 변명하는 경우도 있고, 상대방의 지적을 받고서 마음이 찔러서 핑계를 대는 경우도 있다. 어떤 경우이든지 방어나 반박으로는 상대방을 설득하지 못한다.

지그문트 프로이드는 사람이 갈등 상황에서 스스로를 보호하기 위한 방법을 사용한다는 것을 밝혔는데 이를 방어기제(defense mechanism)라고 불렀다. 방어기제에는 여러 가지가 있는데, 가장 일반적인 방법으로 부정, 억압, 합리화, 투사 등이 있다.

방어기제의 종류는 학자마다 다양한데, 초기에 지그문트 프로이드의 딸인 안나 프로이드는 10가지 방어기제를 언급했고, 그 이후 여러 학자들에 의해 30여 가지의 방어기제들이 연구되고 있다. 그만큼 우리 모두는 다른 사람으로부터 비난을 받았을 때 방어를 자주 한다는 것을 알 수 있다.

5. 욕설, 조롱

팀장이 팀원에게: "영업실적이 이렇게 부진한데 휴가 가겠다는 말이 나오나?"

선생님이 학생에게: "이것도 숙제라고 했니? 초등학생도 이보다는 잘하겠다."

부모가 자녀에게: "철들려면 한참 멀었구나.", "이 실력으로 대학 가겠니?"

부부간에: "당신은 밖에서는 일도 잘하면서 어떻게 집에서는 설거지 한 번 안 해?"

욕설과 조롱은 상대방의 행동을 어리석은 것으로 규정하고 거부하는 것으로, 상대방으로 하여금 분노와 함께 공격적 태도를 갖게 한다. 또한 상대방을 인격적으로 모독하는 것이기 때문에 상대방으로 하여금 적대적인 마음을 갖게 한다. 그렇기 때문에 내용상 맞는 말이라 하더라도 욕설이나 조롱하는 말투로 말하게 되면 싸움이 일어나거나 관계가 단절된다.

어느 직장의 신입사원이 고민을 털어놓은 적이 있었다. 같은 부서의 직원들끼리 자주 회식자리를 가졌다. 한 선임직원이 술만 마시면 이 신입사원을 야단치고 욕을 하곤 했다. 이 신입사원은 6개월 동안이나 선임직원한테 시달리는 것이 너무 힘들어서 정신과 상담까지 받게 되었다. 그러다 도저히 참다 못해 술자리에서 "왜 그렇게 내게 욕을 하느냐?"고 소리치며 그 자리를 박차고 뛰쳐나왔다. 결국 그 신입사원은 그 다음 날 회사에 사표를 제출하였다.

팀장이 신입사원에게 사표를 낸 이유를 물었더니, 선임직원의 욕설이 너무 견디기 힘들었다는 것이었다. 그래서 술자리에서 욕을 했다는 선임직원을 불러서 왜 그랬냐고 물었더니 그 선임직원은 그냥 술자리에서 농담 삼아 한 것인데, 신입직원이 그렇게 심각하게 받아 들일 줄 몰랐다고 했다. 욕을 한 사람은 가볍게 했다고 하지만, 욕을 먹은 신입사원은 그것 때문에 정신과 상담까지 받았을 정도로 심각하게 정신적 피해를 입었던 것이다. 이와 같이 욕설은 상대방에게 깊은 상처를 주기 때문에 관계 회복이 무척 어렵다.

6. 담쌓기, 침묵

팀장이 팀원에게: 팀원이 이야기를 하는데 귀 기울여 듣지도 않고 무시하는 듯한 태도를 보이는 팀장

선생님이 학생에게: 학생이 발표하는데 한심하다는 표정을 짓는 선생님

부모가 자녀에게: 아이가 장난감을 사달라고 떼를 쓰는데 들은 척도 안 하는 엄마

부부간에: 부부싸움 후에 남편이(아내가) 말을 걸어도 모른척 하고 대답도 안 하는 아내(남편)

담쌓기란 상대방과의 소통을 거부하는 것을 말한다. 상대방이 말을 걸어도 아무 대답도 안 한다든가, 상대방을 없는 사람인 듯 취급하는 것, 불러도 말도 안 하고 눈도 마주치지 않으며 완전히 무시하는 것, 전화도 안 받고 문자에도 답을 안 하는 것 등이 이에 해당한다. 담쌓기는 상대방과의 대화를 거부하고, 상대방을 무시함으로써 상대방을 답답하고 화나게 만들어 상처를 주게 된다.

침묵은 담쌓기처럼 지속적이지는 않지만, 상대방의 말에 대해 아무 말도 하지 않는 경우를 말한다. 대개 상대방에게 뭐라고 대답하는 것이 좋을지 몰라 고민되는 경우이거나, 아니면 그 주제에 관해 더 이상 대화를 나누고 싶지 않은 경우에 침묵하게 된다. 종종 말이 없는 사람들이 대화 도중에 아무 말도 안 하고 침묵하는 경우가 많다. 상대방 입장에서는 무척 답답하게 느끼게 된다.

홀어머니를 모시고 사는 부부가 있었다. 맏아들인 남편은 무척 효자이기도 했다. 또한 결혼한 동생에 대해서도 책임감이 남달랐다. 특히 시누이는 오빠한테 재정적으로 도움을 많이 받고 있다. 시어머니는 아들 앞에서는 여기저기 몸이 아프다는 투정만 한다. 부인은 그런 시어머니와 시누이가 너무 얄밉다. 그래서 그런 일로 신혼 초부터 싸움을 많이 했다.

그런데 남편이 워낙 확고해서 아무리 여러 번 싸워도 자기 생각에 흔들림이 없다. 그러다보니 이제는 부인도 남편과 더 이상 대화가 되지 않는다는 것을 알고 아예 말을 안 한다. 그런데 더 이상 불만을 토로하지 않으니까 남편은 아내가 철이 들었다고 생각하고, 시어머니와 시누이를 돌보는 일에 아낌없이 돈을 쓴다. 결국 남편과도 거리가 생기고 시어머니와 시누이는 더 싫어지게 되었다.

이와 같이 침묵으로는 문제가 축소되거나 해결되지 않고, 오히려 문제를 더 악화시키게 되는 것이다. 만약 남편이 아내의 마음을 알아주고 공감해 주었다면, 시어머니와 시누이에 대한 아내의 불만도 많이 줄어 들었을 것이다.

7. 칭찬, 동의

팀장이 팀원에게: (지방근무 발령을 받은 팀원에게) "자넨 어디 가든지 적응력이 뛰어나잖아."

선생님이 학생에게: (화장실 청소를 시키며) "넌 봉사정신이 참 훌륭해."

부모가 자녀에게: (공부하기 싫어하는 자녀에게) "넌 머리가 좋은데 왜?"

부부간에: (부부모임에 가기 싫다는 아내에게) "당신이 인기가 얼마나 많은데 가야지."

칭찬은 많이 할수록 좋다고 하는데, 칭찬이 대화의 걸림돌이라는 것은 이해되지 않을 수 있다. 칭찬은 적절하고 진솔하게 사용하면 자존감을 높이고 긍정적인 인간관계를 형성하는데 도움이 되는 것이 분명하다. 그런데 우리는 대체로 칭찬에 인색하다. 우리 대부분이 그렇게 자라왔기 때문에 남에게 칭찬하는 것이 어색하고 익숙하지 않다. 그렇기 때문에 의식적으로도 나의 배우자나 자녀, 그리고 친구나 직장동료, 이웃에 대해 칭찬을 많이 하려는 노력이 필요하다.

이렇게 칭찬이나 동의는 평상시에 많이 하는 것이 좋은데, 문제는 평소에는 칭찬을 하지 않다가 갈등이 발생할 때 갑자기 칭찬하는 것은 소통에 전혀 도움이 되지 않는 것이다. 상대방이 불평을 하거나 상대방에게 하기 싫은 일을 시키면서 갑자기 상대방을 칭찬하는 것은 진정성도 없고 문제를 회피하려는 방편으로 사용되는 것으로 인식된다. 그렇기 때문에 이렇게 갈등의 상황에서 칭찬이나 동의를 하는 것은 관계개선이나 소통에 전혀 도움이 되지 않는다.

8. 동정, 위안

팀장이 팀원에게: "이번에 승진 누락되었다고 실망하지마. 다음에 승진하면 되지."

선생님이 학생에게: "성적이 인생의 전부는 아냐."

부모가 자녀에게: "축구 못 한다고 친구들이 놀려도 괜찮아, 넌 아빠 닮아서 잘 할거야."

부부간에: "아이가 성적이 나쁘다고 너무 걱정하지 말아요. 건강하기만 하면 됐지."

동정과 위안은 얼핏 좋은 대화의 방법처럼 보인다. 그러나 상대방의 입장에서는 진정성이 없는 말로 위안하거나 동정하는 것으로 느껴져서 메시지 전달이 되지 않는다. 즉, 속으로는 아이가 공부 못 해도 된다고 생각하지 않으면서도, 배우자에게 아이 성적이 나쁜 것을 신경 쓰지 말라고 말하는 것은 진정성이 없기 때문에 전혀 위안이 되지 않고, 오히려 같이 걱정하기 싫어하는 뮤제회피로 받아 들여지게 되어 상대방의 분노를 불러 일으킨다. 그리고 본인이 경험하지 못한 일이나 사건, 사고 등에 대해 그런 일을 겪은 상대방을 위로하는 것도 위안이 되지 않는다.

예를 들어 남보다 빠르게 승진한 팀장이 승진이 누락된 팀원에게 "승진 좀 늦어도 돼" 하면서 위로하는 것은 별로 위로가 되지 않는다. 팀원의 입장에서는 "당신은 겪어보지도 않고 내 심정을 조금이라도 알아?" 라는 반응을 일으킨다.

친구의 아들이 결혼할 나이가 되었는데, 결혼상대로 외모를 유독 고집하느라 소개받은 여자마다 번번히 퇴짜를 놓았다고 한다. 그래서 친구가 아들에게 충고했다.

> **아버지**: "결혼상대를 고를 때 얼굴은 중요하지 않단다. 성격이 중요하지."
>
> **아들**: "그런데 아버지도 얼굴 예쁜 엄마랑 결혼했잖아요."
>
> **아버지**: "……."

아버지도 외모를 따져서 결혼했으면서 왜 나에게는 얼굴을 따지지 말라고 하느냐는 아들의 항변에 아버지는 할 말을 잃었다는 웃지 못할 실화이다. 이처럼 아들이 보기에 아버지도 스스로도 적용하지 못한 조언은 아무런 설득력이 없는 것이다.

9. 탐색, 분석

팀장이 팀원에게: "자넨 무슨 말만 하면 그렇게 기분 나빠하는 거 보니 심한 열등감이 있는 것 같군."

선생님이 학생에게: "요즘 성적이 안 좋은 거 보니 연애하지?"

부모가 자녀에게: "사실대로 말해, 화났지?"

부부간에: "당신이 집안 일에 관심이 없는 게 꼭 아버님 닮았네."

상대방의 언행에 대해 분석을 많이 하게 되면 상대방으로 하여금 불안과 방어적 태도를 갖게 만들어서 친밀감을 상실하게 하는 문제가 있다. 말할 때마다 네가 그렇게 말하거나 행동하는 것은 이런저런 이유 때문이라고 분석하는 것은, 아무리 그 분석이 타당하다고 하더라도 분석을 당하는 입장에서는 그다지 기분 좋은 경험은 아니다.

예를 들어 어느 팀원이 열등감이 심해서 다른 직원이 좋은 실적을 냈다는 말에 더 민감하게 반응하고 화를 내는 경우, 그 팀원이 화를 내는 원인을 분석해서 알려주는 것은 중요한 것이 아니다. 그것보다는 "화가 나겠구나" 하면서 화가 나는 그 마음을 먼저 알아주고 공감해 주는 것이 필요한 것이다.

10. 충고, 훈계

팀장이 팀원에게: "불평만 하지 말고 열심히 일해야 출세하지."

선생님이 학생에게: "대학 가려는데 그 정도 공부해서 되겠니?"

부모가 자녀에게: "내일 시험인데 놀기만 해서 되겠니?"

부부간에: "애들한테 잔소리만 하니까 더 비뚤어 지는거지.", "맨날 술 먹고 들어오니 애들이 뭘 배우겠어요?"

충고는 맞는 말을 하는 것이기 때문에 말하는 사람의 입장에서는 본인은 잘못이 전혀 없고, 상대방을 위해서 좋은 말을 해주는 것이라고 생각하게 된다. 그러나 충고와 훈계가 잦으면 잔소리가 된다. 이러한 잔소리를 듣는 것을 좋아할 사람은 없다. 상대방의 입장에서는 당위론적인 규범에 대한 반발과 저항심만 갖게 되는 것이다.

대학생 딸과의 관계가 좋지 않아서 고민인 아버지를 만난 적이 있다. 딸이 자신과 거의 말을 하지 않는다고 한다. 아버지와 대화를 나누어 보니 아버지가 딸의 중고등학교 시절에 잔소리를 무척 많이 했던 것을 알 수 있었다. 아버지의 입장에서는 딸의 앞날이 너무 걱정되기 때문에 남자도 만나면 안 되고 찢어진 청바지를 입어서도 안 되는 등의 충고를 한 것인데, 딸의 입장에서는 눈만 마주치면 잔소리를 해대는 아버지에게 신물이 나서 대학생이 되어서는 아버지와는 아예 눈도 마주치기 싫어하는 것이다.

대체로 나이가 많아질수록 훈계가 많아지는 경향이 있다. 인생 경험을 통해 얻은 삶의 교훈을 젊은 사람들에게 알려줘야 한다는 책임감과 함께, 그렇게 하지 않을 경우에 젊은 사람들이 시행착오를 많이 겪을 것이라는 노파심 때문에 사명감을 갖고 설교를 하게 되는 경우가 많은 것이다.

얼마 전에도 기업인들의 모임에 모 중소기업의 회장님이 오셨는데, 이분은 95세의 나이에도 건강을 유지하며 요즘도 매일 회사에 출근한다 했다. 그런데 그 회장님은 자리에 앉자마자 세계 경제와 우리나라의 정치, 외교, 경제 문제 등이 모두 총체적으로 큰 위기라고 하면서 1시간을 쉬지도 않고 말씀하신다. 다른 사람들은 이야기할 기회도 없다. 다들 서둘러 자리를 마무리한 후 이구동성으로 하는 말이 그 회장님의 장남인 사장님이 매일매일 저 설교를 들으려면 얼마나 고생이 많겠냐는 것이었다. 내 말이 아무리 맞는다고 생각되더라도 내 말만 일방적으로 늘어놓는 것은 아무도 좋아하지 않는다. 대화를 이어가기 위해서는 상대방의 말도 듣고 서로 의견을 나누는 자세가 필요하다.

11. 논쟁

팀장이 팀원에게: "그렇게 중요한 결정은 미리 상부에 보고를 해서 허

락을 받고 나서 추진하는게 회사방침인 거 모르나?"

선생님이 학생에게: "공부를 안 해도 성공할 수 있다는 근거가 무언지 이야기해봐."

부모가 자녀에게: "네가 오락실 가서 돈 쓰는 것과 불우이웃을 돕는 것 중에 어느 것이 더 옳은 일이라고 생각하니?"

부부간에: "애들 앞날을 생각해서라도 열심히 저축을 해야지, 외식이나 하고 여행이나 다니면 언제 돈을 모으겠어요?"

논쟁은 상대방에게 굴욕감과 열등감을 느끼게 하며, 논리적 공격에 방어적 태도를 갖게 한다. 동료 교수 중에 말을 상당히 잘 하는 교수가 있다. 그는 강의도 잘해서 기업체 강의도 많고, 심지 어는 TV프로그램에도 출연하여 강의할 정도로 명강의로 이름을 날리는 교수이다. 그의 말은 매우 논리적일 뿐만 아니라 다른 교 수의 말도 논리적으로 잘 반박하곤 한다. 그러다 보니 다른 교수 들이 별로 그를 좋아하지 않는다.

어느 날 그가 내게 고민을 털어놓았다. 자신이 학교 밖에서는 인기가 많은데, 같은 과 교수들은 자신을 왜 싫어하는지 모르겠 다는 것이다. 그래서 내가 말했다. 동료교수들과 대화할 때 그들 의 말을 반박하지 말고 잘 들어주라고. 대부분의 사람들은 당신 이 재미있게 강의도 잘하고, 강의 내용도 흥미로우니까 좋아하 지만, 교수들은 자신의 말이나 생각이 논리적이지 않다고 지적

받는 것을 자존심에 상처받는 일이기 때문에 매우 싫어하는 편이다. 그 이후로 그는 다른 교수의 말을 경청하는 노력을 많이 해서 동료교수와의 관계가 많이 회복되었다.

12. 화제 바꾸기

팀장이 팀원에게: (팀원이 육아휴직을 해야 된다는 말에) "자네 박부장하고는 대학 선후배사이지?"

선생님이 학생에게: (공부를 해도 성적이 안 오른다는 말에) "너는 어떤 운동 좋아하니?"

부모가 자녀에게: (장난감 사달라는 아이에게) "친구 중에 누가 제일 공부 잘하니?"

부부간에: (주말에 가족여행을 가자는 아내의 말에) "당신 요즘 요리학원은 재미 있어?"

대화 중에 상대방으로부터 대답하기 곤란한 요구를 받아서 화제를 돌리게 되면, 문제로부터 벗어났다고 생각할 수 있으나, 상대방 입장에서는 자신의 질문이나 요구에 대해 답을 듣지 못했기 때문에 그 문제로부터 벗어난 것이 아니라 그대로 남아있게 된다. 상대방이 자신의 이야기를 경청하지 않고 화제를 돌리는 일이 반복되게 되면, 말을 꺼낸 사람의 입장에서는 상대방이 자신의 말에 무관심하거나, 자신과 진지한 대화를 원하지 않는다고 생각하게 된다. 따라서 진정한 소통이 이루어지지 않는다고 생각하게 되고, 대화에 거부감을 느끼게 된다.

남편들의 경우 아내가 10년, 20년 전의 일을 여전히 반복해서 불평하는 것을 힘들어 하는 경우가 종종 있다. 남편에게는 기억도 안 나는 오래 전 일을 어떻게 아직도 잊지도 않고 있는지 놀라울 뿐만 아니라, 예전의 일에 대해서는 분명히 사과했던 것 같은데 왜 아직도 그것에 메여 있는지 당황스러운 것이다. 그런데 아내의 입장에서는 10여년이 지난 지금까지도 제대로 된 답을 들어보지 못했거나, 대답에 진정성이 없었기 때문에 반복적으로 그 문제를 끄집어 내는 것이다.

어찌보면 마치 우리나라가 해방된 지 70년이 지난 지금까지도 일제침략에 대한 일본의 사과를 요구하는 것과 마찬가지이다. 일본사람들의 입장에서는 과거에 틈틈이 사과했는데 왜 자꾸 사과를 요구하는지 모르겠다고 생각할 수 있지만, 우리나라의 입장에서는 일본이 독도나 위안부 문제 등에서처럼 사과에 합당한 행동을 보이지 않기 때문에 진정성 있는 사과가 없었다고 생각되는 것이다. 마찬가지로 아내들도 남편들의 진정성 있는 사과를 바라는 것이다.

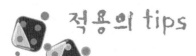 

적용의 tips

1. 12가지 걸림돌 중에서 당신에게 해당되는 것은 어떤 것들 인가요?

2. 배우자와의 대화에서 12가지 중 어느 것이 가장 많이 해당 되나요?

3. 자녀와의 대화에서 12가지 중 어느 것이 가장 많이 해당되 나요?

4. 친구와의 대화에서 12가지 중 어느 것이 가장 많이 해당되 나요?

5. 직장에서의 대화에서 12가지 중 어느 것이 가장 많이 해당 되나요?

6. 대화의 걸림돌을 고치기 위해서는 어떤 노력을 해야 하나 요?

소통의 실패와 성공

소통의 실패

우리는 살아오면서 소통이 잘 안되어 어려움을 겪은 경험을 누구나 갖고 있다. 그러나 정작 그런 어려움을 당했을 때 조차 소통에 문제가 있었기 때문이라는 점을 인식하지 못한다. 몇 가지 대중적인 사례를 통해 소통의 문제가 어떤 경우에 발생하고 근본 원인이 무엇이며, 대처방안은 무엇인지 살펴보기로 하자.

리더의 소통문제

서양 사회가 좀더 수평적인 것에 비해 우리나라를 비롯한 동양의 사회구조가 더 수직적이다. 리더십 스타일도 동양사회가 상대적으로 더 권위적이고 상명하복(위에서 **명령 내리고** 아래에서는 복**종하는**)식이어서 대화와 소통보다는 일방적인 지시와 상벌을 내리는 제왕적 리더십이 많다.

제왕적 리더십 관점에서의 소통이란, 지시가 제대로 이해되고 잘 이행되었는지 여부만 중요하지, 팔로워들의 의견이나 마음은 고려되지 않는다. 오늘날의 사회에서 제왕적 리더십은 더 이상 환영 받지 못한다.

과거 군사정부 시절 TV 뉴스에서 자주 보이던 국무회의 모습을 보면 대통령은 뭔가 말하고 있고, 장관들은 열심히 머리 숙이고 받아 적기 바쁘다. 마치 대통령의 소중한 말씀을 한 마디라도 놓칠세라 너무나 진지하게 적고 있다. 장관이라면 그 분야에 대해서는 적어도 최고의 전문가이어야 하고, 대통령보다 아는 것이 더 많아서 오히려 장관이 말하고, 대통령이 받아 적는 모습이 더 타당하지 않을까? 대통령이 받아 적지는 않더라도 적어도 대통령과 장관들이 국정운영에 관해 활발하게 의견을 나누고, 사안에 따라서는 격론을 벌이면서까지 최선의 방안을 마련해야 할

텐데 그런 모습은 찾아 볼 수가 없다. 이렇게 일사분란한 모습이 너무나 당연하다는 듯이 TV에서 방영하는 수준인 것이다.

그런데 30어년이 지난 오늘날에도 국무회의의 모습이 그다지 크게 달라지지 않았고, 국무회의뿐만 아니라 정부부처나 대기업의 임원회의 모습도 크게 다르지 않다는 점이다. 그만큼 우리나라는 사회 전반적으로 활발한 토론 문화가 부족하다.

어느 공공기관의 임원회의 모습이다. 매주 월요일 아침에 개최되는 임원회의에는 기관장과 10여 명의 임원이 참석한다. 각 임원은 돌아가면서 업무보고를 하고, 그에 대해 기관장이 몇 마디 언급하는데, 경우에 따라서는 칭찬과 질책이 따르기 때문에 임원들은 모두 긴장되어 있고, 회의장 분위기는 매우 엄숙하다.

각각의 임원이 자신의 담당부문에 대해 보고 할 때 다른 임원이 질문하거나 의견을 제시하는 경우는 거의 없다. 간혹 눈치 없는 임원이 다른 임원이 보고할 때 질문하거나 문제점을 지적한다면 동료 임원들로부터 눈총과 원망을 받는다. 어쩌다 기관장이 농담조로 이야기하면 다들 너무 재미있다는 듯이 크게 웃는다. 여기서 웃지 않는 임원은 국무회의에서 받아 적지 않는 장관이나 마찬가지로 기관장의 심기를 건드려 인사상의 불이익이 뒤따를 수 있다.

미국이나 유럽의 리더들은 권위적이지 않다. 특히 우리나라 대통령과 많이 비교되는 것이 오바마 대통령의 소통이다. 세계 최강 국가의 대통령으로서 막강한 권력을 가졌으면서도 전혀 권위적이지 않다. 여러 차례에 걸친 '파격 인터뷰'가 그 예이다. 온라인 매체와 인터뷰하며 '셀카봉'을 들고 우스꽝스러운 표정을 지어 보이는가 하면, 미국 코미디언 마크 마론이 진행하는 팟캐스트와 '유일무이한' 인터뷰를 위해 직접 그의 허름한 차고를 방문하기도 했다.

또한 설립된지 1년도 안 된 인터넷 매체와 인터뷰하며 외교정책과 국내 주요 현안들에 대해 설명했으며, 인기 토크쇼 〈지미 키엘 쇼〉에 출연해 "한밤 중에 배가 고파 샌드위치가 먹고 싶을 때 다른 사람을 깨우냐" 는 식의 질문에 답하며 농담을 주고 받았다. 이 프로그램의 인기 코너인 〈Mean Tweet〉에서 자신에 대한 악성 트위트를 읽기도 했다. 이렇게 오바마 대통령은 필요에 따라 스스럼없이 인터뷰에 나서고, 효과를 극대화 할 수 있는 통로와 방법을 활용해 자신의 메시지를 전달한다.

그게 전부가 아니다. 중대 사안이 발생했을 때 이를 신속하게 국민들에게 알리는 건 기본 중에서도 기본이다. 이란 핵협상이 타결되던 날에도 오바마 대통령은 새벽부터 생중계 기자회견을 준비했다. 그리고 중대사안이 발생하면 지체 없이 '대국민 보고'를 한다.

이와는 대조적으로 우리나라 대통령은 기자회견도 자주 하지 않으며, 대국민 보고를 하는 일은 더더욱 드물다. 그리고 기자회견이나 대국민보고에서 기자들의 질문시간은 아예 없는 경우가 대부분이다. 그만큼 우리나라의 대통령은 무척 권위적인 편이다.

한편 오바마 대통령에게서 권위적인 모습은 찾아 볼 수가 없다. 어느 날 갑자기 소나기가 쏟아지자 비서진들에게 직접 우산을 씌워주며 함께 걷는 오바마 대통령의 모습은 우리에게 무척이나 훈훈하게 다가온다. 특히 백악관의 청소부아저씨와 주먹을 마주치며 인사하고 지나가는 오바마 대통령의 모습은 정말 우리나라에서는 상상도 하기 힘든 친근한 모습이다.

쇠고기 파동과 소통

우리나라에서 소통이라는 단어가 언론에 떠들썩하게 언급된 것은 MB 대통령 시절이었다. 그는 2008년도 대통령에 취임하자마자 쇠고기 파동을 겪었다. 그 해 MB 정부가 미국산 쇠고기의 수입을 추진하자, 미국에서 광우병에 걸린 쇠고기를 들여 오는 것이 아니냐는 국민적 우려를 낳게 되었다. 그러자 정부는 미국산 쇠고기의 안전에 대한 미국측 답변을 제시하며, 아무 문제가 없다는 주장을 거듭 펼쳤다. 그러나 이러한 정부의 주장을 신뢰할 수 없었던 국민들은 10만여 명이나 세종로 거리로 나와 촛불 시위를 하기에 이르렀다. 이로 인해 MB 대통령은 취임 100일만에 지지율이 10%대로 급락하였다.

물론 이 과정에서 정부도 국민 건강을 위해 광우병 걸린 쇠고기가 수입되지 않도록 많은 노력을 했으리라고 생각한다. 실제로 그 이후부터 지금까지 미국산 쇠고기로 인해 광우병 문제가 발생한 적이 없으니 정부입장에서는 국민들이 정부의 말을 신뢰하지 못하는 것이 무척 안타까웠을 것이다. 특히 이로 인해 임기 초부터 곤혹을 치른 MB 대통령으로서는 지금도 무척 억울하다는 생각을 하고 있을지 모르겠다. 그럼에도 불구하고 국민과의 소통에 실패한 지도자로 불리울 수밖에 없다.

MB식 소통의 문제점은 무엇이었을까?

첫째, 소통의 핵심은 먼저 상대방의 말을 잘 듣고 그 마음을 알아주는 것에서 출발해야 하는데, 내 주장만 펼친 데에 문제가 있다. 아무리 내 생각이 옳다 하더라도 일방적으로 내 의견만 펼치는 것은 소통이 아니다. 내 주장보다는 먼저 광우병을 걱정하는 국민들의 마음을 헤아렸어야 했다. 심지어 아기엄마들이 유모차까지 끌고 나와 촛불시위에 참가했을 때에는 광우병에 대한 근심이 얼마나 큰지를 좀더 세심하게 살폈어야 하는데, 오히려 전문 시위꾼으로 매도하는 바람에 국민적 분노가 더 들끓게 되었다.

둘째, 대화의 걸림돌에서 살펴보았듯이 방어와 반박, 논쟁은 소통에 상애가 된다. 나의 주장이나 설명, 해명 등은 상대방의 마음을 알아주고 충분히 공감해 준 다음에 제시되어야 한다.

셋째, 소통은 일방통행이 아니고 양방향통행이어야 하는데, 일방통행식 홍보를 열심히 하고서 소통을 잘했다고 착각하고 있다. MB 대통령도 쇠고기파동이 국민들의 잘못된 인식 때문에 일어났다고 생각한 것 같다. 그래서 대국민 홍보를 강화하기 위한 방법으로 대통령의 라디오 연설을 실시하였다. 소통은 상대방의 말을 듣는 것에서부터 출발해야 하는데, 일방적인 전달을 강화하기 위해 라디오 연설을 택한 것이 오히려 지지도를 더 떨어뜨리는 결과를 초래한 것이다.

갑을문제

최근 들어 우리나라에는 부쩍 갑과 을간의 갈등문제가 빈번하게 발생하고 있다. 주로 갑의 횡포로 인한 사건들로 인해 사회적으로 을을 동정하면서 갑에 대한 비난이 들끓게 되었다. 예를 들어 대한항공의 조현아 부사장의 땅콩 회항사건이나, 대한항공 비지니스석의 라면사건, 남양유업의 대리점사건 등이 모두 갑의 횡포로 인해 발생한 사건들이다.

땅콩 회항사건: 대한항공 조양호 회장의 장녀인 조현아 부사장이 뉴욕발 인천행 항공기 일등석에 탑승하였다. 승무원이 일등석 기내서비스로 마카다미아 넛(**땅콩은 아니었음**)을 제공하였는데, 봉지채 준 것이 잘못이라는 이유로 승무원을 무릎 꿇게 하고 욕설을 퍼부었다. 이에 사무장이 고객서비스 매뉴얼이 담겨있는 태블릿 PC를 가져와 승무원의 잘못이 없음을 보여주자, 더 화가 난 조 부사장은 승강장을 출발한 비행기를 회항시켜 사무장을 비행기에서 내리게 하였다. 그 이후 이 사건이 알려지자 조 부사장의 과잉행동은 온 국민으로부터 엄청난 비난을 받았고 해외 언론에서까지 화제가 되었다.

대한항공 라면사건: 미국 출장을 위해 대한항공 비즈니스석에 탑승한 포스코 임원이 옆자리가 비어있지 않다고 불평을 하기 시작하면서, "아침식사 메뉴에 왜 죽이 없느냐?" 고 항의하고는 밥이 나오자, "밥이 설었다" 면서 라면을 끓여오게 하고, 끓여온 라면이 덜 익었다고 다시 끓여오게 하고, 다시 끓여온 라면이 잘 익었는지 물어보는 승무원에게 직접 먹어보라고 하며 여러 차례 퇴짜를 놓았다. 그 밖에도 실내온도가 덥다는 등의 각종 불평불만을 제기하다가 급기야는 승무원에게 욕설을 퍼붓고

잡지책으로 승무원의 눈두덩을 때리는 폭력을 행사하여, LA공항에 착륙 후 FBI의 조사를 받고 미국 입국이 거부되어 귀국조치를 당하였다.

그 후 이 사건이 SNS를 통해 알려지게 되고 언론에까지 보도되면서 비난이 커지자, 포스코는 기업 이미지 보호차원에서 사과문을 발표하고 해당 임원을 해임함으로써 사태를 일단락 지었다.

남양유업의 대리점사건: 대리점에서 주문한 양보다 많은 물량을 보내고 유통기한이 얼마 남지 않은 물량도 밀어내기 식으로 보낸 사건이다. 그로 인한 손해는 대리점에서 전액 부담. 대리점 업주가 항의했더니 본사 영업팀의 젊은 직원이 50대의 대리점 업주에게 온갖 욕설을 하면서 묵살하였다. 대리점의 경우 남양유업과의 대리점 계약이 해지된다면 장사를 그만두어야 하기 때문에 불리한 계약조건을 받아 들이는 수밖에 없었다. 이 사건으로 여론이 악화되어 남양유업 불매운동이 일어나기도 했다.

갑을문제의 원인

이렇게 갑을문제가 빈번히 발생하는 이유는 무엇일까? 갑을문제의 본질은 갑과 을의 관계에서 갑의 과도한 권한행사로 을의 권리를 침해하는 것인데, 그 원인은 관계의 수직적 구조와 갑의 권한 행사를 어느 정도 용납하는 사회적 통념에 있다.

수직적 구조: 우리 사회는 관계설정에 있어서 나이를 중요시한다. 처음 만나는 사람과는 서로의 나이를 확인하여 형/동생, 또는 선배/후배의 관계로 정리되곤 한다. 심지어 젊은 층에서는 동갑인 경우에 빠른/늦은 몇 년생이라는 것으로 서로의 상하관계를 정할 정도로 나이에 민감하다. 그런데다가 우리 말에는 존댓말이라는 독특한 언어구조가 있어서 아랫사람은 윗사람에게 존칭을 써야 한다. 그러다 보니 나이로 인해 이미 발생한 상하관계에서 수평적인 관계의 친구 사이가 되기는 힘들다.

우리가 잘 알다시피 영어에는 공손하게 표현하는 경우는 있지만, 존칭은 없기 때문에 나이 차이가 아무리 나더라도 서로 친구처럼 대등하게 대화한다. 초등학생 아이가 할아버지를 만나도 "하이~" 하면 되고, 직장에서 말단사원이 사장을 만나도 "하이~, 스티브" 하면서 이름을 부른다. 대학교에서 학기초에 새로운 수업에 들어가서도 같은 반 학생들에게 "하이" 하면 되지 다른 학생이 나보다 나이가 많은지 적은지를 파악하기 위해 신경 쓸 필요가 없다.

간혹 거리에서 남자들끼리 다툼이 일어나는 경우에 종종 보는 풍경은 다툼이 일어난 문제의 본질에 대해 논쟁하기 보다는 "너 왜 반말해? 나이가 몇이야?" 라는 말로 싸움이 번지는 것을 볼 수 있다. 그만큼 우리 사회에서는 나이가 중요한 것이다. 왜냐하면 나이가 많으면 반말을 쓸 수 있는 권한이 주어지고, 나이가 적으면 존댓말을 써야 하기 때문이다.

더욱이 우리 사회는 예전부터 유교사상이 뿌리 깊게 전해 내려오고 있다. 유교사상의 근본인 삼강오륜은 세 가지의 강령과 다섯 가지의 인륜을 말한다. 여기서 5륜 중의 하나가 '장유유서'인데, 어른과 어린이 사이에는 차례와 질서가 있어야 한다는 의미이다.

그런데 이러한 유교사상이 본질보다는 형식론적인 측면으로 더 치중되다 보니, 나이가 많고 적음에 따라 존칭뿐만 아니라 나이가 적은 사람은 나이 많은 사람의 말에 복종해야 할 의무가 발생하게 된 것이고, 그렇지 않을 경우 기본적인 예의범절도 모르는 버릇 없는 놈이라고 욕을 먹게 되는 것이다. 즉, 유교사상이나 수직적 구조가 문제가 아니라, 그런 구조하에서 잘못된 관계 설정에 문제가 있는 것이다.

마찬가지로 삼강오륜의 정신이 잘못 적용되는 경우가 고부간의 관계이다. 고부간의 갈등은 주로 시어머니가 아들 가정의 경계선을 침범하는 데에서 문제가 발생한다. 아들이 결혼해서 가정을 이루게 되면 아들 부부를 독립된 가정으로 인정하고, 그 가정의 경계선을 인정해 주어야 하는데, 부모의 말을 잘 듣는 어린 아이 시절의 아들로 생각하여 아들 가정에 간섭하는 것이 문제의 출발이다. 그래서 아들이 결혼 후에도 식사는 제대로 하고 다니는지 걱정되고, 아들이 엄마가 해준 밥이 더 맛있다고 하면 기분이 좋고, 혹시나 며느리가 해준 밥이 더 맛있다면 기분이 나빠지는 것이다. 그 밖에도 아이의 양육방식이나 교육문제 등 여러 가지 면에 있어서 간섭하거나 강요하면서 갈등이 빚어지는 것이다.

갑의 횡포와 같은 문제가 유독 우리나라에서만 발생하는 것은 아니다. 외국에서도 다양한 형태의 차별이나 학대가 있는데, 인종차별이나 여성차별, 그리고 아동 학대의 경우는 지구촌 곳곳에서 이루어진다는 점에서 훨씬 문제가 심각하다. 미국의 경우에도 오래 전부터 인종차별이나 여성차별의 문제가 있어 왔다. 미국에서 여성의 투표권 행사는 1920년부터 허용되었고, 흑인에 대한 투표권 차별을 완전히 철폐한 것이 1966년이다. 인종차별이나 여성차별의 경우에는 부분적이나 간헐적으로 이루어지는 것이 아니라, 모든 유색인종이나 모든 여성을 대상으로 사회 전체적으로 이뤄지기 때문에 그 피해 범위가 훨씬 큰 것이다. 특히 흑인대통령이 나온 오늘날까지도 미국에서의 인종차별은 여전히 뿌리 깊은 사회문제로 남아있다.

갑을문제의 해소방안

이와 같이 국가나 민족, 종교 등에 따라 나타나는 차별, 학대, 횡포의 문제가 다양하다고 할 수 있는데, 그 중에서 우리나라의 갑을문제는 주로 수직적 관계에서 나타난다는 점에서 그 특징이 있다. 그런데 시대의 변천에 따라 수직적 관계의 당위성이 점차 약화되고 있다. 예를 들어 시어머니와 며느리의 관계에서 예전처럼 시어머니가 며느리에게 고된 시집살이를 시키는 것이 당연시 되지 않기도 한다. 오히려 며느리의 눈치를 보는 시어머니가 점차 늘고 있는 추세이다.

즉, 갑과 을의 관계에서 을의 파워가 더 세진다는 것인데, 그러다가 갑과 을이 동등한 관계에서 평형을 유지하게 되는 경우도 있을 수 있다. 또는 갑과 을의 파워가 역전되어 을이 갑이 되고 갑이 을이 되는 경우도 발생한다. 그러다 보니 예전에는 당연시 되던 갑의 권력행사가 요즘에는 갑의 횡포로 인식되어 더욱 빈번하게 사회적인 문제로 부각되는 경향도 있다고 할 수 있다.

갑의 자세변화

무엇보다도 갑을문제가 해소되기 위해서는 갑의 의식과 자세가 먼저 변화되어야 한다. 그리하여 갑과 을이 수직적 관계가 아니라 서로 대등한 수평적 관계로 자리매김 한다면 더 이상의 갑의 횡포는 존재하지 않을 것이다.

다시 말하자면 대한항공의 조현아 부사장의 경우도 승무원이나 사무장을 마치 몸종 대하듯 하지 않고 인격적으로 대하고, 본인이 상급자로서의 권한범위 내에서 의견을 제시하고 지시하는 정도로만 했다면 문제가 발생하지 않았을 것이고, 항공보안법 위반으로 구속까지 되는 일은 없었을 것이다.

포스코 상무의 경우에도 승무원을 노예 부리듯 하지 않고, 항공기 승객으로서 승무원에게 요구할 수 있는 정도 내의 서비스만을 요구했다면, 임원으로 승진하자마자 첫 출장길에 해임되는 일은 없었을 것이다.

남양유업의 경우는 본사직원의 자세도 문제이지만, 회사 차원의 대리점 영업방침 자체가 근본적으로 문제가 있다. 본사 대 대리점의 관계에서 갑을문제가 발생한 것이데, 이러한 문제는 남양유업뿐만 아니라 대기업과 협력업체의 관계에서도 종종 발생하는 문제이다. 그렇기 때문에 회사차원에서 윤리경영을 강화하고, 상생의 관점에서 경영방침을 수립하고, 이행여부를 점검한다면, 회사의 이미지가 실추되고 소비자들의 불매운동으로 실적이 악화되는 일은 피할 수 있었을 것이다.

기업의 고민: 진상 고객을 어떻게 할 것인가?

기업의 입장에서는 '고객이 왕'이다 보니 고객은 갑이고, 고객을 상대해야 하는 직원은 을의 입장이다. 그런데 가끔은 무리한 요구를 하는 고객이나 너무 심하게 불만을 제기하는 고객이 있을 때 이를 대처하기가 매우 어렵다. 무조건 고객의 요구를 다 들어줄 수도 없고, 막무가내로 화를 내는 고객에게 아무리 사과해도 진정이 안 된다면 정말 난감하다.

그런데 이러한 고객과의 관계에서 을이 너무 과도하게 낮은 자세로 갑을 대하지 않아야 한다. 물론 을이 약자이기 때문에 갑의 횡포에 무작정 당할 수밖에 없는 면도 있지만, 을도 좀더 대등한 관계에서 갑의 무리한 요구를 당당히 거부할 필요가 있다.

위의 예에서 조현아 부사장의 횡포에서도 승무원이나 사무장이 당당하게 잘못을 지적하고, 욕설이나 폭행에 대해서는 눈치 보지 말고 법적인 대응을 하여야 한다. 공교롭게도 포스코 상무의 라면사건과 함께 두 사건 모두 대한항공에서 발생하였다.

일반적으로 우리나라의 서비스업에서는 '고객은 왕이다'라는 슬로건 하에 과도하게 고객에게 굽신거리는 경향이 있다. 물론 고객에게 친절할 필요는 있지만 '고객은 왕'이고 '고객의 말은 무조건 맞다'는 식의 서비스를 하려다 보니까 포스코 상무와 같이 과도하게 불평하는 고객에 대해 속수무책으로 당하게 되는 것이다.

그나마 최근 몇몇 기업들이 진상 고객에 대한 대응책을 시행하고 있다. 무조건 진상 고객에게 끌려 다니다 보면 감정 노동자들의 사기가 떨어지고, 오히려 우량 고객에 대한 서비스의 질마저 떨어진다는 사실을 깨달은 것이다.

한국전력은 불량 고객을 상대하는 매뉴얼을 만들었다. 상담 중 폭언이나 성희롱이 발생하면 자제 요청을 한 후, 두 차례에 걸쳐 법적 조치에 관한 경고를 하도록 했다. 이후 해당 고객을 블랙리스트에 올려 별도로 관리하고, 필요한 경우 변호사 검토를 거쳐 법적 조치를 한다고 한다.

현대카드도 고객 응대를 중단하는 시스템을 갖추었다. 성희롱을 하거나 욕을 하는 고객에게 먼저 감정 자제를 요청한다. 그래도 고객 횡포가 이어져서 2차로 발언을 계속하면 상담이 중단된다고 고지한다. 최종적으로는 ARS로 전환해 전담팀에서 연락할 것이라고 안내하고 전화를 끊는다.

이처럼 기업들이 감정노동에 관한 문제를 이해하고 적극적으로 대책을 세워야 하는데, 실제로 이를 행하는 기업들이 아직은 매우 드물다. 따라서 회사 차원에서 진상 고객 대처방법에 대한 매뉴얼을 마련하여 직원들을 교육시켜야 한다.

고객불만 대처방법

위의 세 사건 모두 한 가지 공통점이 있는데, 그것은 모든 사건이 을에 의해 세상에 알려지게 되었다는 점이고, 그 과정에서 갑의 이야기는 제대로 들어본 적이 없다는 점이다.

사실 갑의 말도 들어보아야 정확한 사건의 진상을 파악할 수 있는데, 여론의 뭇매를 맞아 사회적으로 매장당하는 바람에 발언할 기회조차 못 얻은 것이다. 그렇기 때문에 세상에 알려진 사건 내용에 갑의 입장은 전혀 반영되지 않아서 갑으로서는 억울한 면도 분명히 있을 것이다. 그렇다고 갑이 잘했다는 것은 아니다. 다만 을의 입장에서도 갑의 횡포에 대처를 잘한다면 일방적으로 갑에게 욕설과 폭행을 당하는 일은 피할 수도 있다는 것을 알 필요가 있다.

포스코 상무의 라면사건과 유사한 상황을 재구성해 보도록 하자.

사례 1: 임원 승진 후 첫 출장 길에 오른 박상무는 처음으로 비즈니스석을 타고 출장을 가게 되었다. 그 동안 미국에 갈 때마다 비좁은 이코노미석에서 10시간 넘게 타고 가느라 고생했는데, 좌석도 넓고 서비스도 훌륭한 비즈니스석을 탔으니 기대에 부풀었다.

첫 식사 후 몇 시간이 지나자 출출해서 승무원에게 라면을 요청하였다. 이코노미석에서는 승무원 눈치를 보며 라면을 부탁하면 컵라면을 주었는데, 비즈니스석에서는 제대로 된 사기그릇에 라면을 담아서 가져다 주었다. 그런데 정작 라면에 문제가 있었다.

박 상무: "라면이 안 익었는데요?"

승무원: "아 그래요? 죄송합니다. 다시 끓여다 드리겠습니다."

박 상무는 원래 좀 덜 익은 듯한 라면을 아주 싫어한다. 평소에도 라면은 푹 삶은 라면을 좋아한다. 그런데 얼핏 승무원의 굳은 표정에서 자신이 신임 임원이라 대충 끓여다 준 것 같아 기분이 상했다. 그런데 두 번째로 끓여온 라면도 여전히 잘 익지 않았다. 박상무는 화가 치밀어 올랐다.

박 상무: "이것도 안 익었는데요?"

승무원: "네? 그럴리가 없는데요?"

박 상무: "그럼 내가 잘 익을걸 안 익었다고 거짓말 한단 말이요? "

승무원: "아니 그게 아니고요……."

박 상무:" 그럼 직접 먹어봐요."

승무원도 표정이 일그러졌다. 다른 승객들은 모두 잘 먹고 있는데, 유독 이 손님만 안 익었다고 해서 다시 끓여다 줬는데도 또

안 익었다고 하니 완전 진상고객이다. 박 상무는 승무원의 표정을 보고는 더 화가 났다. 완전히 자신을 무시하는 듯한 표정이었다. 실랑이가 일자 사무장이 얼른 나타났다. 그는 승무원에게 빨리 다른 곳으로 가보라고 눈짓을 하였고, 승무원은 완전 재수없다는 듯한 표정으로 입을 삐죽거리며 사라졌다.

사무장: "어머 죄송합니다. 무슨 일이시죠?"

박 상무: "무슨 일인지도 모르면서 뭐가 죄송하다는거요?"

사무장: "아 네, 죄송합니다."

박 상무는 자신을 무시한 승무원에게 화가 났는데, 사무장이 대신 사과하자 더 짜증이 났다. 정작 사과해야 할 승무원은 사라져 버리고, 아무 영문도 모르는 사무장이 나타나서 죄송하다고만 하니까 화가 안 풀린다.

이번에는 강남의 한 은행에서 발생한 실제 사건이다.

사례 2: 40대 주부가 은행에 들렀다. 신용카드 이용한도를 더 늘리기 위해서였다.

주부: "신용카드 한도를 좀더 늘릴 수 있나요?"

행원: "네 잠시만 기다려보세요. 제가 알아보도록 하겠습니다."

20대 여자 행원은 전산기록을 살펴보더니 무심코 한마디 했다.

행원: "어머 무슨 카드를 이렇게 많이 쓰셨어요?"

주부: "아니 뭐라고요? 당신이 뭔데 나보고 많이 썼다고 하는 거에요?"

이 주부는 화가 나서 소리를 버럭 질렀다. 그렇지 않아도 지난 달에 쇼핑을 좀 많이 해서 남편이 알까봐 가슴 졸이고 있었는데, 엉뚱하게 나이 어린 은행원한테 한 마디 듣자 화가 치밀어 오른 것이다.

행원: "저는 그런 뜻이 아니고……."

주부: "뭐가 그런 뜻이 아니야? 당신이 방금 그랬잖아요?"

갑자기 소란스러워지자 뒤에 앉아 있던 팀장이 얼른 달려왔다.

팀장: "아 고객님, 죄송합니다."

주부: "아니 도대체 직원교육을 어떻게 시킨 거예요? 내가 얼마를 쓰든 말든 자기가 뭔데 나 보고 카드를 많이 썼다고 하는 거예요?"

팀장: "고객님, 정말 죄송합니다. 다시는 그런 일이 없도록 하겠습니다."

고객에게는 아무 잘못이 없는 팀장이 자꾸만 미안하다고 하는 것이 전혀 화 푸는데 도움이 안 된다. 정작 잘못을 저지른 행원은 이미 뒤로 숨어서 나타나지도 않는다.

사례 3: 오바마 대통령은 재임 중에 한국을 세 차례나 방문하여 한국이 미국의 중요한 우방국임을 보여주었다. 2014년에 세 번째 방문할 때에는 일본에 들렸다가 한국을 방문하는 일정이었는데, 한창 아베의 야스쿠니 참배나 과거사 관련 발언으로 한일관계가 좋지 않던 시기였다.

일본방문을 마치고 한국에 도착한 오바마 대통딩은 기지회견에서 일본이 가장 민감해 하는 위안부 문제에 한방을 날렸다. "전쟁 중인 것을 감안하더라도 이 여성들은 충격적 방식으로 성폭행당했다. 이는 끔찍하고 지독한 인권침해이다" 라는 공개 비판을 미국 대통령으로서는 처음으로 한 것이다. 이 발언으로 인해 일본은 적지 않은 충격을 받았다. 그러나 우리 국민들의 마음은 그다지 후련해지지 않았다. 왜 그럴까?

공통점

위의 세 가지 사례의 공통점이 무엇일까? 모두 화가 풀리지 않았다는 데에 있는데, 그 이유는 분쟁의 당사자가 사과하지 않고 다른 사람이 대신 사과하고 있다는 점이다.

사례1에서는 상무의 태도에 문제가 있긴 했지만, 어쨌든 승무원의 서비스 문제로 승객이 화가 났는데, 사무장이 승무원 대신 사과하고 있다. 사례2에서도 마찬가지로 행원의 잘못을 당사자가 아닌 팀장이 대신 사과하고 있다.

사례3에서는 국토를 침략하여 주권을 빼앗았을 뿐만 아니라, 위안부 강제동원이라는 만행을 저지르고도 사과하지 않는 일본에 대해, 오바마 대통령이 일본에서는 아무런 언급도 하지 않다가, 한국에 와서 일본의 잘못을 지적하는 것은 안한 것보다는 낫지만, 그다지 우리의 마음을 후련하게 해 주지는 못하는 것이다.

해소방법

결국 갈등이 해소되기 위해서는 당사자가 직접 사과하든가, 아니면 제3자가 당사자를 야단치고 사과하게 만드는 것이 중요하다. 즉, 사례1에서는 사무장이 승무원의 태도에 대한 잘못을 지적하고, 승무원으로 하여금 잘못에 대해 사과하도록 한다면 더 이상 문제가 크게 번지지 않을 수도 있다. 사례2에서도 마찬가지로 팀장이 행원의 잘못을 고객 앞에서 나무라고 사과하도록 한다면 화가 가라앉는다. 그리고 사례3에서는 미국이 따끔하게 일본의 과거 만행을 지적하려면 오바마 대통령이 일본에 방문했을 때 아베 총리에게 직접 말했어야 했다. 그랬다면 우리 국민들의 마음이 후련해졌을 것이다.

즉, 제대로 된 사과방법을 정리하면 다음과 같다.

1. 당사자의 진정성 있는 사과가 있어야 한다.
2. 그렇지 않을 경우에 중재자 또는 책임자가 당사자의 잘못을 인정하고, 당사자로 하여금 잘못을 사과하게 만들어야 한다.
3. 당사자가 끝까지 사과하지 않는 경우(사례 3), 중재자나 책임자는

당사자의 잘못된 행동을 공개적으로 지적하고 비판해야 한다.

조기 대처방법

사실 문제가 더 커지기 전에 좀더 일찍 제대로 대처한다면 훨씬 쉽게 갈등을 해소 할 수 있다. 그 방법은 다음과 같다.

1. **변명부터 하려고 하지 마라**: 상대방이 나로 인해 화가 났을 때에는 변명을 하면 안 된다. 사례1에서 승객이 승무원의 서비스로 인해 화가 났다면, 승무원은 왜 라면이 안 익었는지 변명하거나, 라면이 잘 익은 거라는 등의 설명을 늘어놓는 것은 금물이다. 사례2의 경우에도 행원이 자기는 비난하려는 뜻이 아니었다고 변명하고 있는데, 이런 변명은 오히려 고객의 화를 더 부채질 하는 격이다. 고객은 자신을 비난하는 것으로 느껴졌다는데 안 그랬다고 하면 고객의 생각이 틀렸다고 비난하는 것이나 마찬가지라서 더 화가 나는 것이다. 그런데 고객이 화가 났을 때 대부분 변명부터 하는데 이는 매우 잘못된 대처방법이다.

2. **공감을 먼저 하라**: 상대방이 화가 나서 불만을 이야기하면, 먼저 공감을 해주어야 한다. 상대방의 불만을 알아주고 그 마음을 읽어준다면 상대방의 화가 크게 가라 앉는다. 이렇게 공감을 해주어 상대방의 화가 어느 정도 진정 된 후에 본인의 입장을 설명

해 주면 훨씬 잘 받아들여진다. 갈등 자체가 없어지는 것이다. 사례1의 경우에 적용해 보면 다음과 같다.

승객: "라면이 덜 익었는데요?"

승무원: "어머, 그러세요? 어쩌죠? 라면이 덜 익어서 기분이 안 좋으셨 겠네요."

승객: "제가 라면을 좋아해서 맛있게 먹으려고 했는데, 덜 익은 라면을 가져다 주는 바람에 실망이 크네요."

승무원: "정말 짜증나셨겠네요. 죄송합니다. 제가 다시 끓여다 드리겠 습니다. 그런데 이 항공기 기종이 전류가 좀 약해서 잘 익히기 가 쉽지 않네요. 저도 최선을 다해 보겠습니다만, 혹시 마음에 안 드시면 언제든 말씀해 주세요."

승객: "아 그렇군요. 그렇다면 그냥 먹도록 할께요. 괜히 수고할 필요 가 있나요."

승무원: "아닙니다. 다시 끓여 오겠습니다. 근데 만약 잘 안 되면 다른 음식으로 드시도록 준비하겠습니다."

승객: "네 고맙습니다."

다시 가져온 라면도 잘 안 익었다.

승무원: "이번에는 어떠세요?"

승객: "좀 덜 익긴 했는데, 아까보단 낫네요."

승무원: "어떡하죠? 오래 기다리셨는데 너무 실망스러우시죠?"

승객: "아뇨. 그래도 먹을만 합니다. 두 번씩 끓이느라 수고하셨네요."

승무원: "아닙니다. 저희가 죄송하지요. 그럼 맛있게 드시기 바랍니다."

이전과는 대화의 분위기가 훨씬 부드러워진 것을 알 수 있는데, 단지 공감의 말 몇 마디를 추가한 것으로도 전혀 다르게 대화가 이어지고 있는 것이다. 정말 대화가 이렇게 부드럽게 이어질 수 있을까 하고 믿기 힘들 수 있는데, 공감의 힘은 우리의 생각보다 훨씬 더 크다는 것은 분명하다.

사례2의 경우에도 행원이 고객에게 무심코 "무슨 카드를 이렇게 많이 쓰셨어요?" 라고 말한 것은 분명 잘못한 것이다. 그래서 고객이 화를 냈을 때 행원이 변명을 하면 할수록 고객은 더 화가 나는 것이다. 그럴 때에도 변명이 아니라 빨리 사과를 해야 한다.

행원: "어머 무슨 카드를 이렇게 많이 쓰셨어요?"

주부: "아니 뭐라고요? 당신이 뭔데 나보고 많이 썼다고 하는 거에요?"

행원: "아 죄송합니다. 제가 너무 잘못했습니다. 기분 나쁘셨지요? 용서하십시오."

주부: "아니 그럼 그런 말 듣고 기분 나쁘지 좋겠어요?"

행원: "제가 잠시 정신이 없었나 보네요. 정말 죄송합니다. 너무 불쾌하셨지요? 다신 안 그러겠습니다."

주부: "말을 그렇게 함부로 하면 안되지. 다음부턴 조심하세요."

행원: "네 앞으론 정말 조심하겠습니다."

이번 것은 명백히 행원의 잘못이 있었기 때문에 좀더 사과와 공감을 충분히 해주어야 한다. 그리고 변명은 절대로 하면 안 된다. 공감하고 자신의 잘못을 인정하고 사과하는 것이 핵심이다. 이것이 바로 일본이 우리에게 해야 하는 것이기도 한데, 안 하려고 드니까 진작에 마무리 될 일을 아직까지도 질질 끌고 있는 것이다.

다시 본론으로 돌아가면 이러한 갈등관계에서 중요한 것은 공감을 잘 해주어야 한다는 점이다. 그러나 대부분의 경우에 공감하는 것을 모르거나 익숙지 않아서 제대로 못하기 때문에 문제가 생기는데, 공감을 잘 해주면 불만이 있었더라도 놀라울 정도로 잘 해소된다.

갈등 해소방법을 정리하자면 다음과 같다.

첫째, 변명부터 하려 하지 말고

둘째, 불만을 제기한 상대방에게 진정성 있는 공감을 제일 먼저 충분히 해주어야 한다.

셋째, 공감을 해주고 나서 설명이나 해결방법을 제시한다. 공감을 해주고 나면 대부분은 그 설명을 잘 받아들이게 되어 갈등이 크게 번지지 않고 해소된다.

부모 자녀간의 대화: SK 와이번즈 이만수 감독 이야기

이만수 감독의 야구 인생을 한마디로 정의 내리자면 '성실'이다. 그는 선수 시절부터도 술도 안하고 교회에 열심히 나니는 모범생이었다. 집, 야구장, 교회 밖에 모르는 모범적인 야구인이었다.

그가 야구를 처음 접한 것은 대구중학교에 입학하면서부터이다. 남들보다 늦게 야구를 시작했기 때문에 다른 선수를 따라잡기 위해서 하루 4시간만 자고 나머지 시간은 야구에 전념하는 연습벌레였다.

그렇게 열심히 노력한 덕에 실력을 인정받게 되었고, 1982년 프로야구가 출범될 때 삼성라이온즈에 입단하였다. 그는 대한민국 프로야구 1호 안타, 1호 홈런의 진기록을 갖고 있는 선수가 되었다. 또한 그의 포지션은 포수지만 타격까지 가능한 선수로 인기가 있었다.

그렇게 잘 나갔던 그는 1997년 40세의 나이로 프로야구 선수 생활을 은퇴한 후 무작정 미국 유학 길에 올랐다. 그 당시 미국 메이저리그에서 동양인 코치는 상상도 못할 시절이었고, 아는 사람도 전혀 없었다. 더욱이 영어를 한 마디도 할 줄 모르는 상태로 우리나라 야구보다 훨씬 수준이 높은 미국 야구에서 지도

자의 길을 걷는다는 것은 보통 힘든 일이 아니었다.

그는 또다시 4시간만 자면서 코치 역량을 쌓아갔다. 그 결과 2년간 마이너리그 지도자 생활 후 3년째부터는 메이저리그 코치가 되었다. 그리고 그는 9년 만에 월드시리즈 우승반지를 끼고 2006년 한국에 금의환향하여 SK 와이번즈의 감독으로 부임하였다.

그는 2014년 시즌을 마지막으로 SK감독직을 물러나며 45년 야구인생을 마무리하였는데, 은퇴이후에는 불우이웃돕기에 적극 참여하고, 라오스에 야구보급을 돕는 일을 하는 등의 재능기부를 하는 모범적인 삶을 살고 있다.

그의 삶에 있어서 큰 전환점은 미국에서의 코치시절이라고 했다. 미국에 간지 얼마 되지 않은 어느 날 중학생인 아들의 학교에서 학부모 상담을 하고 온 아내가 전해준 소식은 청천벽력 같은 말이었다. 카운슬러의 말에 의하면 아들이 아빠에 대해 상당한 증오심을 갖고 있다는 것이다. 그러면서 아빠가 아들하고 둘만의 대화 시간을 가져볼 것을 권유했다고 한다. 이 감독은 그 말을 전해 듣고 무척 충격에 빠졌다. 미국에서의 코치생활을 하기 위해 하루에 4시간밖에 안 자면서 열심히 하느라 아들을 돌볼 여유가 없었던 것은 사실이다. 하지만 교육환경이 한국보다 훨씬 좋은 미국에 데리고 온 것에 대해 아빠한테 고마워 할 줄 알았는데, 고마워하기는 커녕 증오심이라니 너무 어이가 없었다.

아들을 불러 따로 물어보았다.

이 감독: "아빠한테 혹시 섭섭한 마음이 있니?"

아들은 한참을 머뭇거리다가 뜻밖의 말을 하였다.

아들: "아빠는 내가 영어도 못하는데 학교에 가는 게 얼마나 힘든지 알아요? 아빠가 한 번이라도 나한테 힘들지 않냐고 물어본 적이 있었어요?"

이 감독은 정말로 크게 충격을 받았다. 아내는 물론이고 아들도 새로운 환경을 알아서 잘 헤쳐 나가리라고 생각하고, 본인은 야구만 열심히 하면 된다고 생각했는데, 아들이 그런 불만을 갖고 있으리라고는 미처 생각지 못했던 것이다.

사실 그의 아들은 초등학교 4학년때부터 야구를 하고 싶어했었다. 그런데 이 감독은 아들이 천식이 있어서 야구는 힘들겠다고 생각해서 운동을 중단시켰는데, 그때부터 아들은 매일 새벽에 일어나 운동장을 뛰었다. 아버지에게 건강한 모습을 보이고 싶었던 것이다.

이 감독은 뒤늦게나마 아들의 소원을 꺾어버린 것을 후회했다. 그리고 그 동안 야구에만 몰두하며 사느라 사춘기 아들에게 제대로 관심을 갖지 못한 것을 크게 후회했다. "그 동안 누굴 위해 뭘 하고 살았나? 진짜 중요한 게 무엇인가?"를 다시 생각하게 되었다.

아버지와 아들

우리나라의 부모들 중에는 자녀와의 대화에 문제가 있는 경우가 많다. 특히 아버지와 아들 사이에 너무 대화가 없는 경우가 많다. 이만수 감독처럼 아버지들은 가족을 위해 열심히 직장생활을 해서 경제적으로 책임지면 되는 것으로 가장의 역할을 국한하는 경우가 많다. 왜냐하면 본인들이 자랄 때 보아 온 아버지의 모습이 바로 그런 가장의 모습이었기 때문이다.

영화 〈국제시장〉을 보면 가족을 위해 독일광부로 자원하기도 하고, 전쟁중인 월남에 죽음을 무릅쓰고 가는 주인공처럼 아버지에게는 가족의 경제문제 해결이 최우선 과제이었던 것이다. 그런 아버지의 모습을 보고 자란 자녀들은 자신이 아버지가 되었을 때 어릴 적 보고 자란 아버지의 모습대로 하는 것이다. 그러다 보니 자녀와 대화하는 것에는 익숙지 않다.

그나마 딸은 어릴 적부터 아빠에게 애교도 부리고 재롱도 피워서 '딸 바보 아빠'란 말까지 나오는데 '아들 바보 아빠'란 말은 거의 들을 수가 없다. 아버지와 아들의 관계는 그만큼 쉽지 않다. 이렇게 아버지와 아들의 관계가 원만하지 않은 이유로 이럴 적 아버지로부터 야단 맞은(특히 체벌 받은) 기억 때문이라는 연구 결과도 있다. 아들에게 아버지는 언제나 자신을 감시하고 야단칠 준비를 하고 있는 공포의 대상인 것이다.

강남에 사는 회사 임원이 어느 날 고등학생 아들과 대화하다가 놀라운 사실을 알게 되었다. 아들과 같은 반 친구들의 대부분이 아버지를 죽이고 싶을 정도로 증오하고 있다는 것이다. 이 얼마나 놀라운 일인가? 다들 경제적으로는 대한민국에서 최상위층인 가정이라 아들에게 용돈도 넉넉히 주고 부족함이 없이 풍족한 삶을 살게 해 주었는데, 왜 이 지경에까지 이르렀을까? 여기에는 우리 사회의 구조적인 문제도 큰 몫을 한다고 할 수 있다.

아버지들이 가정에서 보내는 시간이 너무나 부족하다. 성공한 아버지일수록 가정은 거의 포기하다시피 하고 회사 일에만 매달려야 한다. 우리나라 대기업의 임원들을 보면 가족과 시간을 보내는 것은 거의 사치에 가깝다. 이만수 감독이 하루에 4시간만 자고 나머지는 야구에만 몰두해야만 성공할 수 있었던 것이나 마찬가지이다. 그러다가 아들이 공부를 열심히 안 하다는 이야기를 들으면 화부터 치밀어 오르는 것이다. "내가 누구 때문에 이 고생을 하고 있는데", "내가 학원을 안 보내줬어? 용돈을 안 줬어? 도대체 뭐가 부족해서 공부를 안 해?" 이렇게 가끔 마주칠 때마다 화만 내는 엄한 아빠이니 아들 입장에서는 상처와 증오가 가득할 수밖에 없는 것이다.

영화 〈사도〉

영화 〈사도〉는 영조가 그의 아들 사도세자를 뒤주에 가두어 죽이기까지의 부자간의 갈등을 잘 조명한 영화이다. 영화의 줄거리는 대충 이렇다. 영조는 숙종의 둘째 아들로 무수리 출신 숙빈 최씨의 소생이라 왕이 될 수 없는 신분인데, 노론과 소론의 치열한 당쟁의 틈바구니 속에서 생명의 위협마저 느끼며 노론의 도움으로 가까스로 왕위에 오르게 되었다. 하지만 무수리의 아들이라는 것이 평생 콤플렉스로 남아 있게 된다.

재위기간 내내 왕위계승의 정통성 시비에 시달린 영조는 학문과 예법에 있어서 완벽한 왕이 되기 위해 끊임없는 노력을 기울인다. 영조는 조선 역사상 가장 재위 기간이 긴 51년 7개월을 통치하면서, 왕권을 강화하여 붕당의 균형을 추구하였으며, 탕평책을 통하여 안정된 정국을 운영하였고, 균역법을 실시하고, 형벌제도를 개선하였으며, 〈속대전〉을 편찬하는 등 업적을 많이 남긴 훌륭한 왕이었다.

영조는 왕비에게서는 왕자를 얻지 못하고, 정빈 이씨에게서 효장세자를 얻고, 영빈 이씨에게서 사도세자를 얻게 된다. 그러나 효장세자는 일찍 죽게 되고, 뒤 늦게 사도세자가 태어나자 무척이나 기뻐하였다. 그리하여 어린 나이에 세자로 책봉한다. 영조가 수시로 어린 세자에게 한 말은 이렇다. "잘하자. 자식이 잘해야 애비가 산다!" 영조는 뒤늦게 얻은 아들 세자가 모두에게 인정받는 왕이 되길 바라는 마음에 아들이 학문에 정진하길 원했다.

세자는 어린 시절에는 남다른 총명함을 보였지만 점차 학문보다는 예술이나 활쏘기, 무술 등에 더 관심이 많고 자유분방한 기질을 지녀서 영조의 기대와 어긋나게 된다. 그럴수록 영조는 세자를 엄하게 꾸짖고 학문에 정진하라고 다그친다. 세자를 어여삐 바라보던 아버지의 눈빛은 사라지고, 아버지를 바라보는 아들의 눈에서도 분노와 슬픔과 두려움이 가득하다. 아버지의 따뜻한 말 한마디가 필요했던 세자에게 돌아오는 것은 꾸짖음뿐이다. 세자가 이리하든 저리하든 늘 틀렸다고 비난만 하는 아버지 영조. 그런 세월 속에서 세자는 점차 마음의 병을 얻어가고 괴이한 행동을 하기 시작하며, 아버지와 아들의 사이는 멀어져만 간다.

영조는 사도세자에게 왕의 임무를 맡기고 자신은 대리청정을 하는데, 이는 사도세자에게 크나큰 시련만을 주는 계기가 된다. 어린 시절의 트라우마가 강한 탓인지, 성격이 수시로 변하는 영조의 변덕스러움은 왕의 자리를 내려놓겠다는 양위 선언을 반복하게 되고, 그때마다 사도세자는 이를 거두어 달라고 '석고대죄'를 한다.

영조의 양위선언이 반복되면서 세자는 석고대죄하다가 기절하는 일까지 잦아지고, 그로 인해 아버지를 마주하고 싶지도 않게 된다. 심지어는 왕 앞에 나갈 때 입어야 하는 세자의 옷도 입고 싶어하지 않는 증세까지 나타나고 옷을 입혀주려는 내관을 죽이는 돌발적인 행동까지 하게 된다.

사도세자의 거친 행동은 더 이상 통제불능한 사태에까지 이르러 왕에게 상소가 도달하게 되고, 결국 생모인 영빈 이씨의 요청으로 사도세자는 아버지의 처형을 받는 지경에 이르게 된다.

한편 사도세자의 아내로서 세자빈으로 남아야 했던 혜경궁 홍씨(정조의 어머니이면서 〈한중록〉의 저자)는 남편인 사도세자보다는 아들을 보호하여 왕위에 이르게 하기 위하여 전전긍긍한다.

이런 극단적인 상황에서 아버지 영조는 과연 어떤 선택을 하게 될까? 사약을 내리면 극악무도한 죄인으로서 오명을 쓰게 되어 그 아들인 정조가 왕위에 오르기 힘들어진다. 결국 사도세자를 뒤주에 가두면서 모두에게 괴롭고 힘든 나날들이 된다. 조선 역사상 가장 비정한 아버지의 아이콘이 된 영조. 어찌 보면 당쟁의 틈바구니 속에서 아버지보다는 나라를 이끌어가는 왕으로서의 원칙이 우선시 되었기에 어쩔 수 없는 선택이었던 것이라 할 수 있다.

1762년 윤 5월 13일에서 5월 21일까지의 슬픈 8일간의 아픔의 시간. 그 기간 동안 영조는 아무도 들이지 말라고 하였으며, 누군가가 뒤주 틈 사이로 물과 죽을 주자 그 틈까지도 메우라고 명했던 비정한 아버지였다. 사도세자의 아들인 어린 정조가 물 한 그릇을 가지고 와서 아버지 사도세자에게 "아버지 물 드세요" 하며 물 한 그릇을 바치지만, 결국 사도세자는 뒤주 안에서 죽고 만다. "세자의 죽음을 애도하노라" 그리하여 '사도(思悼)세자'라고 친히 아들의 묘호를 써주는 영조의 모습은 임금으로서가 아니라 아비로서의 슬픔을 보여준다. 영조와 사도세자의 갈등은 죽음으로서만이 매듭이 풀렸던 것 같다.

영조를 통해 나타난 아버지의 모습을 정리하면 다음과 같다.

첫째, 아버지는 아들을 사랑하지만, 한번도 사랑한다는 표현을 하지 않을 뿐 아니라, 따뜻한 눈길조차 주지 않는다.

둘째, 아들이 자신과 같이 학문에 정진하기를 강요한다. 아들이 예술이나 무술에 흥미를 갖고 있는 것을 못마땅해 한다.

셋째, 아버지는 아들이 더 잘되라고 끊임 없이 질책한다. 그는 반복적으로 아들에게 "잘하자. 자식이 잘해야 애비가 산다!" 라고 말함으로써 아들에게 무거운 짐을 지운다.

넷째, 아버지는 대리청정을 한다고 하면서도 아들을 믿지 못해 계속 간섭하고, 아들의 결정을 못마땅해 한다.

다섯째, 아버지는 수시로 마음에도 없는 양위를 선언하면서, 아들의 마음을 떠보려고 한다.

〈사도〉의 교훈

1. 사랑의 표현: 영조와 사도세자의 갈등관계는 오늘날에도 우리 주위에서 종종 볼 수 있는 아버지와 아들의 모습이다. 이러한 갈등은 우선 아버지의 사랑이 표현되지 않은 것이 주된 원인이다. 처음부터 아들을 죽이고 싶어하는 아버지는 이 세상에 없다. 그러나 아들의 뜻은 무시하고 아버지의 뜻에 맞추어 살기를 바라는 아버지의 욕심과 칭찬은 고사하고, 질책과 비난만 하는 아버지로 인해 아들의 정신세계가 점점 피폐해져 가고 비뚤어지게 된다.

부모가 자녀에게 사랑을 표현하지 않으면 자녀는 부모의 사랑을 모른다. 단순히 모르는 정도에서 그치는 것이 아니라 부모가 자신을 사랑하지 않는다고 생각한다. 그런데 부모들은 누구나 자녀를 사랑하고 자녀가 잘되기를 바라는데, 자녀들도 부모의 이런 마음을 알 것이라고 생각한다. 이것이 부모와 자녀간의 가장 큰 생각의 차이이다. 부모가 자녀에게 적극적으로 사랑을 표현하지 않으면 자녀는 부모의 사랑을 느끼지 못한다.

2. **칭찬**: 영조가 사도세자의 뜻을 알아주고 인정해 주었다면 아버지의 뜻대로 훌륭한 왕이 될 수 있었을 것이다. 그런데 그렇게 되지 못할까봐 더 채찍질을 한 것이 결과적으로 아들을 더 비뚤어지게 만들고 말았다. 그런 아들의 모습이 마음에 안 드는 아버지는 더욱 아들에 대한 증오심과 불신을 노골적으로 표출하자, 아들은 급기야는 정신적으로 심각한 상태에 이르러 아버지를 죽이겠다고 칼을 들고 왕에게 달려가는 대역죄를 범하게 되는 것이다.

부모는 자녀에게 칭찬을 많이 해주어야 한다. 자녀가 성장과정에서 부모의 마음에 안 드는 행동이나 선택을 하는 경우도 종종 있을 것이다. 그런데 평소에 칭찬은 해주지 않고 이럴 때마다 야단을 친다면, 자녀의 입장에서 부모는 늘 야단만 치거나 잔소리만 하는 존재로 인식된다. 그렇기 때문에 부모가 정작 자신에게 필요한 이야기를 해주더라도 잔소리로 생각하여 귀를 닫아 버리게 된다.

3. **코칭**: 아버지는 아들의 성격이나 취향을 분석하여 그에 맞는 진로를 제시해 주어야 한다. 그런데 아들의 선호와 상관없이 아버지의 뜻을 일반적으로 강요하는 것은 반항심을 불러 일으킨다. 아버지 입장에서는 아들이 아직 어려서 경험도 없고, 세상도 잘 모르기 때문에 잘못된 선택을 하는 것이라 생각할 수 있다. 그런 경우에 먼저 아들의 마음을 잘 알아주고 인정해 주어야 한다. 그리고는 아버지의 생각을 이야기 해주어 아들이 진로를 선택하는데 도움을 주되 선택을 강요하지는 말아야 한다.

소통의 성공사례

이렇게 고객의 불만을 제대로 대처하지 못하거나 부자간의 관계를 제대로 하지 못해 갈등이나 문제가 생긴 것과 달리 갈등이 생길만한 상황에서 대처에 성공한 사례가 있어 소개하고자 한다.

얼마 전 올림픽공원의 공연장에서 〈최현우의 매직컬 더 셜록〉이

열릴 예정이었다. 그러나 공연 시작을 20여분 넘기도록 관객들은 공연장 안으로 입장조차 하지 못했다. 아무런 설명을 듣지 못한 채 기다리던 관객들은 불만을 쏟아내기 시작했다. 이에 로비에 나타난 최현우 씨는 "객석을 비추는 조명에 전력이 통하지 않아서 불가피하게 오늘 공연은 취소하게 됐다"며 "표값은 100% 환불한 뒤 다음 공연에 초대하거나, 표값을 110% 환불해주겠다"고 관객들에게 알렸다. 그 뒤 최씨는 관객을 향해 90도로 고개를 숙이며 거듭 사과하고, 포토존에서 관객 한 명 한 명과 사진을 찍었다. 공연 관계자들도 관객에게 환불 및 보상 절차를 설명하고 사과의 뜻을 전했다.

그러자 화가 나 소리를 지르려 했던 몇몇 사람들의 목소리가 어느 순간 조용해졌고, 상황을 이해한 관객들이 고객을 끄덕이며 공연장을 나섰다. 공연을 보러 왔던 한 아주머니는 "최씨가 제일 마음고생"이라며 격려하기도 했으며, "자세하고 솔직한 설명, 충분한 사과, 명료한 보상방법이 관객들의 불만을 잠재웠다"고도 말했다.

최씨가 사과를 한 방식을 두고 한 누리꾼은 댓글에서 "모든 연극·뮤지컬 기획사들이 이 글을 보고 찔리는 게 있어야 한다. 우리는 당신들의 ATM(현금자동입출금기)이 아니다"라며 무책임한 공연 취소 관행을 질타했다. 또 다른 누리꾼은 "환불은 둘째 치고 사과를 먼저 했다는 게 진짜 울컥한다"는 댓글을 남기기도 했다.

그 동안 국내외 가수 등 유명인들이 이른바 '공연 취소를 대하는 자세'는 누리꾼들 사이에서 자주 논란이 된 바 있다. 미국 가수 '마룬5'가 공연 1시간 전에 공연을 취소한 뒤 '오늘 공연을 10일 목요일로 연기하게 돼 미안하다'는 말만 SNS에 남겨 관객들의 불만을 자아낸 일이 있었다. 불행하게도 우리나라에는 아직도 최현우 씨같은 경우보다 이런 일이 더 비일비재한 것이다.

고객불만 해소의 핵심

공연 시작 20분이 지나도록 아무런 설명도 못 듣고 입장을 못 하고 기다려야만 했다면 관객의 입장에서는 충분히 화도 나고 항의할 만한 상황이었다. 공연 1시간 전에 갑자기 취소한 마룬5나 덜 익은 라면을 가져다 준 승무원의 경우와 마찬가지로 고객의 불만이 클 수밖에 없다. 만약 이 경우에도 최현우 씨가 직접 나오지 않고 안내원이 환불해 주겠다는 말만 했다면, 고객들은 공연취소로 허탕을 치게 된 것 때문에 무척 화가 났을 것이고, 공연취소를 항의하는 소동도 벌어졌을 것이다.

그런데 앞에서의 사례1이나 2의 경우와 달리 최현우 씨는 직접 로비에 나와서 관객들에게 사과하고, 한 사람씩 포토존에서 함께 사진도 찍어주는 등의 성의를 보였기 때문에, 관객들이 공연이 취소된 상황에 대해 이해를 하고 불만도 가라앉은 것이다.

어떻게 보면 불만과 만족의 사이에 그다지 큰 노력이나 돈이 들어가는 것이 아니다. 마치 천재와 바보 차이를 백지장 차이라고 하듯이 불만과 만족의 차이도 종이 한 장 정도의 차이라고 할 수 있다. 그런데 하기에 따라서는 엄청나게 큰 차이이기도 하고 종이 한 장처럼 큰 차이가 안 나기도 하는 것이다.

불만과 만족의 차이를 종이 한 장으로 줄이는 방법의 핵심은 상대방의 불만족스런 마음을 알아주고 공감해 주며, 진정성 있는 사과를 하는 것에 있다. 제1장에서 살펴 보았듯이 이것을 알고 반복된 훈련을 통해 제대로 실천할 수 있게 되는 것이 중요하다.

앞에서 살펴 보았던 사건들의 공통점은 위의 세 가지가 일부라도 생략되거나 제대로 행해지지 못한 경우이다. 아는 것과 모르는 것의 차이가 엄청난 결과의 차이를 가져온다는 것을 보여주는 것이다.

적용의 tips

1. 회사의 CEO나 부서의 책임자는 소통을 잘한다고 생각하나요?

2. 당신 회사에서는 진상고객을 대처하는 방법에 대한 매뉴얼이 있나요?

3. 당신은 진상고객을 대해본 적이 있나요? 그때 어떻게 대처했나요?

4. 당신이 고객의 입장에서 회사의 서비스나 제품에 불만을 제기해 본적이 있나요? 그 경우 회사의 대처는 적절했다고 생각하나요?

5. 당신은 배우자나 자녀의 불만과 어려움을 잘 헤아려 주고 있나요?

제 4 부

사랑의 언어와 핵심감정

사랑의 언어는 내가 상대방으로부터 받을 때 사랑을 느끼는 언어를 말하는데,
인정하는 말, 함께하는 시간, 선물, 봉사, 스킨십의 다섯 가지가 있다.
여기서 중요한 것은 사람마다 성격이 다르듯이 사랑의 언어도 다르다는 점이다.

핵심감정은 자신의 전공분야를 선택하게 하기도 하면서,
그 분야의 능력에 있어서 건강하게 작용하기도 하고, 그렇지 못하게 하기도 한다.

11

사랑의 언어와 미움의 언어

．
．
．
．

40여년간 부부상담을 해온 게리 채프만(Gary Chapman) 박사는 그의 저서 〈다섯 가지 사랑의 언어〉에서 사랑의 언어를 소개하고 있다. 사랑의 언어는 내가 상대방으로부터 받을 때 사랑을 느끼는 언어를 말하는데, 인정하는 말, 함께하는 시간, 선물, 봉사, 스킨십의 다섯 가지가 있다. 여기서 중요한 것은 사람마다 성격이 다르듯이 사랑의 언어도 다르다는 점이다. 그리고 사랑의 언어에는 어느 것이 더 좋고, 어느 것이 더 나쁜 것이 있는 것도 아니다. 그렇기 때문에 사랑을 주고 받는 사이인 부부나 연인, 그리고 나의 가족 안에서 각자의 사랑의 언어가 서로 다르다는 것을 알고, 나와 상대방의 사랑의 언어가 각각 무엇인지를 알아서 상대방의 사랑의 언어를 상대방에게 베풀어 주는 것이 중요한 것이다.

사실 사랑의 언어 다섯 가지를 보면 나쁜 것은 없다. 다 받으면 좋은 것들이다. 예를 들어 사랑의 언어가 '선물'이 아닌 사람도 선물을 받으면 싫어하지는 않는다. 선물은 받으면 다 좋아한다. 다만 다른 사랑의 언어에 비해 덜 좋아할 뿐이다. 이렇게 사람마다 각각의 사랑의 언어에 대해서 좋은 정도의 차이가 있어서, 어느 것은 매우 좋고 어느 것은 그리 마음에 흡족하지는 않는 정도인 것이다. 여기에는 정답이 없다. 어떤 사랑의 언어가 다른 사랑의 언어보다 더 좋은 답이고, 어느 것은 틀린 답이 절대로 아닌 것이다.

사랑의 언어를 확인하는 것은 두 가지 방법이 있다. 첫 번째 방법은 매우 간단하다. 다섯 가지 중에서 나의 사랑의 언어가 무엇인지를 고르면 되고, 상대방에게도 물어보면 된다. 다섯 가지 중에서 제일 받고 싶은 것 두 가지 정도를 고르면 된다. 성격검사와 같이 복잡한 질문들에 답하는 절차가 필요하지 않다. 각각의 항목에 대해 간단히 설명해 주고, 그 중에 자신의 사랑의 언어기 무엇인지를 물어보기만 하면 된다. 5분 정도의 시간만 있으면 되는데, 이렇게 확인절차가 간단한 데에 비해서는 결과를 아는 것이 상대방과의 관계개선에 많은 도움이 된다. 다만 주의하여야 할 점은 사랑의 언어는 내가 받고 싶은 것이지 내가 주고 싶은 것이 아니라는 점이다.

두 번째 방법은 책 〈다섯 가지 사랑의 언어〉의 뒷부분에 실려있는 검사지를 이용해서 사랑의 언어를 확인하는 방법이다. 검사지도 다른 성격 테스트보다 간단하다. 그래서 이것도 역시 5-10분 정도의 시간만 투자하면 된다.

많은 경우에 자신의 사랑의 언어를 상대방에게 잘해 주는 경향이 있다. 즉, '인정하는 말'이 사랑의 언어인 사람은 사랑하는 상대방에게 따뜻한 말이나 사랑의 표현을 잘 해주는 경향이 있고, '선물'이 사랑의 언어인 사람은 상대방에게 선물을 잘 해주는 경향이 있다. 이는 본인 자신이 사랑의 언어를 사랑하는 사람으로부터 받는 것을 좋아하기 때문에 사랑하는 상대방에게도 본인의 사랑의 언어를 많이 해주게 되는 것이다.

인정하는 말(Words of Affirmation)

칭찬하는 말이나 감사표현, 격려하는 말, 온유한 말, 겸손한 말, 다른 사람 앞에서 인정해주기 등이 인정하는 말에 해당한다. 즉, 사랑하는 사람으로부터 나를 인정해 주는 말을 들을 때 기분이 좋고, 기쁘고, 사랑을 느낀다면 나의 사랑의 언어는 인정하는 말이다. 만약 상대방의 사랑의 언어가 '인정하는 말'이라면 상대방에게 인정하는 말을 많이 해주어야 한다.

우리는 '배우자나 자식을 남 앞에서 자랑하면 팔불출'이라고 해서 금기시 해왔다. 그렇기 때문에 다른 사람들 앞에서는 인정하는 말을 잘 안 하는 경향이 있다. 경우에 따라서는 가까운 사람들을 여러 사람 앞에서 비하하는 경우도 종종 있다.

예를 들어 명절에 친척들이 한 자리에 모였을 때 "우리 남편은 집안 일을 전혀 안 도와줘요" 라고 남편 흉을 본다거나 "이 사람 음식솜씨가 형편 없어요", "우리 아들은 공부를 너무 안 해요. 맨날 게임만 해요" 라고 자녀의 흉을 보면서 이것이 겸손이라고 생각하는데, 이는 분명 고쳐야 할 잘못된 습관이다.

옛말에 '남자는 자신을 알아주는 사람을 위해 목숨도 바친다' 라는 말이 있다. 그만큼 남자들은 인정 받는 것을 중요시 한다는 말이다. 그래서 많은 남편들은 아내가 인정해 주기를 바라고 좋아한다. 그런데 점심시간에 부인들 모임이 많은 식당에 가보면 주부들의 화제의 상당부분은 시어머니와 남편 흉보는 것이다. 이제는 사람들 앞에서 공개적으로 남편을 자랑하고 공개적으로 아내를 칭찬하는 것도 필요하다.

일본의 남편들도 아내에게 따뜻한 말을 잘 안 해주다 보니 일본의 주부들도 따뜻한 말을 해주는 남자에 대한 갈급함이 있다. 그래서 일본의 중년 여성들이 우리나라의 드라마에 나오는 따뜻한 성품의 남자 주인공에 열광하는 경우가 많다.

우리나라 연예인들이 일본에서 인기를 끌기 시작한 원조는 단연 TV드라마 〈겨울연가〉이다. 이 드라마가 일본에서 방영된 것은 2004년경부터인데 주로 일본의 젊은 층보다는 중년층 여성들에게 폭발적인 인기를 끌었다. 심지어는 주인공인 배용준 씨가 2004년에 일본을 방문했을 때 공항과 호텔에 중년여성들의 환영 인파가 인산인해를 이루었고 헬기까지 동원해서 배용준 씨의 차를 쫓아다닐 정도로 인기가 정말 대단하였다고 한다.

그때부터 지금까지 10년이 넘었는데도 '욘사마' 사랑은 여전히 식을 줄을 모른다. 2015년 배용준 씨가 결혼을 할 때에도 무작정 한국에 온 일본 중년 여성 팬들이 결혼식이 열리는 호텔입구에서 배용준 씨의 얼굴 한 번 보겠다고 밤늦게까지 기다리고 있는 모습은 정말 놀랍다. 정작 우리나라 여성 팬은 거의 오지도 않는데 말이다.

이와 같이 일본의 중년 여성들은 드라마에서의 따뜻한 사랑과 부드러운 모습에 많은 감동을 받은 것이다. 그만큼 인정하는 말에 갈증을 느끼는 일본 여성들이 욘사마를 통해서 대리만족을 느끼고자 하는 마음을 크게 갖고 있는 것이다.

한국 남편들이 아내에게 그렇게 따뜻하게 대해 주는 것은 아니지만, 적어도 일본 남편들 보다는 상대적으로 따뜻한 편이라고 할 수 있다. 일본은 옛날부터 남성 중심적인 사회였다. 그래서 요즘도 가부장적인 남편 밑에서 아내는 아무 말도 못하고, 사는 경우가 많다. 남편이 잘못을 해도 크게 대들지도 못하고 우리나라처럼 소리 지르며 싸우는 일은 거의 없다.

그리고 남자친구나 남편들은 여자를 많이 챙기지 않고 상당히 무뚝뚝하게 지내는 편이다. 우리나라 경상도 남자 수준이 일본의 평균이라고나 할까? 그래서 일본여성들은 자기를 위해 자기만 챙겨 주는 상냥한 남자에게 호감을 느끼는 것이다.

더욱이 드라마 속에서의 한국 남자들은 일본 남자들보다 여자들에게 더 상냥하고 자상하다. 일본 드라마에서는 남자가 여자에게 살갑거나 상냥하게 하지 않는다. 그에 비해 드라마 속의 한국 남자는 세세한 것까지 다 챙긴다. 그리고 실제로도 우리의 젊은 남자들은 여자친구를 위해 이벤트를 해주거나 요리를 해주는 정도는 당연하다고 생각한다. 그리고 일본 여자들이 보기에 한국 남자들은 군대를 갔다 왔기 때문에 더 씩씩하고, 책임감 있으며, 믿음직하다고 생각한다. 이렇게 따스함에 목마른 일본 여성들일수록 부드러우면서도 믿음직한 한국 남자를 좋아하는 편이다.

함께하는 시간(Quality Time)

'함께하는 시간'이란 서로에게 관심이 집중된 시간을 말하는데, 진정한 대화와 경청을 나누는 시간이다. 그냥 단순히 집에 같이 있거나 같이 영화를 보러 갔다고 해서 무조건 함께 하는 시간은 아니다. 서로 함께 마음을 나누는 시간이어야 한다. 대화를 나눌 때에도 상대방의 말과 감정에 주의를 기울여야 한다. 상대방의 말을 들으면서 동시에 다른 일을 하거나, 상대방의 이야기를 가로막고 상대방을 훈계하며 자기 말을 하는 것은 함께하는 시간이라 할 수 없다.

함께하는 시간은 다음의 세 가지를 포함한다.

완전한 집중: 함께하는 시간의 핵심은 서로에게 완전히 집중하는 것이다. 두 사람이 한 방에 같이 있다고 집중이 이루어지는 것은 아니다. 그렇다고 서로가 눈을 마주 바라보면서 시간을 보내야 한다는 것도 아니다. 상대방에게 관심을 집중하면서 같이 무엇인가를 하는 것을 말한다. 사실 둘이 함께하는 활동이 중요한 게 아니라, 서로가 감정적으로 관심을 집중시키면서 시간을 보내는 것이 중요하다. 활동은 함께 한다는 느낌을 불러 일으키는 도구에 불과하다. 그렇기 때문에 둘이 함께 TV를 보지만, 아무 대화도 나누지 않는 것은 굳이 함께하는 시간이라 할 수 없다.

진정한 대화: 진정한 대화란, 두 사람이 자신의 경험이나 생각, 감정, 바람을 우호적이고 방해 받지 않는 분위기에서 주고받는 공감적 대화를 의미한다. 그리고 그날 일어난 몇 가지를 상대방과 이야기 하고 느낀 점을 나누는 시간을 매일 갖는 것이다.

함께하는 활동: 함께하는 활동이란, 함께 있고 함께 무언가를 하면서 서로를 향해 완전히 집중할 수 있는 기회를 제공해 준다. 함께 음악을 듣는다든지, 함께 여행을 간다든지, 오래 산책을 하는 것과 같은 활동인데, 그것이 필수 요소로는 첫째, 적어도 둘 중의 하나는 그 활동을 원해야한다. 둘째, 상대방은 기꺼이 그것을 따라가고, 셋째, 둘 다 왜 그것을 하고 있는지 그 이유를 알

아야 한다.

함께하는 활동으로 얻게 되는 이득 중의 하나는 그 활동들이 회상해볼 수 있는 좋은 추억 거리를 제공해 준다는 것이다. 만약 함께 하는 활동이 없다면 함께 나눌 대화의 주제도 별로 없다. 예를 들어 아주 오래 전 친구를 몇 년 만에 만났다면 처음에는 매우 반갑겠지만, 금방 별로 할 말이 없는 것을 깨닫고 당황하게 된다. 함께 한 활동이 없기 때문에 같이 나눌 소재가 별로 없는 것이다. 반면에 매일 만나는 친구는 매일 많은 대화를 나누지만, 여전히 할 말이 끝도 없이 많다. 그만큼 함께 한 활동이 많기 때문이다.

젊은 남녀의 연애 초기를 보면 서로 보고 싶고, 조금이라도 더 같이 있어 싶어 헤어지기가 너무나 아쉽다. 그래서 각자 집에 돌아가서도 전화와 카톡을 주고 받는다. 그야말로 24시간이 모자라다는 듯이 늘 같이 있고 싶어하고, 잠시라도 떨어져 있으면 보고 싶어진다. 그러나 이런 기간이 그리 오래 가진 않는다. 그래서 간혹 사귄지 오래된 커플의 경우에 남자친구가 예전처럼 자주 보려고도 안 하고, 친구들과 어울리는 시간이 점점 더 늘어나게 되면, 남자친구가 더 이상 자신을 사랑하지 않는다고 생각하기 시작한다.

부부의 경우에 잠시라도 떨어져선 못살겠다고 한다면 비정상적인 부부라고 취급 받는다. 어찌보면 마라톤을 100미터 달리기 하듯이 뛸 수는 없는 것이나 마찬가지 이치이다. 만약 그랬다면 금방 탈진해서 얼마 못 가서 포기하게 될 것이다.

이와 같이 함께하는 시간은 양의 문제가 아니라 질의 문제이다. 함께 오래 있는 것이 중요한 것이 아니라, 가끔이라도 서로가 진정으로 공감하는 시간을 갖느냐가 중요한 것이다.

선물(Receiving Gifts)

상대방으로부터 선물을 받을 때 상대방의 사랑을 느끼는 경우이다. 사랑의 언어가 '선물'이라고 해서 아무 선물이나 다 좋아하는 것은 아니다. 선물은 주는 사람의 마음이 담긴 선물이어야 하고, 당연히 본인의 마음에 꼭 드는 선물을 받았을 때, 더 상대방의 사랑의 마음을 느끼게 된다. 만약 예쁜 꽃을 좋아하는 사람은 꽃을 선물 받을 때 상대방의 사랑의 마음을 느끼는데, 꽃을 그다지 좋아하지 않는 사람은 선물이 사랑의 언어라 할지라도 기쁘지 않다.

대개 선물이 사랑의 언어인 사람은 상대방에게도 선물을 주는 것을 좋아하고, 선물을 잘하는 경향이 있다. 그런데 상대방의 사랑의 언어가 선물이 아닌 경우에는 상대방은 선물을 받고도 그다지 기뻐하지 않는다. 그래서 그런 모습을 보고 상대방의 사랑이 식었다고 생각하기 쉽다. 왜냐하면 본인은 선물을 받을 때 매우 기쁘기 때문에 상대방도 당연히 그만큼 좋아할 것으로 기대하는데, 반응이 시원치 않으면 사랑이 식었기 때문이라고 오해하게 되는 것이다. 그렇기 때문에 상대방의 사랑의 언어를 잘 파악해서 상대방이 좋아하는 것을 해주어야 한다.

또한 선물은 물질적인 것만이 아니고 '본인이 원하는 것을 상대방이 해주는 것'도 소중한 선물일 수 있다. 예를 들어 상대방과 함께 미술관을 관람하고 싶어하는 경우에 상대방이 그 소망을 들어주는 것은 매우 소중한 선물이다.

시간이 지남에 따라 선물의 종류가 바뀔 수도 있다. 특히 연애시절에는 꽃도 좋아하고 값비싼 선물을 좋아하다가, 결혼하고 나서는 보다 현실적이 되어 남편이 꽃을 사오면 돈 아까운 생각부터 들게 되고, 남편이 해외출장 갔다가 선물을 사오면 "얼마 줬어?"하고 값부터 물어보면서 "그 돈이면 차라리 봐 놓았던 원피스를 세일 때 사는 게 낫지" 하면서 아까워하게 될 수도 있다.

이렇게 사랑의 언어가 선물이라 하더라도 환경의 변화에 따라 선물의 종류가 바뀌게 될 수도 있는 것이다.

봉사(Acts of Service)

'봉사'는 상대방으로부터 도움을 받는 것을 말하는데, 남편이 아내를 위해 청소를 해준다든가, 요리와 설거지를 해주고 애를 돌보아 주는 등의 봉사를 해주는 것, 또는 아내가 남편을 위해 음식을 맛있게 해주거나 옷이나 넥타이를 골라 주는 등의 보살핌을 말한다.

사랑의 언어가 봉사인 남편은 결혼 전에 엄마가 맛있는 음식을 해주고, 옷도 챙겨주며, 방청소도 해주는 등의 봉사를 받다가, 결혼 후 아내가 음식도 잘 못하고, 옷도 잘 안 챙겨준다면 불만이 생길 수 있다. 반대로 결혼 전에 자취생활을 오래 해서 돌봄을 못 받은 남편의 경우에는 결혼하고 나서 아내가 식사도 챙겨주고, 옷도 챙겨주는 것이 너무 좋을 수 있다.

한편 과거에는 남존여비의 사상 등으로 남자가 부엌에 들어가는 것을 금기시하는 전통이 있었고, 지금도 지역에 따라서는 그런 전통이 더 강하게 지켜져 내려온다. 그러다 보니 그런 전통을 고수하는 가정에서 자란 남자들의 경우, 여자의 봉사는 당연시해서 집안 일이나 부엌 일, 또는 애를 돌보는 것은 여자의 몫이고, 남자는 절대로 해서는 안 되는 것으로 생각하는 경우가 있다.

예전에는 이런 남자가 많았기 때문에 당연시하게 받아들여졌지만, 요즘에는 부엌 일을 돕는 정도가 아니라, 아예 요리를 잘 하는 남편까지 있다 보니, 전통적인 사고방식의 남편들은 아내 로부터 좋은 점수를 받을 수가 없고, 때로는 이로 인해 부부 갈 등이 생기기도 한다.

특히 사랑의 언어가 봉사인 아내는 이런 가부장적인 남편에게 불만이 많을 수밖에 없다. 경우에 따라서는 이렇게 잘 도와주지 않는 남편과 사는 아내들의 사랑의 언어가 봉사인 경우가 많은 데, 남편으로부터 봉사를 너무 못 받다 보니 사랑의 언어가 봉사 로 바뀌게 된 것일 수 있다.

봉사에 있어서 중요한 것은 상대방의 봉사를 당연시 하지 말 고 감사한 마음을 가져야 하고, 동시에 속으로만 감사해 하지 말 고 표현해야 한다는 점이다. 즉, 아내가 집안일을 해주고 자녀를 잘 키워주는 것을 감사하되, 감사의 마음을 말로 표현해야 한다. 아내도 남편이 집 청소를 해주었는데, 청소 한 것이 마음에 들지 않는다고 핀잔을 주거나, 본인이 다시 한번 청소를 하는 행동을 보이는 것은 좋지 않다. 그렇게 되면 봉사의 의지를 꺾어버리는 결과가 된다. 오히려 "수고했다", "잘했다", "고맙다" 와 같은 말 로 칭찬하거나 감사의 표현을 해주어야 한다.

한편 남편에게 "다른 집 남편은 집안 일을 잘하는데" 라면서 남편의 봉사를 다른 집 남편과 비교하지 말아야 한다. 그야말로 잔소리로 밖에는 들리지 않는다. 마찬가지로 남편도 "다른 집 아내는 음식을 잘하더라" 라고 비교하지 말아야 한다. 비교를 하는 이유는 상대방이 봉사를 더 많이 해주도록 하기 위해서지만, 오히려 이런 말을 듣는 상대방의 입장에서는 더 봉사할 마음이 안 생기는 역효과가 난다. 특히 남편이 봉사를 잘 하게 하려면 남과 비교하지 말고, 남편의 봉사를 칭찬하는 것이 훨씬 효과적이다.

스킨십(Physical Touch)

스킨십은 허깅, 손잡기, 쓰다듬어 주기, 키스 등을 말하는데, 사랑의 언어가 '스킨십'이면 함께 손잡고 걷는다든가, 하루에도 몇 번씩 허깅해 준다든가, 키스하는 것을 좋아하는 것이다. 스킨십의 경우에도 연애 초기와 그 이후, 그리고 결혼 후에 따라 무척 차이가 나는 경향이 있다.

젊은 연인들은 무더운 여름날인데에도 더위를 아랑곳 하지 않고 공원 벤치에 껴앉고 앉아 있는 걸 종종 목격할 수 있다. 그러나 연애기간이 오래되거나 신혼기간이 지나면그 정도가 약해지는 것이 일반적이다.

하지만 스킨십은 사랑을 전달하는 중요한 수단이다. 따라서 연애초기와 같은 뜨거운 스킨십은 아니지만, 결혼생활에서도 적당한 정도의 스킨십은 서로의 사랑을 주고 받는 필수적인 수단이다.

때로는 육체적 접촉이 관계를 파괴하기도 한다. 상대방이 원하지 않는 스킨십을 강제적으로 한다든가, 일방적으로 강요하는 것은 사랑을 파괴하는 것이다. 그렇기 때문에 스킨십은 상대방에 대한 배려가 필요하다. 그러기 위해서는 스킨십에 대해서도 대화를 많이 나눌 필요가 있다.

결혼한지 30년이 지난 부부가 있다. 그 부인은 잠자리에 들 때 항상 남편이 팔베개를 해주어야 잔다. 아내의 사랑의 언어는 스킨십이다. 그런데 그 남편은 스킨십을 정말 싫어한다. 그렇기 때문에 남편은 아내와도 뚝 떨어져 자야만 잠이 온다. 그래서 이 남편은 항상 아내에게 팔베개를 해주고 아내가 잠이 들때까지 기다렸다가, 잠이 들면 그때서야 팔을 살며시 빼고 뚝 떨어져서 잠이 든다. 이런 식으로 잠자리에 든 것이 벌써 30년이 넘었다.

그 부인에게 물어보았다. "남편의 사랑의 언어가 무엇이라고 생각합니까" 라고 그러자 그 부인은 서슴치 않고 대답한다. "스킨십"이라고. 이렇듯 부부가 30년이 넘게 같이 살아도 서로의 사랑의 언어가 무엇인지 잘 모르는 경우가 많다. 남편과 항상 팔베개를 하고 잤기 때문에 남편도 스킨십을 좋아한다고 생각하는 것이다.

이렇게 세상에서 가장 가까운 사이인 부부이지만, 이야기를 하지 않으면 서로에 대해 잘 모르는 것이 많다. 문제는 모르는 정도가 아니라, 엉뚱한 것을 배우자의 사랑의 언어라고 착각하고 살고 있는 것이다.

사랑의 언어 훈련

위와 같은 일이 특정 부부에만 국한된 이야기는 아니다. 부부 세미나에서 사랑의 언어를 설명해 주고서 종이에 자신의 사랑의 언어를 적고, 본인이 생각하는 배우자의 사랑의 언어를 적으라고 한 다음에 부부끼리 서로 확인해보라고 하면, 대부분 서로에 대해 얼마나 모르고 있는지 깨닫게 된다.

사랑의 언어는 나의 사랑의 언어를 아는 것뿐만 아니라, 상대방의 사랑의 언어를 아는 것이 중요하다. 그렇기 때문에 배우자나 자녀의 사랑의 언어를 알아야 한다. 왜냐하면 나의 배우자나 자녀, 그리고 가까운 가족안에서 상대방의 사랑의 언어를 해주어야 하기 때문이다. 그러기 위해서는 서로가 서로의 사랑의 언어를 알아야 한다. 즉, 상대방의 사랑의 언어도 알아야 하고, 나의 사랑의 언어도 상대방에게 알려주어야 하는 것이다.

젊은 부부가 있었다. 직장 일에 바쁜 남편은 '봉사'가 사랑의 언어이고, 전업주부인 아내는 '함께하는 시간'이 사랑의 언어이다. 남편은 퇴근하자 마자 하루종일 집에서 아이들과 씨름하고 지친 아내를 도와주기 위해 집안 일을 거들기 시작하다. 옷을 갈아입자마자 청소기를 돌리기 시작하는 것이다.

그런데 그런 남편을 보는 아내는 마음이 편치 않다. 아내는 남편이 집안 일을 해주는 것보다 곁에 앉아 그날 하루동안 있었던 일들을 서로 오손도손 이야기하고 싶다. 그러나 남편은 눈치없이 청소가 끝나자마자 음식쓰레기를 버리러 밖으러 나간다. 아내는 남편이 자기랑 대화하고 싶지 않은가보다 라고 생각한다. 사랑이 식은 것 같다는 생각도 든다.

한편 남편은 이렇게 힘든 몸을 이끌고 집안 일을 도와 주는데에도 아내가 칭찬 한 마디 없는 것이 못내 서운하다. 부부가 상대방의 사랑의 언어를 알았다면 이런 오해는 생기지 않을 것이다. 남편은 집안 일을 하기 전에 먼저 아내와 다정하게 담소를 나눈 후에 집안 일을 도왔을 것이고, 아내도 집안 일을 돕는 남편에게 감사하고, 집안 일을 어느 정도 한 후에는 함께 이야기하는 시간을 갖자고 제의할 수 있다.

사랑의 언어를 활용하기 위해 다음의 질문에 답해 보자.

1. 나의 사랑의 언어는 무엇인가?

2. 나의 배우자의 사랑의 언어는 무엇인가?

3. 나의 자녀의 사랑의 언어는 무엇인가?

4. 나의 배우자는 나의 사랑의 언어를 알고 있는가?

5. 나는 가족의 사랑의 언어를 알고 실천하는가?

이처럼 사랑의 언어를 서로 알고 상대방의 사랑의 언어를 서로 실천해주는 것이 중요하다. 지금까지 게리 채프만 박사의 사랑의 언어를 살펴 보았다. 이 책에서는 사랑의 언어와 반대되는 '미움의 언어' 에 대해서도 새롭게 소개하고자 한다.

미움의 언어

'미움의 언어' 는 상대방으로부터 받고 싶지 않은 것, 상대방이 했을 때 상처 받게 되거나 사랑이 식게 되는 것이 바로 미움의 언어이다. 미움의 언어에는 부정적인 말, 거짓말, 의심, 무관심, 폭력 (강제적 스킨십 포함) 등이 있다.

몇 년전 어느 기업의 광고에서 '좋아하는 것을 해 줄 때보다 싫어하는 것을 하지 않을 때 신뢰를 얻을 수 있습니다' 라는 카피가 있었다. 비슷한 맥락으로 사랑하는 사람에게 사랑의 언어를 잘 해주는 것도 중요하지만, 사랑하는 사람이 싫어하는 것을 하지 않는 것도 중요하다. 즉, 미움의 언어를 하지 않는 것이 더 중요하다는 것인데, 사랑의 언어를 아무리 많이 해줘도 미움의 언어를 한 번이라도 하게 되면 신뢰와 사랑을 잃게 되는 것이다.

미움의 언어 다섯 가지도 하나 하나가 모두들 싫어하는 것들이지만, 사람마다 특별히 더 싫어하는 것이 있기 때문에 나와 상대방의 미움의 언어가 무엇인지를 알아야 할 필요가 있다. 특히 미움의 언어는 상대방의 마음에 상처를 남기기 때문에 친밀한 관계 형성을 파괴하고, 이를 회복하는 데에 많은 시간과 노력이 필요하다. 즉, 사랑의 언어는 오랜 기간동안 반복적으로 해줘야 사랑이 쌓여가는데, 미움의 언어는 단 한번만으로도 순식간에 사랑을 파괴할 수 있다.

부정적인 말

부정적인 말에는 욕설, 비난, 경멸, 무시하는 말, 잔소리 등이 있다. 많은 사람들이 인정하는 말을 사랑의 언어로 꼽는 것처럼, 부정적인 말도 대부분의 사람들이 싫어한다. 특히 욕설이나 모멸적인 언어처럼 심한 부정적 언어는 상대방에게 깊은 상처를 주게된다. 그렇기 때문에 연예인처럼 악성댓글과 같은 부정적인 언어에 쉽게 노출되어 있는 사람으로서는 매우 상처 받기 쉬운 직업이라 할 수 있다. 유명 연예인들의 경우에도 우울중이나 공황장애 등에 시달리고 있는 연예인들이 많은 이유가 자신의 인기가 언제 사라질지 모르는 불안감도 있지만, 자칫하면 인터넷에 악성 댓글이 넘쳐나기 때문이다. 그래서 특히 연예인들은 정기적으로 정신과 상담을 받아야 할 필요가 있다.

부정적인 말을 습관적으로 쓰는 사람은 주위 사람들에게 상처를 주게 되고 친밀한 관계를 유지하기도 어렵다. 그렇기 때문에 부정적인 언어습관은 반드시 고쳐야 한다. 부부사이에도 서로 사랑하는 신혼때에는 사랑의 언어를 나누다가, 몇 년 지나 사이가 나빠지게 되면 부부싸움을 하면서 욕을 하거나 비난하는 부정적인 말을 사용하게 된다. 이러한 부정적인 말은 상대방의 마음에 앙금으로 남아서 오랫동안 머물게 된다.

부부사이에 존칭을 쓰면서 부정적인 말은 자제하도록 하는 것도 좋은 방법 중의 하나이다. 부부사이에 존칭을 쓰게 되면 부부싸움을 하더라도 심하게 상대방의 자존심을 깎아 내리거나 상처를 주는 일은 생기지 않게 된다. 조선시대 양반가문에서는 부부간에 서로 존칭을 사용하는 좋은 전통이 있었는데, 이런 좋은 전통이 이어지지 않은 것은 무척 안타까운 일이 아닐 수 없다.

어느 부부의 경우에 남편은 어릴 적 자라면서 형제간에 싸움을 하지 않고 자랐고, 아내는 동생과 많이 싸우면서 자랐다. 결혼하고 나서 부부싸움을 많이 했는데, 그럴때 마다 남편은 매우 힘들어 했다. 남편은 가까운 사람과 싸워본 적도 없고, 싸운다는 것은 사이가 안 좋은 사람과 하는 것이라는 생각을 하고 있었기 때문에 부부가 싸운다는 것은 있어서는 안 되는 일이었다. 그래서 아내가 싸움을 걸면 남편은 곧바로 "미안해" 라고 사과를 하곤 했다. 남편의 미움의 언어는 '부정적인 말' 인데 사랑하는 아내로부터 미움의 언어를 듣는 것이 매우 힘들었다.

거짓말

거짓말은 신뢰를 깨뜨린다. 거짓말을 한다는 사실이 밝혀지면 더이상 상대방의 말을 신뢰하기 어렵다. 그래서 진정한 대화가 이루어질 수 없다. 진정한 대화의 바탕은 바로 정직함이기 때문이다.

종종 "거짓말하는 사람이 제일 싫다" 라고 이야기하는 사람을 본다. 이런 사람들은 거짓말을 하는 것에 매우 분노한다. 그래서 배우자나 자녀에게 "다른 건 몰라도 내게 거짓말은 하지 말라" 라고 경고한다. 이런 사람에게는 거짓말을 절대 하지 않는 것이 친밀한 관계를 유지하는 데 도움이 된다.

의심

상대방으로부터 의심을 많이 받게 되는 경우에도 건전한 관계를 파괴한다. 친밀한 관계는 신뢰를 바탕으로 하는데, 의심한다는 것은 신뢰하지 않는다는 의미이기 때문에 친밀한 관계가 이루어질 수가 없다.

의심은 어느 정도 이유가 있는 경우와 아무런 근거가 없는 경우로 나눌 수 있다. 전자의 경우에는 과거에 의심 받을 만한 행동을 한 적이 있어서 배우자의 신뢰가 허물어지게 된 경우이다. 즉, 배우자가 과거에도 거짓말을 했거나, 술이나 도박에 빠진 적이 있다면, 계속적으로 의심을 받기 마련이다. 이런 경우에는 당사자가 변화된 삶을 통해 신뢰회복을 위한 노력을 해야 한다. 그리고 상대방의 이러한 노력에 대한 배우자의 인정과 지지와 격려가 필요하다.

그런데 이러한 노력에도 불구하고 배우자가 인정하지 않고, 계속 의심하게 되면 자포자기에 빠져서 더 이상 노력을 하지 않게 되는 경우가 있기 때문에 조심해야할 필요가 있다.

한편 아무런 이유 없이 상대방으로부터 의심을 받게 된다면 온전한 관계가 이루어지기 어렵다. 특히 배우자가 의처증이나 의부증인 경우 상대방은 상당한 고통에 시달린다. 물론 근거가 있는지의 여부는 주관적인 판단이기 때문에, 의심받는 사람 입장에서는 아무 이유가 없다고 생각하더라도, 의심하는 사람 입장에서는 충분히 의심할만한 여지가 있다고 생각할 수 있다. 어쨌든 의부증이나 의처증의 경우에는 당사자 간에 무슨 말을 해도 믿지 않기 때문에 정상적인 대화가 이루어지지 않아 당사자간의 노력만으로 해결하기 어려운 경우가 많다. 그래서 사랑의 관계에 회복하기 힘든 금이 가게 된다. 이런 경우에는 전문가의 상담을 통한 치료가 필요하다.

무관심

잘 알려진 바와 같이 사랑의 반대말은 미움이 아니라 무관심이다. 상대가 밉다는 것은 그래도 상대방에 대한 사랑의 마음이 있기 때문에 미운 것이고, 아무런 사랑의 마음이 없다면 아무런 관심도 없게 된다. 즉, 사랑하는 사이라면 서로에게 관심을 많이 갖는 것이 일반적이다. 그런데 상대방으로부터 특별히 많은 관심을 받고 싶어하는 사람의 경우, 상대방으로부터 기대만큼의 관심을 받지 못하면 자신에 대한 사랑이 식었다고 생각하여 민감하게 반응한다.

한편 사랑의 언어가 무엇이냐고 물어보면 없다고 대답하는 경우도 간혹 있다. 아들과 딸 남매를 둔 50대 주부 L씨가 있었다. L씨의 남편은 그야말로 부잣집 도련님으로 자라서 어려움을 모르는 편이다. 돈에 대한 욕심도 없었기 때문에 악착같이 돈을 벌어야 된다는 생각도 없다.

결혼 초에는 부모로부터 물려받은 재산이 있어서 넉넉하게 출발했으나, 남편은 돈버는 데에는 별로 관심도 없고, 능력도 없어서 생활은 금방 쪼들리게 되었다. 그래서 할 수 없이 L씨가 조그만 반찬가게를 하면서 돈을 벌어야 했다. 그럼에도 불구하고 남편은 무척이나 씀씀이가 헤펐다. 돈도 별로 없으면서도 버스나 지하철은 절대로 안 타고 택시를 타고 다닌다. 그리고 아파트 경비 아저씨들에게도 수시로 수고비를 쥐어준다. 그래서 경비아저씨들에게는 무척이나 마음씨 좋으신 분이다. 그러나 부인 L씨는 남편이 그럴 때마다 화가 치밀어 오른다.

중학생 아들이 바이올린에 재능이 있어서 레슨도 받고 외국 유학까지도 보내고 싶은데, 아들 레슨비는 커녕 생활비도 제대로 대주지 못하면서 마치 여전히 부자인 것처럼 돈을 헤프게 쓰는 것이 너무 싫었다.

그러다보니 이 부인은 남편에 대한 기대나 희망이 아예 없다. 몇번이고 이혼도 생각했었지만, 아이들 때문에 이혼도 못하고 참고 살고 있다. 이 부인에게는 사랑의 언어가 아무 것도 없다. 남편 때문에 너무나 힘들게 살아 왔기 때문에 상처가 커서 남편으로부터 사랑을 받고 싶은 마음이 전혀 없는 것이다.

폭력과 강제적 스킨십

상대방의 폭력은 누구에게나 깊은 상처를 남긴다. 그렇기 때문에 사랑하는 사이에 절대로 있어서는 안될 것이 폭력이다. 그런데 강제적 스킨십이 박력있는 남성성의 상징이라고 착각하는 경우가 간혹 있다. 특히 남자들이 상대방 여성이 싫다고 하는 데에도 강제로 스킨십을 하는 경우가 있는데, 이 경우에 남자들은 여자가 속으로는 좋아하면서도 겉으로만 싫은 척 한다고 착각하는 경우가 많다. 이것이 의외로 많은 남자들이 여자에 대해 오해하는 것 중의 하나이다. 그렇기 때문에 배우자의 강제적 스킨십에 대해서는 분명히 "노"라고 의사를 밝힐 필요가 있다.

배우자나 연인끼리 서로의 사랑의 언어를 알 필요가 있는 것과 마찬가지로 미움의 언어도 서로 확인하고 명심할 필요가 있다. 그래서 상대방의 사랑의 언어를 적극적으로 해주도록 노력하고, 상대방의 미움의 언어는 하지 않는 것이 사랑의 관계를 발전시켜 나아가는 데에 매우 중요하다. 특히 미움의 언어는 한두 가지로 한정하기 보다 가급적 모두 다 하지 않도록 노력할 필요가 있다.

적용의 tips

1. 나의 사랑의 언어는 무엇인가요?

2. 나의 배우자나 자녀의 사랑의 언어는 무엇인가요?

3. 당신은 상대방의 사랑의 언어를 해주려고 노력하나요?

4. 당신의 미움의 언어는 무엇인가요?

5. 상대방의 미움의 언어는 무엇인가요?

6. 당신은 배우자의 미움의 언어를 안 하기 위해 노력하고 있나요?

핵심감정

핵심감정(Core Feelings)

▶ 한 사람의 말과 행동, 사고와 정서를 지배하는 중심감정

▶ 사랑받고 싶고 인정받고 싶은 욕구가 좌절되었을 때 주로 일어나는 감정

▶ 어린 시절 부모나 형제, 정서적으로 가까운 사람들과의 관계경험에서 형성

▶ 특히 6세까지의 성장환경에 의해 형성

　● 0~3세: 엄마와의 애착관계 중요, 자아의 기초 형성

　● 4~6세: 감정발달, 관계의 확장

핵심감정(Core Feelings)이란, 한 사람의 말과 행동, 사고와 정서를 지배하는 중심감정을 말한다. 과거에 경험했던 사건들로부터 형성된 감정이 해소되지 못하고 기억으로 굳어지게 된다. 과거의 기억을 떠오르게 하는 유사한 상황에 처하게 되었을 때, 동일한 정서적 반응이 습관처럼 일어나는 것이 핵심감정의 개념이다.

주로 사랑 받고 싶고 인정 받고 싶은 욕구가 좌절되었을 때 일어나는 감정으로, 어린 시절 부모나 형제, 정서적으로 가까운 사람들과의 관계경험에서 주로 형성된다. 특히 6세까지의 성장환경에 의해 대부분의 핵심감정이 형성된다.

0세에서 3세까지는 엄마와의 애착관계가 매우 중요한데, 자아의 기초가 형성되기 때문이다. 4세에서 6세까지는 감정이 발달하며, 관계의 확장이 일어나는데, 이렇게 주로 6세까지의 성장과정에서 형성된 핵심감정은 성인이 되어서도 내면에 남아서 우리의 삶에 영향을 주고 지배한다.

핵심감정은 앞에서 살펴 보았던 성격검사와는 또 다른 차원의 내면의 감정을 나타내는데, 특히 평상시에는 잘 드러나지 않다가 특정 상황에서 감정이 자극되어 반응하게 되는 특징이 있다. 우리 속담에 "세 살 버릇이 여든까지 간다' 라는 속담이 있듯이 어린 시절에 형성된 핵심감정은 성인이 되어서도 환경이 달라졌음에도 불구하고 과거의 감정을 느끼게 되는 것이다.

예를 들어 핵심감정이 '외로움'인 사람은 지금은 배우자랑 자녀와 함께 단란하게 살고 있으면서도 외로움에 대한 갈증이 있다. 그러다 보니 현재 상황에서는 외로울 일이 없는 데에도 외로움을 느끼고 살아간다. 그렇기 때문에 외로움으로 인한 갈증을 달래기 위해 다양한 취미활동을 하기도 하고, 모임도 많은 편임에도 불구하고 외로움을 느끼는 경향이 있다.

〈표 12-1〉핵심감정의 종류

부담감	경쟁심	억울함	열등감
외로움	그리움	질 투	두려움
분 노	무기력	허 무	슬 픔
불 안	공 포	소 외	적개심

'불안'이 핵심감정인 엄마는 아이가 밖에서 놀다가 들어오겠다고 약속한 시간이 지나면 불안한 마음이 발동하고 초조한 마음으로 변한다. 그래서 늦게 들어온 아이를 혼낸다. 아이가 등교 시에 꾸물거리면 학교에 늦을까봐 불안해져서 아이를 재촉하고 화를 내기도 한다.

'경쟁심'이 핵심감정인 남자는 직장에서 다른 사람을 이겨야겠다는 생각에 사로 잡힌다. 자신보다 능력이 우수한 사람을 보면 약점을 찾아내 비난한다. 친구와 오락을 할 때에도 이겨야겠다는 마음에 즐기지 못하고 스트레스를 많이 받는다. 때로는 자기보다 잘난 여자와는 사귀려 하지 않는 경향도 있다. 자녀에게도 경쟁하는 마음을 강요하여 경쟁에서는 항상 이겨야 한다고 가르친다.

핵심감정의 특성

핵심감정의 특성을 몇 가지만 열거하면 다음과 같다.

1. 반복적이고 전이된다.

핵심감정은 반복적으로 나타난다. 그리고 다른 대상과의 관계에도 작용한다. 즉, 어느 핵심감정이 어릴 적 형제간의 관계에서 형성되었다면 성인이 되어서도 다른 대상에게 전이된다.

'무관심'이 핵심감정인 중학생 아이가 있다. 그 학생은 늘 불평이 많다. "우리 엄마 아빠는 형한테만 관심이 있고, 나한테는 아무 관심이 없어요. 형이 뭐 해 달라고 하면 금방 해 주는데, 내말은 들어준 적이 없어요. 아빠가 나랑 축구경기 보러 같이 가기로 해 놓고도 한 번도 약속을 지킨 적이 없어요. 매번 깜박했대요.

내가 제일 좋아하는 축구선수가 누군지도 몰라요" 하고 불평한다. 그리고는 "우리 담임선생님은 나한테 관심이 없어요. 그냥 공부 잘 하는 애들한테만 신경써요. 나 같은 애들은 수업시간에 잠을 자든 말든 신경도 안써요" 주위의 모든 사람이 자신에게 관심이 없다고 생각한다. 그의 불만의 대부분은 무관심에 관한 것이다. 친구들이 조금이라도 자기에게 관심을 안 두는 것 같으면 금방 무관심하다고 불평해서 친구들도 피곤해 한다.

2. 나를 미치게 하고 돌게 만든다.

'억울함'이 핵심감정인 사람은 억울한 일을 당하게 되거나, 억울한 말을 듣게 되는 경우에 유난히 다른 사람들에 비해 화가 더 많이 난다. 이 역시 과거에 형성된 감정이기 때문에, 현재의 상황이 특별히 억울한 일을 당하고 있지 않는 데에도 불구하고, 억울한 일에 민감하게 반응하게 되는 것이다. 심지어는 드라마나 영화에서 주인공이나 등장인물이 억울한 누명을 쓰게 된다든가, 억울하게 죽거나 병드는 경우에 더이상 재미가 없어지면서 보고 싶지가 않다. 계속 보아야 한다면 그야말로 고통이다.

'분노'의 핵심감정이 있는 사람은 순간적으로 화가 치밀어 오르기 때문에 종종 폭발해 버려서 주위사람을 놀라게 하고, 상처를 주는 경우도 있다. 심하면 분노조절장애 증상까지 보이는 경우도 있다. 그러나 본인은 그 상황에서 화를 내는 것이 너무나 당연한 것이라고 생각하기 때문에 문제가 있다고 생각하지 않는다. 화가 가라앉은 후에는 화를 낸 것이 후회되는 경우도 있지만, 혼자만의 노력으로는 잘 고쳐지지 않는다.

3. 현재의 삶을 방해하는 아킬레스건이다.

핵심감정은 과거에 형성된 감정이지만 지금도 그 감정에 얽매어 있어서 현재의 삶을 방해한다. 삶이나 행동이 자연스럽지 못하고, 편안하지 못하게 만드는 감정이다. 어렸을 때 공부 잘 하는 형으로 인해 공부 못 한다고 눈총을 받았던 동생은, 나중에 커서 사업에 성공해서 잘 살게 되었어도 자신이 늘 모자란다는 열등의식에 사로 잡혀 있다. 지금은 형보다도 더 부유하게 잘사는 데에도 자신감이 없다. 자신보다 학력이 높은 사람들 앞에서도 괜히 주눅이 든다.

4. 전공이나 진로 선택에 영향을 준다.

우리의 정신세계에는 의식과 무의식이 있다. 빙산이 1/10만 바다 위에 떠있고 나머지 9/10은 바닷 속에 잠겨 있듯이, 무의식의 세계는 훨씬 거대하다. 우리가 어떤 사람에게는 호감이 가고 어떤 사람은 왠지 느낌이 안 좋고, 만나기 싫은 감정이 생기는데 그 이유가 논리적으로 설명이 안되는 경우가 많다. 왜냐하면 이러한 느낌은 대부분 의식보다는 무의식적인 감성이나 논리에 의해 결정되기 때문이다. 핵심감정은 무의식 속에 자리잡고 있는데, 핵심감정에 의해 어떤 전공이나 진로에 더 끌리게 되는 것이다.

5. 자녀에게 대물림된다.

핵심감정은 대물림 된다. 임산부의 마음 상태에 가장 큰 영향을 미치는 사람은 가장 가까이에 있는 남편이다. 아빠가 무관심해서 엄마가 섭섭해하면 그것이 태아에게 그대로 전달돼서 태아도 같이 느낀다고 한다. 임산부의 마음이 흐트러지면 호르몬 분비에 변화가 일어나고 그것이 태반과 연결된 혈관을 통해서 태아에게 전달된다. 또한 출생 후에도 엄마의 마음상태는 아이에게 그대로 전달이 된다. 엄마는 아이를 키우면서도 만족스럽지 않거나 외로운 상황에서 자신의 핵심감정이 드러나게 된다. 그러한 정서는 아이에게도 그대로 전달되어 아이의 핵심감정으로 대물림 되는 것이다.

핵심감정과 부부관계

대부분의 사람들은 자신의 핵심감정이 무엇인지 잘 모른 채 살아간다. 그러다가 자신의 주된 정서와 이끌리는 배우자를 만나게 된다. 그런데 가장 가까운 관계인 부부 사이에서 핵심감정의 건강하지 못한 면이 제일 많이 부딪히기 때문에 부부관계에 크게 영향을 미치고 문제도 일으킨다. 부부가 아무리 가깝더라도 상대방의 핵심감정을 이해하기는 쉽지가 않다. 핵심감정은 과거의 환경 속에서 형성된 것이기 때문에 현재의 상황과는 아무런 관계가 없기 때문이다.

예를 들어 핵심감정이 '공포'인 아내는 남편이 지방 출장을 가서 밤에 혼자 집에 있어야 되는 것이 너무 무섭다. 남편은 다 큰 어른이 혼자 집에 못 있는다는 상황이 이해가 안 간다. 남편의 핵심감정이 '외로움'인 경우에 남편은 아내와 자녀들과 단란하게 살고 있으면서도 외로움을 자주 느껴서, 친구모임이나 부부모임에 자주 가고 싶어한다. 아내는 가족만으로 만족 못 하는 남편이 못내 섭섭하다.

부부가 서로의 핵심감정을 잘 알고 있다면 배우자의 성향을 잘 이해 할 수 있게 되고, 서로에 대해 좀더 잘 배려할 수 있을 것이다. 불필요한 갈등도 생기지 않게 된다. 이와 같이 부부간에 조금이라도 핵심감정을 아는 것과 모르는 것은 큰 차이가 있다.

핵심감정과 대인관계

어린 시절에 형성된 핵심감정은 성장하면서 다른 사람들과의 관계 속에서 반복되면서 더욱 확고해지는 경우가 많다. 가령 핵심감정이 '소외감'일 경우, 학창시절이나 사회생활을 거치면서 친한 사람들과의 집단을 형성하지 못하고, 자신을 항상 집단으로부터 소외시켜 외로움과 슬픔 등을 느낀다. 마음속으로는 누군가와 친밀하고 따뜻한 관계를 맺기를 원하고, 친구가 많은 동료를 보면 부럽고 자신도 그러고 싶지만, 자꾸만 다른 사람을 밀쳐낸다.

핵심감정과 업무와의 관계

핵심감정은 자신의 전공분야를 선택하게 하기도 하면서, 그 분야의 능력에 있어서 건강하게 작용하기도 하고, 그렇지 못하게 하기도 한다. 핵심감정이 '부담감'일 경우, 주어진 일을 충분히 해낼 수 있는 능력을 갖고 있으면서도, 실패에 대한 두려움과 주위로부터 인정을 받기 위해 지나치게 신경을 많이 쓰기 때문에 일에 대한 스트레스가 크다. 절대로 일을 대충하지 못하고 꼼꼼히 해야 하기 때문에 일 처리도 느리다.

대학원생의 경우에 연구진도가 매우 느리다. 소위 '완벽주의자' 성향의 부류인데, 이런 사람들은 연구할 때에 준비를 꼼꼼히 해야 하기 때문에 진행속도가 매우 느린 것이다. 그리고 여러 연구를 동시다발적으로 진행하지 못하고, 하나를 끝내 놓고 나서야 다른 연구에 착수할 수 있기 때문에 실적이 많지 않아 어려움이 있다.

어느 대학교의 경제학과에도 이런 교수가 있었다. 다른 교수들의 연구업적을 보면 이런 생각을 했다. '어떻게 저런 낮은 수준의 논문을 쓰지? 저런 논문을 쓰려면 차라리 안 쓰는 게 낫지. 저런 정도의 논문은 나도 수십 편을 썼겠다' 그가 생각하는 수준 높은 논문이란 노벨 경제학상에 필적할 만한 수준인 것이다. 그러나 그런 논문은 결국 나오지 않았고, 완벽주의자인 이 교수는 연구실적 미달로 재임용심사에서 탈락하여 학교를 떠나야만 했다.

핵심감정의 발견

1. 최초기억 및 초기기억

최초기억은 가장 어렸을 때 처음으로 기억하는 내용으로 그만큼 우리 자신에게 상당한 의미를 가지는 것이다. 회상 내용의 상황과 주변 인물이나 대상들, 그 때의 느낌과 정서를 살펴보면

한 사람의 핵심감정과 맥을 같이한다. 초기기억이란 생애 초기에 대해 자신이 떠올리는 기억을 뜻한다. 최초기억과 마찬가지로 그 느낌과 정서를 떠올려보면 자신의 핵심감정에 가까워질수 있다.

핵심감정이 존재에 대한 공포일 경우 최초기억은 다음과 같다. 갓난애 정도로 느껴지는데 어두운 방 한가운데 혼자 누워있었고, 잠에서 깨어났는데 TV에서 드라큘라가 나오는 장면을 보고, 자신을 죽일 것 같은 공포에 휩싸여, 처음에는 소리도 내지못하다가, 밖에 누군가가 있는 것 같아 큰 소리를 내어 울었고, 한 참 후에서야 어머니가 달려왔다고 한다. 그 최초 기억을 떠올릴 때 엄청난 공포감을 느꼈고, 그 상황을 떠올릴 때도 같은 정서가 일어나곤 했다.

2. 아동기부터 반복되는 꿈

프로이드는 꿈의 해석이 우리의 정신생활 속의 무의식적 요소를 알 수 있는 왕도라고 하였다. 꿈은 자신이 처해 있는 상황에서 드러내지 못했던 사고와 정서를 반영해줄 뿐만 아니라 한 사람의 주된 정서를 나타내주는 상징적인 이미지이다. 아동기부터 반복되는 꿈에는 한 사람이 진정 원하고 바라는 바와 그렇지 못했을 때 형성되는 정서와 사고들이, 표현되지 못한 채 미해결된 과제로 남아 무의식적 작용으로 표현된다고 한다. 반복되는 꿈은 그 사람의 인생의 주제를 상징하는 것이 보통이다. 그 사람의 노이로제와 핵심감정을 이해하는 열쇠가 되는 것이다.

3. 좋아하는 노래나 영화

사람들은 다양한 수단을 통해 자신의 정서를 표현한다. 이러한 정서의 표현 수단 중 대표적인 것 중의 하나가 노래이다. 노래는 그 속에 담겨 있는 내용, 행위, 정서 등을 많은 사람들이 공감하고 있고, 공유된 행위 양태나 정서 등은 사람들의 문화적 심리적 특성을 반영하는 것이라고 볼 수 있다. 자신이 주로 부르는 노래나 자주 흥얼거리는 노래의 의미를 돌이켜 보면, 그 노래 속에 담겨 있는 정서와 가사 속의 인물에 자신을 동일화하고 있는 경우가 많다.

가령 핵심감정이 '슬픔'인 경우, 이별의 아픔이나 체념적인 내용을 다룬 노래를 통해 자신의 슬픔을 대신하고, 핵심감정이 '억울함'인 경우에 한탄조의 타령 등을 통해 자신의 한을 표현해 내는 경우가 많다.

우리 민족이 특징적으로 갖고 있는 핵심적 심리는 바로 '한(恨)'이다. '한'은 우리 민족 가운데 오랜 기간 동안 뿌리 깊게 전해 내려오고 있는데, '한'을 한 단어로 설명하기는 어렵지만, 슬픔과 많이 연관되어 있다고 할 수 있다. 역사적으로 보면 외세침입, 가난, 가뭄과 수해 등의 천재지변 등이 우리 민족에게 고통을 주었고, 근현대사를 보아도 일제침략, 6.25전쟁, 그리고 남북분단 등의 역사가 우리 국민 모두에게 '슬픔'이라는 핵심감정을 가져다 주었다고 할 수 있다.

그러다 보니 우리의 가요에는 슬픈 노래가 많다. 그냥 많은 정도가 아니라 인기 곡들을 살펴 보면 슬픈 노래가 훨씬 많다. 그리고 영화의 경우에도 우리나라의 영화는 대부분 슬픈 장면이 들어간다. 심지어는 코미디 영화에서도 중간 쯤에는 눈물을 쏙 빼는 장면이 있어야 재미있는 영화라고 생각한다. 헐리우드 영화 중에서 처음부터 끝까지 웃기는 코미디 영화는 미국에서는 히트를 쳤더라도 한국에서는 그다지 인기가 없다. 국가별로 좋아하는 영화를 비교해 보아도 국민정서가 다르다는 것을 알 수 가 있다.

4. 취미, 직업

핵심감정이 무엇인가에 따라 사람마다 가치를 두는 분야가 달라진다. 남자 형제들 사이에서 크면서 부모로부터 딸이라고 차별대우를 받는다고 느끼고, 다른 형제들의 능력과 자신의 것을 비교하면서 열등감을 키워가며 성장한 여학생은 남자들과의 끊임없는 경쟁에서 이기기 위해 애를 쓸 것이다. 따라서 대학에서 과를 지원하는데 남자들이 많은 공대나 자연계열로 학과를 선택하는 경우가 있다.

또한 부모에게 인정받지 못해 자신은 별 의미가 없는 존재라고, 스스로를 자책하며 자존감이 낮은 사람의 경우에 무엇인가 의미 있는 일을 찾아 다니는 경우도 있다. 이런 사람은 다른 사람이 아무리 그의 능력을 인정해 주어도, 부모나 형제 또는 배우자 같이 자신을 둘러싼 주요인물이 자신을 인정해 주기 전에는 만족되지 않기 때문에, 끝없이 의미 있는 일을 찾아 허덕이는 삶을 사는 것이다.

자신이 가치 있게 느끼고, 의미를 두며, 무엇인가 흥미를 느끼는 부분에 있어서 그 일이 나에게 어떤 의미인지, 내가 왜 그 일을 선택하게 되었는지를 세세하게 살펴보면 자신의 핵심감정이 어느 정도 영향을 미쳤다는 것을 알 수 있다.

5. 자주 반복되는 감정

우리의 기억을 되돌려 내 안에 가장 많이 반복되었던 감정이 무엇인지를 생각해 보면, 그 감정이 바로 나의 핵심감정일 가능성이 높다. 물론 최근에만 특별히 자주 나타난 감정이라면 내가 처한 현재의 환경으로 인해 일시적으로 생겨난 감정일 수 있다.

그러나 동일한 상황에 처해 있더라도 모두가 똑같이 반응하지는 않는다.

예를 들어 누가 나를 터무니 없이 비난했을 때 화가 엄청나게 치밀어 오른다면, 이러한 감정이 당연하다기보다는 나의 핵심감정이 '억울함'이나 '분노'이기 때문일 가능성이 높다. 이와 같이 상황과 관계 없이 내 안에 가장 많이 반복되어 나타나는 감정이 무엇인지 살펴볼 필요가 있다.

만약 혼자 있을 때 어떤 감정이 일어나는 지를 생각해 보면 이 또한 핵심감정일 가능성이 높다. '외로움'이 핵심감정인 사람은 잠시라도 혼자 있게 되면 '외로움'을 사무치게 느끼게 되고, 식당에 가서 혼자 밥 먹는 것을 아주 싫어한다.

6. 대상관계(부모, 자녀, 부부, 대인, 업무)에서 갈등시 일어나는 감정

앞에서 주위의 모든 사람이 자신에게 무관심하다고 불평하는 학생의 경우처럼, 주위의 많은 대상관계에서 공통적이고도 반복적으로 느끼는 감정이 있다면, 그 역시 핵심감정일 가능성이 높다. 예를 들어 배우자나 친구들, 직장동료에게 질투가 많은 경우에는 핵심감정이 '질투'이고, 가족이나 친구들, 동료들로부터 수시로 소외감을 느끼는 경우에는 핵심감정이 '소외감'일 가능성이 높다.

핵심감정 녹이기

핵심감정에 대해 알고, 자신의 핵심감정이 무엇인지를 알았다면, 핵심감정에서 자유로워져야 할 필요가 있다. 물론 나의 핵심감정이 무엇인지를 아는 것 만으로도 훨씬 핵심감정으로부터 자유로워짐을 느낄 수 있다. 그 동안 반복되던 나의 감정이 타고난 성격이라고 착각하고 속수무책으로 있을 때 보다는, 그 감정의 원인과 실체를 알고 나면 한결 대응이 쉬워지기 때문이다.

나의 핵심감정이 무엇인지를 파악하고 나면, 그 핵심감정이 어떤 상황이나 환경으로 인해 형성이 되었는지를 파악할 필요가 있다. 핵심감정은 대부분 과거의 환경에서 형성된 것이기 때문에, 어린 시절의 회상을 통해 그 감정이 형성되게 된 상황을 추리하는 것은 그리 어렵지 않다.

이렇게 핵심감정에 대해 파악하고 난 후에는 핵심감정으로부터 자유로워지기 위해 핵심감정 녹이기 작업을 해야 한다. 여기서 '핵심감정을 녹인다'는 표현은 과거에 어리고 힘없고 나약하여 누군가에게 의지하여 사랑 받고 인정 받고 싶어 했으나, 그러한 사랑이 채워지지 못하고 좌절된 불쌍한 나의 영혼을 달래주고 보듬어 주는 과정을 말한다. 자신의 핵심감정을 지켜보고, 그것으로부터 놓이기 위해 핵심감정을 녹이는 작업은 그 어느 과

정보다 중요하다.

핵심감정을 녹이기 위해서는 먼저 내면아이에 대해 알아야 한다. 어렸을 때 부모로부터 '이 세상에서 가장 소중한 사람'이라는 지지와 사랑을 충분히 받지 못했다면, 우리 내면에 있는 사랑의 탱크는 구멍 난 컵처럼 아무리 채워도 채워지지 않는 상태가 된다. 몸은 자랐지만 우리 안에는 그 시절에 머물러 있는 상처받은 어린 아이가 있기 때문이다. 이것을 심리학적으로 '내면아이(Inner Child)'라고 한다. 내면아이 치료전문가인 마가렛 폴 박사는 다음과 같이 말한다.[1]

"많은 사람이 공허함을 느끼는 이유는 내면의 어린아이 같은 감정을 전혀 돌보지 않기 때문입니다. 실제로 한 어린이가 있는데, 그 아이를 항상 무시한다면 그 아이는 행복하지 않을 겁니다. 내면의 어린아이도 마찬가지입니다. 그러니 내 안의 내면아이를 돌보지 않는다면 결국엔 행복하지 않을 겁니다."

1. **내면아이 만나기**: 조용한 장소에서 가만히 눈을 감고 어린 시절로 돌아가 본다. 그 동안 생각하지 않던 시절로 돌아가보면 떠오르는 모습이 있고 어린 아이를 볼 수 있다.

---

1. Margaret Paul,Inner Bonding: Becoming a Loving Adult to Your Inner Child, Harper Collins, June 5, 1992

2. **내면아이 관찰하기**: 내면아이가 어떤 상황에 놓여 있는지 살펴보고 그 아이의 마음을 들여다 본다. 때로는 내면아이가 울고 있거나 슬픈 표정으로 내게 이야기할 수도 있고, 아이의 표정만으로도 어떤 마음인지를 알 수 있다.

3. **내면아이 달래주기**: 슬프거나 외롭거나 고통 받은 내면아이의 마음을 알아주고 달래준다. 내면아이에게 편지를 쓰기도 하고 내면아이에게 말로 위로해 줄 수도 있다. "그 동안 힘들었지?", "외롭지?", "많이 서운했구나", "엄마랑 더 많이 같이 있고 싶었구나?"

4. **내면아이에게 약속하기**: 내면아이에게 네가 외롭고 슬프고 사랑을 못 받고 상처 받은 것이 "너의 잘못이 아니야" 라는 말로 위로한다. 그리고 더이상 외롭거나 슬프거나 상처 받지 않게 해주겠다고 약속해준다.

"사랑하는 어린 수지에게, 엄마가 함께 있지 못하고 너를 혼자 있게 해서 그 동안 많이 힘들었지? 혼자 있는 동안 얼마나 외롭고 무서웠겠니? 그러나 네 잘못이 아니란다. 네가 싫어서 그랬던 것도 아니야. 얼마나 힘들었겠니. 너는 정말로 소중한 존재란다. 나는 네가 있어서 정말 기쁘단다. 널 정말로 사랑하고, 항상 네 곁에서 널 지켜줄게. 사랑해."

핵심감정을 녹이고 나면 내 안에 있는 마음이 치유가 된 것을 느낄 수 있다. 물론 단 한번의 작업으로 모든 핵심감정이 완전히 사라져 버리지 않을 수도 있다. 어떤 것은 쉽게 사라지지만 어떤 것은 워낙 뿌리가 깊어서 여전히 남아 있을 수 있는 것이다. 그러나 핵심감정을 확인하고 내면아이를 만나서 위로해 주는 작업을 하고나면 분명 우리의 핵심감정이 많이 완화된 것을 느낄 수 있다.

여전히 불안하고, 질투나고 두려운 감정들이 남아 있을 수는 있으나, 그 정도가 훨씬 약해진 것을 느낄 수 있다. 더 이상 우리의 현재 삶을 크게 방해하는 아킬레스건이 아닌 것이다. 필요에 따라 몇 차례 더 내면아이를 찾아가 달래주고, 위로해 주기를 반복하는 것도 좋은 방법이다.

핵심감정의 긍정적 전환

핵심감정을 치유하고 남은 감정들에 대해서는 긍정적인 자세로 전환시킬 필요가 있다. 어린 시절 가난으로 고생한 사람일수록 '헝그리 정신'이 있음으로 인해 더 열심히 일하는 것과 마찬가지로 핵심감정이 '열등감'이었던 사람이 이를 극복하기 위해 더 노력할 수 있고, 열등감이 있는 다른 사람을 더 잘 도와줄 수 있다. '질투'가 핵심감정이라면 그것을 긍정적으로 바꾸어 질투를 안 느낄 위치에 가기 위해 더 열심히 노력하며 살아갈 수도 있다.

누구나 완벽한 사람은 없다. 핵심감정이 많고 적은 차이는 있어도 누구나 핵심감정을 갖고 있다. 핵심감정이 있는 것이 잘못도 아니고 창피한 일도 아니다. 핵심감정을 완전히 없애는 것이 중요한 것이 아니라, 이것에 더이상 지배 당하지 않고 살아가는 것이 중요하다. 그렇기 때문에 핵심감정에 대해서도 긍정적인 자세로 전환하여 살아가는 자세가 필요하다.

과거의 어두움에 매이지 말고 '지금 현재 이곳(Here & Now)'에서의 긍정적인 부분을 더 많이 찾고 누리면서 살아가야 한다. 그리고 과거의 환경보다 나아진 부분을 감사하면서 기쁨 가운데 살아야 할 것이다.

[핵심감정 찾기]
평소 나의 행동과 느낌을 말해주는 항목에 해당하는 모든 것에 체크하는 것입니다.

1. (   )개

대 인 관 계	위축되어있다	긴장되어있다	
	요구를 못 한다	거절을 못 한다	
가 족 관 계	집에서는 파 김치다	늘 지쳐있다	
	눈치 보게 한다	함께 자리하기를 피한다	
일/공부	잘 하려고 한다	혼자 다한다	
	할 일이 산더미 같이 쌓여있다		
강 점	열심히 산다	맡은 바를 다한다	
	든든하다		

2. (   )개

대 인 관 계	이기려고 한다	지고는 못 산다	
	조급하다	전투적이다	
가 족 관 계	비교를 잘 한다	무시한다	
	표현이 자극적이다	경쟁대상으로 본다	
일/공부	1등이 되어야 한다	상대가 있으면 더 잘한다	
	이기는 데만 집중한다	사소한 일에 목숨건다	
강 점	집중력이 있다	포기하지 않는다	
	성공 지향적이다		

3. (   )개

대 인 관 계	남의 탓을 잘한다	건드리면 터진다	
	권위에 반항적이다	자존감낮고, 상처를 잘 받는다	
가 족 관 계	조종하려 한다	지배하려 한다	
	책임지려 한다	인정 안 해주면 화를 낸다	
일/공부	확실하다	장 단점 파악을 잘한다	
	조직관리능력이 있다		
강 점	의리있다	정의감 있다	
	설득을 잘 한다		

4. (   )개

대 인	소심하다	기가 죽어있다	
관 계	인정 받으려고 애쓴다	경쟁적이다	
가 족	비난한다	마음에 안 들어 한다	
관 계	헌신적이다	잘하도록 부추긴다	
일/공부	자책한다	책임감이 있다	
	잘하려고 기를 쓴다	쉽게 포기한다	
강 점	자기 자신을 잘 안다	반성능력이 있다	
	비교분석을 잘 한다	끊임없이 자기 개발을 한다	

5. (   )개

대 인	사람을 좋아한다	혼자 있고 싶어 한다	
관 계	의존적이다	함께하고 싶어 한다	
가 족	의사소통이 일방적이다	밖으로 돈다	
관 계	은근슬쩍 상대방이 하게 한다	상처 줄까봐 화를 못낸다	
일/공부	시작을 잘 한다	벌려놓고 마무리 안 한다	
	혼자서 한다		
강 점	무사태평이다	다른 사람을 편안하게 해준다	
	현재의 삶을 즐긴다	주관이 뚜렷하다	

6. (   )개

대 인	애잔하다	살갑다	
관 계	친절하다	미련이 많다	
가 족	걱정이 많다	간섭이 많다	
관 계	다정다감하다		
일/공부	우유부단하다	이상주의적이다	
	일에 애정이 많다	자기 것을 잘 챙긴다	
강 점	감수성이 풍부하다	대화를 즐긴다	
	사람을 잘 챙긴다	마당발이다	

7. (   )개

대 인 관 계	잘 삐친다	샘이 많다	
	잘난체하는 꼴을 못본다	공주병,왕자병이 있다	
가 족 관 계	나만 바라주기 바란다	"놀아줘" 라고 자주 말한다	
	친밀하고 싶어한다	영순위이기를 바란다	
일 / 공부	최고가 되려고 한다	나만 잘하면 된다	
	쌤통이다	다른 사람을 인정하지 않는다	
강 점	자존심이 있다	감수성이 예민하다	
	감정을 잘 알아차린다	잘 났다	

8. (   )개

대 인 관 계	눈치 본다	조심스럽다	
	다가가지 못한다	자기주장이 약하다	
가 족 관 계	엄격하게 대한다	상처 받을까봐 두려워한다	
	두려움 때문에 화를 잘 낸다	편하게 대하지 못한다	
일/공부	실패를 두려워 한다	시작하는 것이 힘들다	
	시간이 걸린다	상대방의 평가에 민감하다	
강 점	안전빵이다	혼자서 끙끙댄다	
	끈기가 있다	노력한다	예의 바르다

9. (   )개

대 인 관 계	상처를 잘 준다	예민하다	
	관계가 힘들다	화를 참는다	
가 족 관 계	성질을 부린다	짜증낸다	
	잘 삐친다	긴장감을 느끼게 한다	
일/공부	시원하게 한다	홧김에 저지른다	
	갈등을 일으킨다	일에 화풀이 한다	
강 점	추진력이 있다	에너지가 많다	
	뒤끝이 없다		

10. (　　　)개

대 인	관계 불감증	자주 잠수한다	
관 계	신경 쓰이게 만든다	매사가 귀찮다	
가 족	표현을 못한다	자신에게 화가 난다	
관 계	답답하게 만든다	천불나게 한다	
일/공부	멍하다	결과물이 없다	
	엄두가 안 난다	잠속으로 피한다	
강 점	경제적이다	무리하지 않는다	
	겸손하다	엄청난 잠재력이 있다	

11. (　　　)개

대 인	썰렁하게 한다	무의미하게 만든다	
관 계	초월한 척 한다	힘 빠지게 한다	
가 족	힘들게 한다	허기지게 한다	
관 계	왕따 당한다		
일/공부	의욕이 없다	흥미가 없다	
	게으르다		
강 점	경계가 없다	욕심이 없다	
	초연하다	수용력이 있다	

12. (　　　)개

대 인	기대에 부응하려고 애쓴다	조용하다	
관 계	사라지고 싶다	공평하게 안대하면 슬퍼진다	
가 족	"미안해"를 입에 달고산다	감정을 꾹꾹 눌러둔다	
관 계	'기쁨조'이다	필요한 존재가 되려고 노력한다	
일/공부	헌신적으로 한다	열심히 한다	
	실망시키지 않으려고 노력한다		
강 점	알아서 잘한다	꺼이꺼이 잘 운다	
	다른 사람의 심정을 잘 헤아린다		

13. (　　　)개

대　인	노심초사 한다	망설인다	
관　계	전전긍긍한다	안절부절 한다	
가　족	확인 전화를 자주 한다	잔소리가 많다	
관　계	강박적이다	통제하려고 한다	
일/공부	완벽하게 준비한다	깔끔하다	
	철저하게 계획한다	세세하게 표현한다	
강　점	순발력이 있다	열정적이다	
	분위기 메이커다	솔직하고 투명하다	

14. (　　　)개

대　인	자기를 보호하기 위해 거리를 둔다	위험을 느낄 때 관계를 한다		
관　계	속으로는 떨고 있다	'죽기살기' 심정이다		
가　족	냉랭하게 대한다	공포 분위기를 조성한다		
관　계	천진난만하다	장난끼가 있다		
일　/	빈틈없다	꼼꼼하다		
공　부	한 순간도 놓치지 않는다	끝장을 본다		
강　점	창의적이다	상상력과 아이디어가 풍부하다		
	속내가 따뜻하다	여리다	리더십이 있다	

15. (　　　)개

대　인	거리를 둔다	단짝을 만든다	
관　계	무관심 한 척 한다	먼저 다가와 주길 기다린다	
가　족	소원하다	적막하다	
관　계	무미건조하다		
일/공부	제대로 하려고 한다	완벽하게 하려 한다	
	시도가 어렵다	비난을 두려워 한다	
강　점	완벽하다	끈끈하다	
	집중력이 있다	노골적으로 관심을 보인다	

16. (　　　)개

대인관계	초긴장 상태다	공격적이다	
	아군 아니면 적군이다	아군은 별로 없다	
가족관계	쓸쓸하다	적개심을 드러내기 두려워 외면한다	
	감정표현이 극단적이다	삭막하다	
일/공부	실패는 죽음이다	죽기 살기로 한다	
	'내가 죽든지 네가 죽든지 해보자'는 심정이다		
강점	'올인'한다	목표 지향적이다	
	위기대처 능력이 있다		

만약 최고로 많은 숫자를 가진 감정이 10이라고 하면 그중 10이나 9에 해당하는 것이 핵심감정이고, 8부터는 핵심감정이 아니니 버리면 됩니다.

1.부담감		2.경쟁심		3.억울함		4.열등감	
5.외로움		6.그리움		7.질 투		8.두려움	
9.분 노		10.무기력		11.허 무		12.슬 픔	
13.불 안		14.공 포		15.소 외		16.적개심	

적용의 tips

1. 당신의 핵심감정은 무엇인가요?

2. 당신의 핵심감정을 아는 것이 자신에 대한 이해에 도움이
   되었나요?

3. 배우자의 핵심감정은 무엇인가요?

4. 자녀의 핵심감정은 무엇인가요?

5. 배우자와 자녀의 핵심감정을 아는 것이 배우자와 자녀를
   이해하는데 도움이 되었나요?

6. 핵심감정을 녹이기 위한 시도를 해보았나요?

7. 핵심감정을 녹이는데 어떤 방법이 가장 효과적이었나요?

에필로그

그 동안 강의하면서 정리해온 내용을 바탕으로 썼는 데에도 불구하고 책을 쓰는 데에 생각보다 더 많은 시간과 노력이 필요하였다. 역시 책을 쓰는 일이 그리 쉬운 일은 아니구나 하는 것을 다시 한 번 느끼게 되었고, 1년간의 안식년이 아니었더라면 가능하지 않았거나 훨씬 더 늦어졌을 것이어서 안식년을 갖게 된 것이 얼마나 감사한지 모르겠다. 더욱이 다행스럽게 생각되는 것은 편집과 교정을 맡아준 모든 이들마다 책을 읽고 나서 "재미있었고 유익했다" 라고 말해 주는 것이 큰 힘도 되었고 노력했던 보람도 느낀다.

그래서 그들에게 어떤 부분이 특히 유익했느냐고 묻곤 했는데, '원가족'이 흥미로웠다는 학생도 있었고, 'I-message'가 도움이 많이 되었다는 엄마 대학원생도 있었으며, 자녀와의 대화에 '공감'이 도움을 많이 받았다는 직장인도 있었다. 이렇게 유익했다고 느낀 부분이 각자 다른 것을 보고, 다시 한번 사람들의 생각이나 느낌은 참으로 다양하다는 것을 느끼게 된다.

얼마 전 신문에 나온 글을 보니 천재 물리학자인 아인슈타인이 ADHD였고, 20년간 살았던 집 수소도 못 외워서 매번 다른 사람의 도움을 받아서 집을 찾아가곤 했다고 한다. 그런데 만약 아인슈타인이 부모님으로부터 ADHD라고 계속 야단 맞고 주소도 못 외운다고 핀잔만 맞았다면 그 위대한 '상대성의 원리'는 탄생하지 않았을 것이다.

'20세기 수학의 신화'로 불리는 헝가리의 수학자 폴 에어디시도 평생 구두 끈을 매지 못했고 운전 배우는 데에도 실패했다고 하는데, 그도 역시 이러한 것을 놀림 받거나 야단맞고 컸다면 천재 수학자의 탄생은 없었을 것이다.

우리는 누구나 완벽하지 못하다. 그나마 천재들은 한 분야에서 인류발전에 기여를 했다는 점에서 다른 부분이 부족한 것을 이해해 준다고 하더라도 대부분의 보통 사람들은 크게 인정을 받지는 못한다. 그렇지만 다들 나름대로 각자 뛰어난 부분이 있는가 하면 부족한 면이 있는 것이다. 그런데 우리들 대부분이 잘한 것은 칭찬 받지 못하고 부족한 것만 지적 받고 살고 있다.

다양한 사람들이 함께 가정이나 직장이나 집단과 같은 공동체를 이루어 생활하는 데에 있어서 우리 모두가 공통적으로 채워야 할 부분이 있다. 그것은 바로 남을 이해해 주고 공감해 주며 칭찬해 주는 능력이다.

비록 직장에서 우수한 실적으로 고속승진을 한 CEO의 경우라 하더라도 부하직원과의 소통이 부족한 경우가 많고, 배우자나 자녀와의 관계에 어려움을 겪는 경우도 많다.

얼마 전에도 어느 부부모임에서 성품도 좋고 성실한 의사남편이 다른 사람들에게는 무척 매너 있게 대하면서도 유독 아내에게는 "무슨 옷을 그렇게 입었어" 하면서 핀잔을 주는 것을 보면서, 아직도 우리가 가까운 사람들과의 대화에 고쳐야 할 점이 많다는 것을 새삼 느낀다.

가까운 사이 일수록 더욱 조심하지 않고 던지는 말 한마디로 인해 주위 사람들에게 상처 주고, 다투고, 미워하고, 불편한 관계를 형성하게 되는 것이다. 그렇기 때문에 사람의 내면에 대해 조금만 더 알고 이해하고 노력하면 관계가 훨씬 좋아질 수 있다는 점에서 우리 모두가 알아야 할 부분이고, 이러한 내용을 이 책에 담은 것이다.

그 동안 나의 강의를 들으면서 책은 언제 나오느냐고 물으면서 기다려준 많은 분들에게 "드디어 책이 나왔다" 라고 이야기해 주고 보내 줄 수 있어서 너무 기쁘고, 책을 통해 보다 체계적으로 내용을 습득해서 더욱 삶에 유익이 될 수 있기를 바란다. 그리고 앞으로 더 많은 독자들과 공감을 주제로 한 대화와 의견을 나눌 수 있는 기회가 오기를 기대하는 바이다.

이 책의 많은 부분이 다양한 심리학, 정신분석학 이론들을 바탕으로 한 주제에 관해 쓰여졌기에 이 분야에서 좋은 연구를 해오신 많은 학자들과 연구자들께 감사 드린다. 이 책은 그러한 이론들이 우리의 실생활에 어떻게 적용될 수 있고, 어떻게 우리들의 관계를 개선하는데 도움을 줄 수 있을까 하는 관점에서 쓰여진 책이다. 따라서 새로운 이론의 제시나 연구가 목적이 아니고, 훌륭한 이론들이 우리의 삶에 잘 적용되는 데에 이 책이 조금이나마 보탬이 되길 바란다. 그래서 모두의 삶이 더욱 평안하고 행복해지길 바라는 마음이다.